城市轨道交通信号基础设备维护

徐胜南　李坤妃　主　编
康　健　李　桃　副主编
喻小红　主　审

（第3版）

人民交通出版社
北　京

内 容 提 要

本教材为“十四五”职业教育国家规划教材。全书共 8 个项目、25 个工作任务，主要介绍了城市轨道交通信号系统的基础知识，信号系统基础设备的基础知识、故障分析与维护，信号联锁设备的操作、维护与检修作业，信号通信设备的维护与检修，信号电源相关设备的维护与操作，城市轨道交通基于通信的列车控制系统（CBTC 系统）设备的维护、检修和操作，信号与运营相关设备知识、列车运行图的铺画及行车运营的组织，信号与列车驾驶技术理论知识和相关操作。

本教材根据专业人才培养目标，融入相关“1 + X”职业技能等级考核标准，注重教材的通用性，以真实的岗位工作任务为载体，对接城市轨道交通信号工等岗位应知应会内容。

本教材可作为职业院校城市轨道交通专业教学用书，也可供相关企业人员培训使用。

本教材配套助教助学资源，有需求的任课教师可通过加入职教轨道教学研讨群（教师专用 QQ 群：129327355）获取。

图书在版编目（CIP）数据

城市轨道交通信号基础设备维护/徐胜南，李坤妃主编. —3 版. —北京：人民交通出版社股份有限公司，2025. 6. —ISBN 978-7-114-20354-1

Ⅰ. U239. 5

中国国家版本馆 CIP 数据核字第 2025V4E348 号

“十四五”职业教育国家规划教材
Chengshi Guidao Jiaotong Xinhao Jichu Shebei Weihu

书　　名：城市轨道交通信号基础设备维护（第 3 版）
著 作 者：徐胜南　李坤妃
责任编辑：杨　思
责任校对：赵媛媛
责任印制：张　凯
出版发行：人民交通出版社
地　　址：（100011）北京市朝阳区安定门外外馆斜街 3 号
网　　址：http://www. ccpcl. com. cn
销售电话：（010）85285911
总 经 销：人民交通出版社发行部
经　　销：各地新华书店
印　　刷：北京印匠彩色印刷有限公司
开　　本：787 × 1092　1/16
印　　张：16. 75
字　　数：380 千
版　　次：2018 年 1 月　第 1 版
2021 年 11 月　第 2 版
2025 年 6 月　第 3 版
印　　次：2025 年 6 月　第 3 版　第 1 次印刷　总第 9 次印刷
书　　号：ISBN 978-7-114-20354-1
定　　价：49. 00 元（含实训手册）
（有印刷、装订质量问题的图书，由本社负责调换）

第3版 前言

【修订背景】

新一轮科技革命和产业变革的蓬勃发展,正推动着人类社会向智慧时代迈进。加快建设交通强国对轨道交通行业发展提出了更高要求,构建综合、绿色、安全、智能的现代化城市交通系统势在必行。随着全自动运行(Fully Automatic Operation,FAO)系统的逐步应用,为保障智能运维的安全,城市轨道交通信号工必须具备对信号系统设备的识认、检测、养护、排故等关键技能。

【修订说明】

《城市轨道交通信号基础设备维护》(第3版)是在第2版教材的基础上修订而成的。第1版教材自2018年1月出版以来,在全国院校广泛使用,第2版教材于2023年入选首批"十四五"职业教育国家规划教材,在教学实践中得到了普遍认可,对于专业建设和人才培养具有一定的促进作用。本次修订,编写团队在第2版的基础上,认真吸收各方建议,更新课程思政案例、附录,并对项目2任务2.4信号机一节做了较大调整,同时精简了项目2任务2.1继电器的部分内容,在项目1任务1.1了解城市轨道交通信号系统的发展中融入了新技术、新方法、新规范。

本教材共8个项目、25个工作任务,主要介绍了以下8个方面的知识和技能:

(1)城市轨道交通信号系统的认知。

(2)继电器、轨道电路、转辙机、信号机、计轴设备以及应答器等信号基础设备的识认、维护与检修作业。

(3)信号联锁设备的识认、操作、维护与检修作业。

(4)信号通信设备的识认、维护与检修作业。

(5)信号电源设备的识认、维护与检修作业。

(6)CBTC系统设备的识认、操作、维护与检修作业。

(7)信号与运营相关设备的识认、列车运行图的铺画及行车运营的组织应用。

(8)信号与列车驾驶的数据传输、理论分析和相关驾驶操作。

【教材特点】

(1)校企双元,校际合作。教材编写组与北京市地铁运营有限公司、北京京港地铁有限公司、杭州市地铁集团有限责任公司、北京市轨道交通运营管理有限公司等开展校企双元合作,与北京交通大学、北京交通运输职业学院、河北轨道运输职业技术学院、河北师范大学职业技术学院等开展校际交流,对城市轨道交通信号系统知识、技能与素养进行深度整合。

(2)书证融通,对接岗位。教材根据专业人才培养目标,融入《城市轨道交通信号检修职业技能等级标准(2021 年 2.0 版)》,并注重教材的通用性,以真实的岗位工作任务为载体,对接城市轨道交通信号工等岗位应知应会内容。

(3)注重理实一体,图文表并茂。教材以"项目引领,理实一体、任务驱动"为特色,注重理论联系实际,内容上基于城市轨道交通系统信号设备检修岗位的技能要求,多角度设计相应的教学项目,图表丰富。

(4)项目设计体现以学生为中心。教材结合当前职业教育发展需求,体现"以学生为中心""做中学,做中教"的职业教育理念,设置学习情境,建构学习领域,达到学以致用的目的。

(5)融入课程思政元素。教材以润物细无声的方式,通过讲练结合、实操实训,培养学生安全意识、规章意识、责任意识以及团队合作意识。

【编写团队】

本教材由北京市自动化工程学校徐胜南、李坤妃担任主编,北京市自动化工程学校康健、北京交通运输职业学院李桃担任副主编,参加编写的还有河北轨道运输职业技术学院么艳香、河北师范大学职业技术学院李强。具体编写分工如下:徐胜南负责对本教材编写思路与大纲的总体策划,负责编写项目 1 并指导全书的编写、统稿和校对;李坤妃负责制定编写大纲及工作任务的统筹,并编写项目 3、项目 6;李桃负责编写项目 2;康健负责编写项目 4、项目 8;么艳香负责编写项目 5;李强负责编写项目 7。北京京港地铁有限公司喻小红担任本教材主审。

【致谢】

本教材在编写过程中,认真汲取广大使用本教材的任课教师与行业专家提出的意见和建议,在此谨向他们表示感谢,同时,向为教材出版付出努力的所有同人表示感谢。

由于编者水平有限,书中难免有不足之处,希望有关院校师生及读者对本教材多提宝贵意见,共同交流,以便及时修订完善。

编　者

2025 年 1 月

微课资源列表

资源使用说明：

1. 扫描封面二维码，注意每个码只可激活一次；

2. 长按弹出界面的二维码关注“交通教育出版”微信公众号并自动绑定资源；

3. 公众号弹出“购买成功”通知，点击“查看详情”，进入后即可查看资源；

4. 也可进入“交通教育出版”微信公众号，点击下方菜单“用户服务-图书增值”，选择已绑定的教材进行观看。

序号	资源名称
1	城市轨道交通信号系统概述
2	城市轨道交通信号系统介绍
3	设备仿真实训 信号
4	信号设备
5	继电器应用
6	继电器构造
7	轨道电路概念
8	轨道电路
9	轨道电路的基本原理
10	道岔与转辙机

续上表

序号	资源名称
11	ZD6 转辙机
12	ZDJ9 转辙机
13	入厂信号机
14	调车信号机
15	色灯信号机
16	色灯信号机的使用
17	计轴器基本原理和使用
18	应答器基本原理和使用
19	联锁的概念
20	线路
21	列车站前折返过程
22	列车站后折返过程
23	城市轨道交通车站文化
24	车辆段
25	城市轨道交通车辆的类型
26	车辆
27	列车运行图的类型
28	沙盘操作
29	确定车站在运行图上的位置的方法
30	列车运行图中的符号
31	运行图的要素
32	行车闭塞法概述
33	移动闭塞
34	模拟驾驶操作
35	不同的驾驶方式

教学进度计划（建议）

总学时:72 学时(理论 36 学时 + 实训 36 学时)。

周	理论学时	实训学时	教学主题及授课内容	合计学时
项目 1　城市轨道交通信号系统概述				
1	2	—	任务 1.1　了解城市轨道交通信号系统的发展	4
	2	—	任务 1.2　认识城市轨道交通信号系统	
项目 2　信号系统基础设备				
2	2	2	任务 2.1　继电器设备维护与检修	24
3	2	2	任务 2.2　轨道电路设备维护与检修	
4	2	2	任务 2.3　转辙机设备维护与检修	
5	—	4	任务 2.3　转辙机设备维护与检修	
6	2	2	任务 2.4　信号机设备维护与检修	
7	1	1	任务 2.5　计轴设备维护与检修	
	1	1	任务 2.6　应答器设备维护与检修	

续上表

<table>
<tr><th>周</th><th>理论学时</th><th>实训学时</th><th>教学主题及授课内容</th><th>合计学时</th></tr>
<tr><td colspan="5">项目 3　信号联锁设备</td></tr>
<tr><td rowspan="2">8</td><td>2</td><td>—</td><td>任务 3.1　认识信号联锁设备</td><td rowspan="3">8</td></tr>
<tr><td>1</td><td>1</td><td>任务 3.2　6502 电气集中联锁设备维护与检修</td></tr>
<tr><td>9</td><td>2</td><td>2</td><td>任务 3.3　CI 设备维护与检修</td></tr>
<tr><td colspan="5">项目 4　信号通信设备</td></tr>
<tr><td rowspan="2">10</td><td>2</td><td>—</td><td>任务 4.1　城市轨道交通通信系统设备维护与检修</td><td rowspan="3">6</td></tr>
<tr><td>1</td><td>1</td><td>任务 4.2　泄漏电缆与无线 AP 设备维护与检修</td></tr>
<tr><td>11</td><td>1</td><td>1</td><td>任务 4.3　交换机和防火墙设备维护与检修</td></tr>
<tr><td colspan="5">项目 5　信号电源设备</td></tr>
<tr><td rowspan="3">12</td><td>1</td><td>1</td><td>任务 5.1　信号电源屏维护与检修</td><td rowspan="3">6</td></tr>
<tr><td>1</td><td>1</td><td>任务 5.2　信号 UPS 维护与检修</td></tr>
<tr><td>1</td><td>1</td><td>任务 5.3　蓄电池设备维护与检修</td></tr>
<tr><td colspan="5">项目 6　CBTC 系统</td></tr>
<tr><td rowspan="2">13</td><td>1</td><td>1</td><td>任务 6.1　认识 CBTC 系统</td><td rowspan="3">8</td></tr>
<tr><td>1</td><td>1</td><td>任务 6.2　地面设备维护与检修</td></tr>
<tr><td>14</td><td>2</td><td>2</td><td>任务 6.3　车载设备维护与检修</td></tr>
<tr><td colspan="5">项目 7　信号与运营</td></tr>
<tr><td rowspan="2">15</td><td>1</td><td>1</td><td>任务 7.1　认识运营设施设备</td><td rowspan="3">8</td></tr>
<tr><td>1</td><td>1</td><td>任务 7.2　认识信号与运营</td></tr>
<tr><td>16</td><td>2</td><td>2</td><td>任务 7.3　认识行车运营组织</td></tr>
<tr><td colspan="5">项目 8　信号与列车驾驶</td></tr>
<tr><td rowspan="2">17</td><td>1</td><td>1</td><td>任务 8.1　闭塞技术原理</td><td rowspan="3">8</td></tr>
<tr><td>1</td><td>1</td><td>任务 8.2　列车驾驶规范</td></tr>
<tr><td>18</td><td>—</td><td>4</td><td>任务 8.2　列车驾驶规范</td></tr>
</table>

本教材课程思政设计

轨道交通的安全保障制度一定要严密,安全检查措施一定要严格,安全运行工作一定要严谨。随着城市轨道交通的高质量发展,信号基础设备维护岗位需要大量复合型技术技能人才。随着城市轨道交通运维更加智能化,更多线路将实现 FAO 无人驾驶模式,行车信号安全更要确保万无一失。该课程通过挖掘思政元素,借助任务载体,在案例中有机融入思政内容,以融媒体的形式渗透思政点,使整个课程思政内容围绕“立德树人”形成体系,形成“安全-责任-担当”的思政主线,以润物细无声的方式向学生传递正确的价值理念和导向,使学生树立远大的职业理想、具备高尚的职业道德,把学生培养成为德才兼备、全面发展的高素质人才。

每一课程思政元素的教学活动过程包括课前榜样引入、课中规范强化、课后素养提升等环节。在课堂教学中,教师可结合相关的知识点或实训,引导学生进行思考或展开讨论,提升教学效果。

主题导引	经典案例	课程思政元素
项目 1 城市轨道交通 信号系统概述	1. 中车四方所-列车自主运行系统实现了地铁列车的自主运行,使中国轨道交通列车控制技术赶超世界一流水平 2. 列车自主运行系统实现了地铁列车的自主运行	民族自信 创新精神 专业自豪感
项目 2 信号系统基础设备	1.【一线:360 行】地铁信号工:地铁“神经系统”的外科医生 2. “95 后”地铁信号维修工:通宵值守 让更多人“奔赴”团圆	安全意识 责任意识 拼搏进取精神 工程思维

续上表

主题导引	经典案例	课程思政元素
项目3 信号联锁设备	1. 守护北京地铁的维修工一天是怎么度过的? 2. 来看看那些在地铁运营背后“四两拨千斤”的人们,平时都在做什么(地铁360种职业——信号检修工篇)	规范意识 责任意识 爱岗敬业
项目4 信号通信设备	1. 地铁民用通信工程师的日常 2. 昆明地铁 走近昆明地铁之通信设备守护人	创新精神 工程思维
项目5 信号电源设备	【小维在前线】超维科技机房智能巡检机器人在北京地铁电力机房实现智慧运维	创新意识
项目6 CBTC系统	1. 实拍福州地铁信号车载设备检修工,他们用一夜无眠换来顺畅安全 2. 劳模故事 · 湖北劳模　徐旺明:用坚守和专注守护地铁的“中枢神经”	创新意识
项目7 信号与运营	城轨运营通信解决方案	专业自信 团队精神
项目8 信号与列车驾驶	1. 无锡地铁运营分公司车辆设备部检修一车间车载信号工班微课 2.【北京轨道运营】中国首条自主研发的全自动运行地铁线路——北京轨道交通燕房线前方展望	规范意识 安全意识 团队精神

注:相关案例资源可联系出版社获取。

目录

项目1

城市轨道交通信号系统概述

学习目标

1. 了解城市轨道交通信号系统的发展历程。
2. 掌握城市轨道交通信号系统的特点、基本组成和功能。
3. 了解城市轨道交通信号系统设备分类。
4. 掌握“故障-安全”原则。

任务描述

1. 工作对象

某地铁公司主干线路的信号系统。

2. 工作内容

(1)领取工作卡，制订调研计划。

(2)按照规定顺序依次调研系统设备型号等信息。

(3)组织整合调研资料，完成调研任务。

3. 工作目标与要求

(1)在工作过程中，具备安全意识和组织纪律性。

(2)小组合作制订并实施调研计划，完成本项目。

(3)能通过阅读资料和现场观察，辨别城市轨道交通信号系统设备的类型。

(4)能按规范的步骤，完成城市轨道交通信号各子系统的调研，并进行记录和整合。

项目思维导图

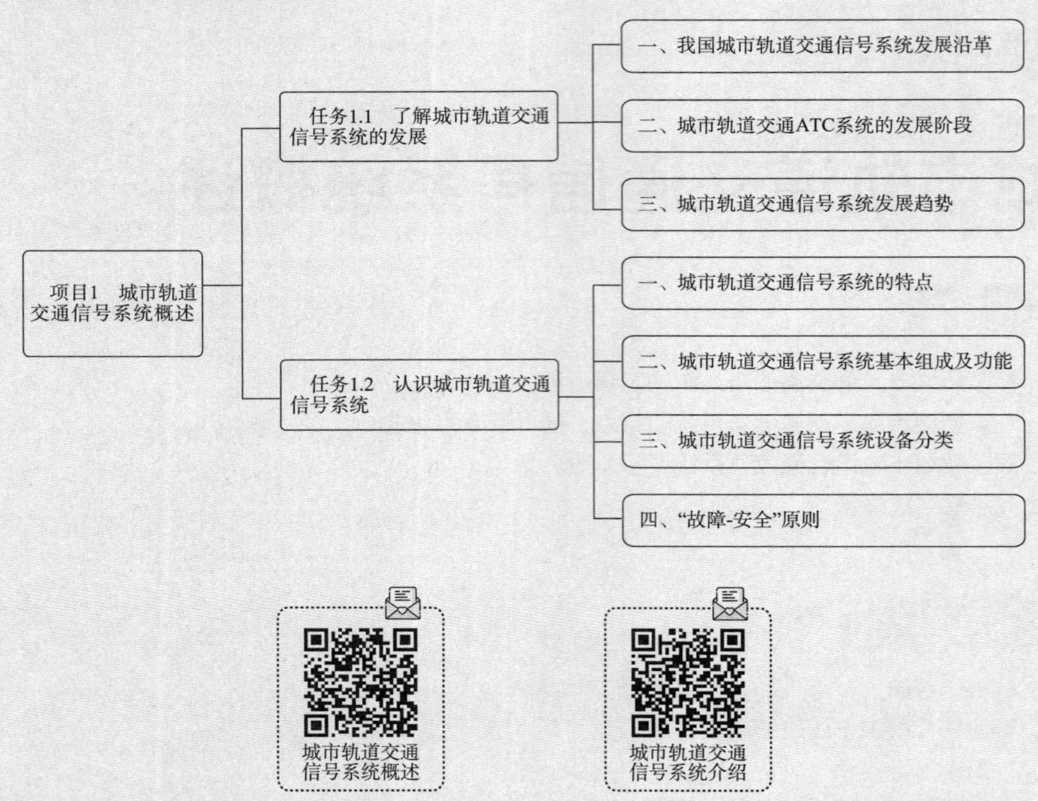
项目1　城市轨道交通信号系统概述
任务1.1　了解城市轨道交通信号系统的发展
一、我国城市轨道交通信号系统发展沿革
二、城市轨道交通ATC系统的发展阶段
三、城市轨道交通信号系统发展趋势
任务1.2　认识城市轨道交通信号系统
一、城市轨道交通信号系统的特点
二、城市轨道交通信号系统基本组成及功能
三、城市轨道交通信号系统设备分类
四、“故障-安全”原则
城市轨道交通信号系统概述
城市轨道交通信号系统介绍

任务1.1 了解城市轨道交通信号系统的发展

理论知识

城市轨道交通信号系统作为城市轨道交通基础的控制系统,不仅影响着轨道交通列车运行间隔和行车速度,而且影响着列车输送能力和通过能力。更重要的是,城市轨道交通信号系统为安全行车提供了重要保证。因此,城市轨道交通信号系统又被称为城市轨道交通的神经系统,是决定城市轨道交通先进程度的一个重要方面。

一 我国城市轨道交通信号系统发展沿革

我国城市轨道交通自1965年开始修建第一条地铁至今已有60年左右的历史,大致可以分为4个发展阶段;城市轨道交通信号系统基于通信系统的优化也相应地经历了4个发展阶段。

第一阶段,1965年至20世纪80年代,城市轨道交通主要起“战备为主,兼顾交通”的作用。北京是我国第一个修建地铁的城市,北京地铁1号线(一期工程)于1965年7月1日正式破土动工,1969年10月1日通车。此时,处于起步阶段的城市轨道交通信号系统采用的是继电半自动闭塞方式,使用道岔、信号机及继电式集中联锁。但是当时的技术不够成熟,并且存在一定的安全隐患。

第二阶段,从20世纪90年代初至20世纪末,随着经济的高速发展与人口、机动车数量的急剧增长,上海、广州等大城市开始建设地铁以缓解交通压力。此时修建地铁的目的转为“交通为主,兼顾战备”。城市轨道交通信号系统的稳定性和安全性有了进一步改善。

这一时期,上海地铁采用的是由卡斯科信号有限公司引进的美国通用铁路信号有限公司(GRS)的列车自动控制(Automatic Train Control,ATC)系统,联锁设备是国产的6502,使用无绝缘音频轨道电路固定自动闭塞。而广州地铁1号线设备除道岔、信号机外,其余全部引进德国西门子公司的设备,包括计算机联锁系统、ATC系统及不间断电源(Uninterrupted Power Supply,UPS)系统。广州地铁1号线首次使用了国际领先的ATC系统,该系统具有自动防护与自动驾驶功能,最短发车时间间隔可缩短到100s,而且系统集成的列车自动监控(Automatic Train Supervision,ATS)系统起到集中调度与列车监控的功能,极大地提高了地铁的安全性和运营效率。然而,由于所有技术均为国外进口,我国没有自主研发技术,只能做简单的维护工作。高昂的设备购买及维护费用促使我国城市轨道交通开始转向研制自主知识产权的城市轨道交通信号系统。

第三阶段,从21世纪初至2017年,随着我国经济的快速发展,城市轨道交通进入高速发展时期,我国北京、上海、广州等几十个城市修建并开通了城市轨道交通。城市轨道交通信号系统也得到了前所未有的优化和发展。

2008 年 6 月 15 日，由中国通号合资企业卡斯柯信号有限公司提供的，集成了列车自动监控、计算机联锁（Computer Interlocking，CI）等核心子系统的网络化基于通信的列车控制（Communication Based Train Control，CBTC）系统在北京地铁 2 号线成功运行，成为国内地铁第一套正式开通的 CBTC 系统。此时，城市轨道交通信号系统迈入了真正的自动化、信息化时代，但信号技术依然依赖母公司阿尔斯通（ALSTOM）。直到 2010 年 12 月 30 日，北京地铁亦庄线、昌平线开通运营，由北京交通大学组织研发的 CBTC 系统成功通过劳氏铁路国际认证，标志着我国成功掌握了 CBTC 系统的列车自动防护（Automatic Train Protection，ATP）/列车自动驾驶（Automatic Train Operation，ATO）核心技术。2012 年 1 月 18 日，浙大网新的 CBTC 系统中有 6 个核心产品同时获得劳氏铁路（亚洲）的安全论证。浙大网新成为国内唯一一家拥有自主研发的、完整的、全系列信号系统核心产品的第三方安全论证公司。至此，我国真正拥有了整个城市轨道交通信号系统的自主知识产权。

目前应用广泛的还是卡斯柯信号有限公司的 CBTC 系统。该系统基于安全的 CI 系统及无线车-地双向通信的数据通信子系统和 ATC 系统，对列车实施调度、防护、操作，多个子系统通过计算机网络连接，实现系统的网络化、信息化。城市轨道交通系统客流量大、行车密度高，列车在运营过程中，既要保证运行安全可靠，又要尽量缩短行车间隔时间，提高轨道交通线路的运营能力，ATC 系统则较好地实现了这些目的和功能。

第四阶段，2017 年至今，随着“无人驾驶”技术在世界范围内的不断发展，我国北京燕房线首次实现全“中国芯”的全自动运行，探索出一套适合中国国情的全自动运营模式，助推了国产全自动运行技术的快速发展。全自动列车运行线路与常规线路相比，线路各系统间接口关系紧密、联动程度高，要求运营单位具备高效运转的协作机制和快速响应的应急能力。为此，无人全自动驾驶运营组织突破既有框架，采用扁平化管理架构，对工作模块尽量整合、减少切分，以促进提能增效。

截至 2024 年底，我国共有北京、上海、深圳等 23 座城市开通全自动运行城市轨道交通线路 54 条，已投运的全自动运行线路总长度 1486.01km，占城市轨道交通运营线路总里程的12.21%（统计数据未含港澳台）。从系统制式来看，已运营的全自动运行线路共涉及地铁、市域快轨、自导向轨道系统、导轨式胶轮系统和悬挂式单轨 5 种制式。从全自动运行等级来看，按照全自动运行等级 GoA4 级运行的线路长 1348.92km，占全自动运行线路总里程的 90.77%。

2024 年，郑州、青岛、合肥等 11 座城市共开通运营全自动运行线路 13 条，既有线新段开通 3 段；既有线路广州地铁 7 号线于 2024 年 12 月 15 日实现全自动运行功能。2024 年全国新开通全自动运行线路总长度 425.70km，占 2024 年开通运营城市轨道交通运营线路总里程的 44.67%。从系统制式来看，2024 年开通运营全自动运行线路共有 2 种制式，其中，全自动运行地铁线路 408.50km；全自动运行导轨式胶轮系统线路 17.20km。从全自动运行等级来看，2024 年新开通的全自动运行线路全自动运行等级均为 GoA4 级。

二 城市轨道交通 ATC 系统的发展阶段

城市轨道交通信号系统随着微电子技术、计算机技术、通信技术的发展而不断发展。城市轨道交通信号系统中,地面与车载设备的安全信息传输方式大致经历了模拟轨道电路、数字轨道电路和无线通信 3 个阶段。

(一)基于模拟轨道电路的 ATC 系统

轨道电路是将区间线路划分为若干固定的区段,进行列车占用检查和作为向车载 ATC 设备传送信息的载体。列车定位以固定的轨道电路区段为单位,采用模拟轨道电路方式由地面向车载设备传送 10 ~ 20 种信息,列车采用阶梯式速度控制,称为固定闭塞。

模拟轨道电路在我国应用的代表产品有:从英国西屋引进的 FS22500 无绝缘轨道电路(北京地铁 1 号线、13 号线),从美国 GRS 引进的无绝缘数字调幅轨道电路(上海地铁 1 号线)。从系统整体来看,基于模拟轨道电路的 ATC 系统中各子系统处于分立状态,技术水平较为落后,维修工作量大,制约了列车运行速度和效率的进一步提高,将逐步退出历史舞台。

(二)基于数字轨道电路的 ATC 系统

数字轨道电路采用数字编码方式,地面向车载设备传送 10 位数字编码信息,列车可实现一次模式曲线式安全防护,缩短了运行间隔,提高了舒适度。采用数字轨道电路的 ATC 系统,列车可实现一次模式曲线式安全防护,因此,该轨道电路被称为准移动数字轨道电路。在我国应用的此类代表产品有美国 USSI 公司的 AF2904 无绝缘数字轨道电路(上海地铁 2 号线)、德国西门子公司的 FTGS 无绝缘数字轨道电路(广州地铁 1 号线、2 号线,南京地铁 1 号线等)。数字轨道电路的 ATC 系统采用微电子技术、计算机技术和数字通信技术,延续了轨道电路故障-安全的特点,目前该系统在我国乃至世界范围内应用较多,系统的可靠性和稳定性得到了充分的验证。

但是,数字轨道电路也存在如下缺点:

(1)必须具备很强的抗干扰能力。轨道电路中 ATC 信息电流一般在几十毫安至几百毫安,而列车牵引回流最大可达 4000A。

(2)受轨道电路特性限制,只能实现地面向列车的单向信息传输,信息传输量也只能到数十比特,限制了 ATC 系统的性能。

(三)CBTC 系统

CBTC 系统的特点是前后列车都采用移动定位方式,通过安全数据传输,将前行列车的位置信息安全地传递给后续列车,可实现一次模式曲线式安全防护,并且其防护点能够随前车的移动而实时更新。这有利于进一步缩小行车间隔,提高运输效率,因此,将这种方式称为移动闭塞。

目前国内主要采用的无线通信传输方式有 4 种,分别为:

(1)无线接入点(Access Point,AP)设备传输:采用沿轨道方向的无线定向天线,传输距离为200 ~ 400m。

(2)漏线电缆传输:沿着同轴电缆的外部导体周期性或非周期性配置开槽口,信号在该电缆中传输的同时,能把电磁能量的一部分,按要求从特殊开槽口以电磁波的形式放射到周围的外部空间。

(3)波导管传输:一种双向数据传输的无线信号传输媒介。

(4)感应环线方式:通过轨道铺设交叉感应环线来实现无线通信。

4 种传输方式的优缺点见表 1-1。

4 种传输方式的优缺点 表 1-1

传输方式	优点	缺点
无线 AP 设备传输	安装简单,施工方便,成本低	无线场强分布不均匀
漏线电缆传输	场强覆盖均匀,适应性强,电磁污染小	成本较高
波导管传输	传输频带宽,传输损耗小,可靠性高,抗干扰能力强	工艺复杂,受环境温、湿度影响大
感应环线方式	实现列车定位、车-地双向传输	现场日常养护不方便

设备仿真实训信号

我国已经开通运营的北京地铁 10 号线、广州地铁 4 号线采用德国西门子公司的 TrainguardMT,用点式 AP 实现无线信息传输。北京地铁 2 号线改造、机场线采用法国阿尔斯通公司的 URBAL ISTM,用波导管和点式 AP 实现无线信息传输。目前,基于点式 AP 无线通信的 CBTC 系统已经成为我国城市轨道交通信号系统选型的主流制式。

三 城市轨道交通信号系统发展趋势

随着我国城市轨道交通行业由高速增长转入高质量发展阶段,全自动线路建设成为主流制式标准。信号系统作为行车控制的核心系统,接口日益增多、场景联动控制更加精细、信息流向与交叉更加繁杂。因此,探索基于全生命周期的符合新时代发展的绿色、高效信号系统对带动整个城市轨道交通弱电系统可持续发展至关重要。新时代轨道交通信号系统建设思路需以智慧地铁、品质地铁、绿色地铁为指导思想,引入计算机技术、智能控制、科学管理等,并综合考虑方案建设、运营、维护等全过程,实现全生命周期综合效益极大提升。

(一)FAO 系统

FAO 系统是城市轨道交通运输的发展方向,可实现列车运行全过程的自动化,最大限度地节省人力,提升运输效率,保证运输安全。FAO 系统使信号系统的架构大大扩展,凡是与列车运行安全、效率有关的专业,如综合监控系统、供电系统、屏蔽门、旅客导向系统等,都可以归入 FAO 系统。随着系统的扩展,FAO 系统出现故障的概率也会增大。

具有列车自主运行功能,是对 FAO 系统提出的特殊要求。需要强调:一是在 FAO 系统正常时,系统处于全自动运行状态,不需要赋予列车自主运行的能力;二是市域快轨等中小运量系统,不必都采用具有列车自主运行功能的 FAO 系统。

(二)全电子联锁

目前,国内常规轨道交通线路联锁系统多采用继电器搭建的组合电路实现轨旁设备控制功能,组合电路物理器件因具有运行稳定、易于维护等优势广泛应用于铁路、城轨信号系统。但随着通信技术、微电子技术、远程控制技术的发展,采用微电子器件取代原继电器组合,实现轨旁控制技术迭代升级已经成为必然趋势。

全电子联锁板卡不但提升了系统自身控制能力,而且实现了常规继电器所不具备的功能,如设备自检、多重冗余、状态实时采集、故障报警等,进一步丰富了计算机监测功能,便利检修,大大提高了系统可靠性和可维护性。另外,全电子联锁板卡单元可进一步简化执行电路复杂度,节约设备空间需求;模块化设计便于系统改造、延伸线等实施。利用全电子联锁系统,提出区域型联锁理念,实行执行单元与联锁主机分离,可增强联锁系统覆盖范围及灵活部署能力,精简轨旁集中站设置。

(三)车车通信技术

随着基于通信的列车控制系统的广泛建设,传统 CBTC 系统因设备多、接口交叉、功能繁杂、进路固定等,暴露出运维难度大、折返效率低、运营调整不够灵活等缺点。因此,探索下一代城市轨道交通信号系统势在必行。目前,国内探索比较多的车车通信技术相对成熟。TACS(Train Autonomous Circumambulate System,基于车车通信的列车自主运行系统)列车追踪运行为移动闭塞制式,系统主要由 ATS、ATC、OCC、DCS 系统和集中化维护系统等子系统构成。相较于传统 CBTC 信号系统的 OBC-ZC/CBI 集中式控制架构,TACS 列控系统将改为 OBC-OBC、OBC-OC 的分散式控制架构。

车车通信通过优化系统构成,进一步简化信息流路由,提升系统效能,通过取缔传统联锁进路控制逻辑为划分线路资源的形式,可进一步灵活轨旁元素使用模式,提升资源利用率。车车通信系统列车的折返效率比传统 CBTC 系统约提升 20%,最小追踪间隔缩短 10s。

复习检测

1. 我国城市轨道交通信号系统的发展经历了哪几个阶段?
2. 简述未来城市轨道交通信号系统发展趋势。

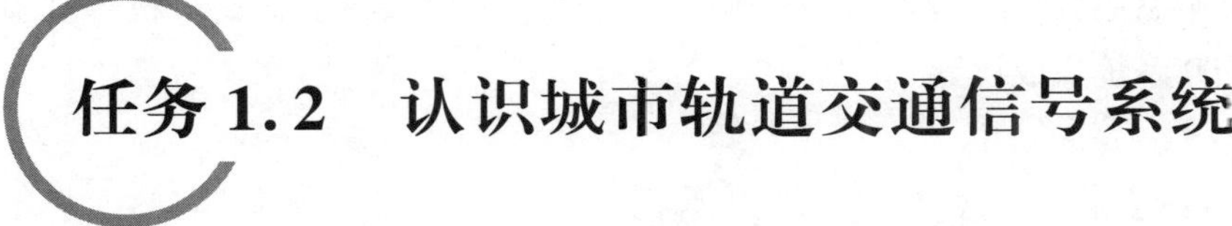

任务1.2　认识城市轨道交通信号系统

理论知识

一　城市轨道交通信号系统的特点

城市轨道交通信号技术沿袭了铁路的制式,因此与铁路有很多一致的地方,但也有与铁路不同的之处。

(一)系统安全保障要求高

城市轨道交通承担了巨大的客流量,行车密度大、站间距离短,列车间的运行间隔通常在2min左右(目前一些发达国家的城市轨道交通最小列车运行间隔可以缩至100s)。相对而言,铁路列车运行间隔通常在5～7min。城市轨道交通列车的运行间隔较短,所以对于列车速度监控系统的要求更高,要求监控系统提供的安全保障也更高。

(二)信号显示含义较少

一般情况下,地面信号机不安装在城市轨道交通的区间内,以机车的速度信号为主体信号。由于城市轨道交通列车的主要作用是运送乘客,它的行车组织功能相对单一,联锁车站的信号显示含义也相对较少。

(三)有利于实现自动控制

城市轨道交通的大多数车站不设置道岔,联锁设备的监控对象远远少于一般铁路的客货站,多半在电气集中控制中心实现全线的联锁功能。城市轨道交通列车运行的规律性很强,有利于实现自动控制。

二 城市轨道交通信号系统基本组成及功能

城市轨道交通信号系统是轨道交通运输中保证行车安全、提高区间和车站通过能力的手动控制系统、自动控制系统及远程控制系统的总称,是依据行车计划或运力需求组织行车,并按一定的闭塞方式指挥列车安全、正点运行的重要设备系统。城市轨道交通信号系统具有下达行车指令、办理列车进路、开放信号并指挥行车的基本功能。

城市轨道交通信号系统通常由ATC系统组成。ATC系统包括4个子系统,即列车自动监控(ATS)系统、列车自动防护(ATP)系统(包括地面ATP系统和车载ATP系统)、列车自动驾驶(ATO)系统(包括地面ATO系统和车载ATO系统)和计算机联锁(Computer Interlocking,CI)系统,如图1-1所示。

城市轨道交通信号系统运营技术规范中,信号系统主要包括列车自动防护(ATP)、列车自动运行(ATO)、列车自动监控(ATS)、计算机联锁(CI)、数据通信系统(Data Communication System,DCS)、维护监测(MSS)等子系统,以及电源、计轴、轨道电路、转辙机、信号机等其他设备。CI系统可与ATP系统集成设置。

图1-1　ATC系统结构示意图

信号设备

在城市轨道交通中,不同厂商的核心技术不同,对于信号系统的组成、命名、功能划分略有不同,但整体实现的功能效果基本相同,卡斯柯信号系统主要由列车自动控制(ATC)系统、联锁计算机(CBI)系统、列车自动监控(ATS)

系统、维护支持(MSS)系统、通信(DCS)系统五部分组成。系统框图如图1-2所示。

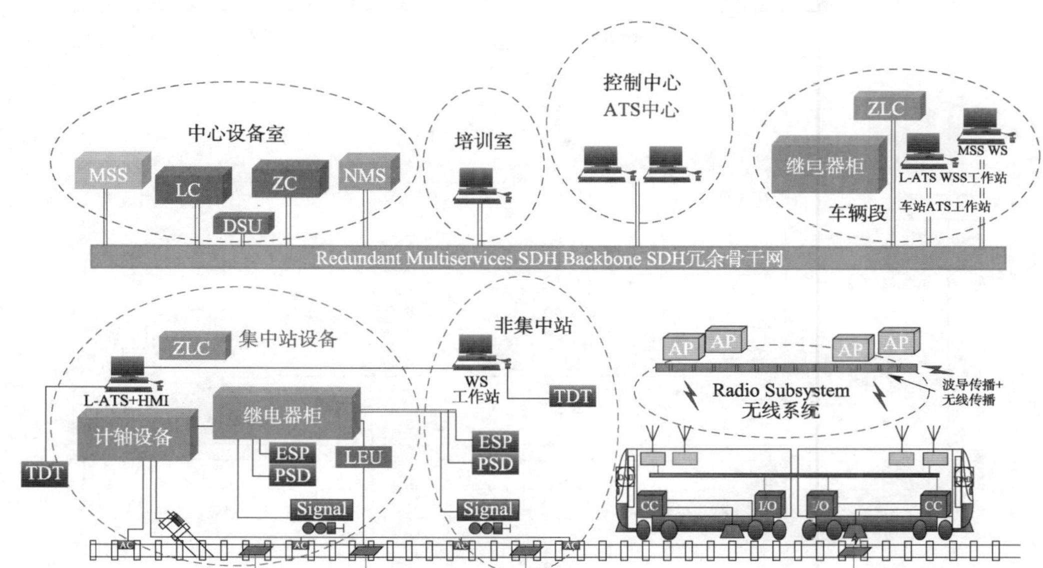

图1-2　卡斯柯信号系统框图

AP-Access Point 接入点,无线接入点;TDT-Train Depart Timer 列车发车计时器;LEU-Lineside Electronic Unit 轨旁电子单元;PSD-Platform Screen Doors 站台屏蔽门;ESP-Emergency Stop Push – button 紧急停车按钮;CC-Carborne Controller 车载控制器

卡斯柯的信号系统将列车自动监控(ATS)系统独立于列车自动控制(ATC)系统之外,单独作为信号系统的子系统,然而交控信号系统则将列车自动监控(ATS)系统作为列车自动控制(ATC)系统,同时两个系统关于ATC的定义有较大不同。交控信号系统主要包括列车自动控制(ATC)系统、数据通信系统(DCS)、维护监测(MSS)。列车自动控制(ATC)系统包括4个子系统,即ATS、ATP、ATO、CI,其中ATP系统细分为车载ATP和轨旁ATP,将电源、计轴、轨道电路、转辙机、信号机等其他设备涵盖在内。系统框图如图1-3所示。

上述4个子系统可以通过信息交换网络构成闭环系统,从而实现地面控制与车上控制相结合、现场控制与中央控制相结合,构成一个以安全设备为基础,集行车指挥、运行调整及列车自动驾驶等功能于一体的ATC系统。

(一)ATS系统

ATS系统由控制中心、车站、车场以及车载设备组成。其基本功能如下:

(1)ATS车站设备通过采集车载ATP和轨旁设备提供的进路状态、轨道占用状态、列车运行状态以及信号设备故障等信息来控制和监督列车运行。

(2)根据列车计划运行图、列车位置和联锁进路表,自动生成进路控制命令,传送至车站联锁设备,自动生成列车进路,控制列车停站时间。

(3)ATS系统能自动完成正线区段内列车识别号(服务号、目的地号、车体号)跟踪功能。列车识别号的生成方式有以下3种:

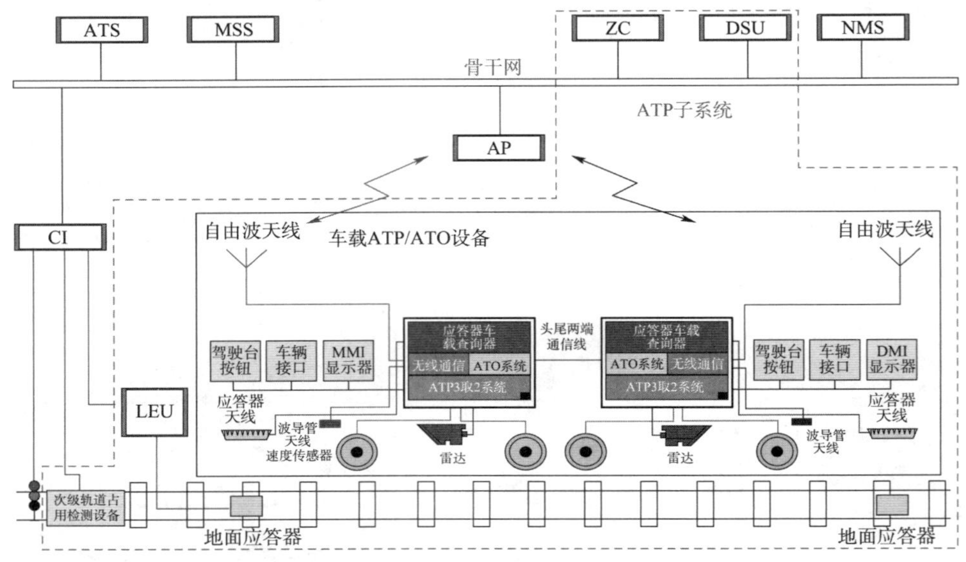

图 1-3　交控信号系统框图

①由中央 ATS 系统自动生成。

②由调度员人工设定、修改。

③由列车经车-地通信向 ATS 系统发送识别号等信息。

(4)计算机辅助调度功能。通过列车计划运行图与实际运行图的比较,根据列车运行实际与计划的偏离情况,自动调整列车停站时间,控制发车时间。同时自动生成列车运行调整计划,供调度员参考。

(5)ATS 系统故障情况下的降级处理功能。由调度员人工设置进路,对列车运行进行调整。由车站 ATS 系统完成自动进路或根据列车识别号进行自动信号控制,由车站人工进行进路控制。

(6)在计算机辅助下完成对列车基本运行图的编制和管理。行车人员在计算机辅助下完成车辆运用计划和行车计划的编制工作。

(7)通过列车运行显示屏及调度台显示器,对车站管辖范围内轨道区段、道岔、信号机等信号设备进行监视,并在行车调度工作站上实时显示故障报警及故障源提示信息。

(8)在车站控制模式下,通过与计算机联锁设备的结合,将部分或所有信号机置于自动模式,同时向乘客信息系统、无线通信系统提供必要的信息。

(二)ATP 系统

ATP 系统由地面设备、车载设备组成,监督列车在安全速度下运行,确保列车一旦超过规定速度,立即实施制动。ATP 系统主要实现以下功能:

(1)连续自动对列车位置进行实时监测,并向列车发送必要的速度、距离、线路等信息,以确定列车运行的最大安全速度。在列车超速时提供常用制动或紧急制动等安全防护措施,保证前方运行列车与后方运行列车之间的安全防护间隔,从而保证正向行车时的设计行车间隔和折返时间间隔。

(2)确保列车进路正确及列车的运行安全。确保不同列车在同一进路上具有足够的安全距离，防止列车侧面冲撞。

(3)为列车车门和站台屏蔽门的开启提供安全、可靠的信息，确保车门在列车停稳且处于安全位置时才能打开，同时防止在列车未停稳或车门未关闭好的情况下列车启动，保障乘客上下车的安全。

(4)根据联锁设备提供的进路上轨道区间运行方向，确定相应轨道电路发码方向。

(5)任何车-地通信中断以及列车的非预期移动(含退行)、任何列车完整性电路的中断、列车超速(含临时限速)、车载设备故障等均将产生安全性制动。

(6)实现与ATS系统的接口和有关信息的交换，实现系统的自诊断、故障报警和记录。

(7)记录和显示列车的实际速度、推荐速度、目标速度、目标距离等信息。还具有人工或自动轮径磨耗补偿功能。

(三)ATO系统

ATO系统是控制列车自动驾驶的系统，由车载设备和地面设备组成。在ATP系统的保护下，ATO系统根据ATS系统的指令实现列车运行的自动驾驶、速度的自动调整以及列车开关门的控制。其具体功能如下：

(1)自动完成对列车启动、牵引、巡航、惰行和制动的控制，以较高的速度进行追踪运行和折返作业，确保达到设计间隔及旅行速度。

(2)在ATS系统监控范围的入口及各站停车区域(含折返线、停车线)进行车-地通信，将列车有关信息传送至ATS系统，以便ATS系统对在线列车进行监控。

(3)控制列车按照运行图运行，达到节能及自动调整列车运行的目的。

(4)在自动驾驶时实现车站站台定点停车控制、舒适度控制及节省能源控制。

(5)根据停车站台的位置及停车精度，自动对车门进行控制。

(6)与ATS系统和ATP系统结合，实现列车自动驾驶(有人值守与无人值守)、有人驾驶或无人驾驶。

(四)CI系统

CI系统是指利用计算机对车站作业人员的操作命令及现场表示的信息进行逻辑运算，从而实现对信号机及道岔等进行集中控制，使其相互制约的车站联锁设备，即计算机集中联锁。CI系统是一种由计算机及其他一些电子、电磁器件组成的具有故障-安全性能的实时控制系统。

CI系统由硬件设备和软件设备构成。硬件设备包括联锁计算机(完成联锁功能和显示功能)、安全检验计算机(用于检验联锁计算机的运行情况，发现故障可导向安全)、彩色监视器、微型集中操作台、安全继电输入输出接口柜、计算机联锁专用电源屏，以及现场信号机、转辙机、轨道电路等室外设备。

软件设备是实现进路、信号机和道岔相互制约的核心部分，由两部分组成：一是参与联锁运算的车站数据库；二是进行联锁逻辑运算，完成联锁功能的应用程序。车站数据库包括车站赋值表、车站联锁表、按钮进路表、车站显示数据等。应用程序由多个程序模块组成，即系统管理程序模块、时钟中断管理程序模块、信息采集及信息处理程序模块、操作命令输入及分析程序模块、选路及转岔程序模块、信号开放程序模块、解锁程序模块和站场彩色监视器显示程序模块等。

三 城市轨道交通信号系统设备分类

城市轨道交通信号系统设备按其所处地域可分为控制中心设备、地面设备、车载设备以及车站设备。

1. 控制中心设备

控制中心设备主要包含中心 ATS 计算机系统、中心显示设备、调度员(值班站长)工作站、时刻表/运行图工作站、培训/模拟设备、维修工作站、网络传输设备、绘图仪和打印机、电源设备。

2. 地面设备

地面设备主要包含信号机、转辙机、轨道电路(计轴)、计算机联锁设备、信号电源、无线传输系统(应答器、无线天线)等。

3. 车载设备

车载设备主要包含车载主机、外围设备(测速传感器、应答器天线、无线通信天线等)、与车辆的接口设备、人机接口设备等。

4. 车站设备

车站设备主要包括联锁机柜、区域控制器(ZC)、现地工作站、计算机监测工作站、联锁系统维护工作站(SDM)、DCS、防雷分线柜、电源屏、稳压柜、紧急停车按钮等。

四 “故障-安全”原则

“故障-安全”原则即故障以后导向安全,城市轨道交通信号系统严格遵循这一原则。在城市轨道交通信号系统中,以设置于轨旁的地面信号机的信号为主体信号,其以不同颜色的灯光显示,向司机发出不同的行车命令,由司机操控列车的运行;而驾驶室的车载机车信号只作为辅助信号,向司机提供各种用于驾驶的“参考信息”。信号机显示行进信号,允许列车驶入信号机所防护的轨道区段。当信号控制设备发生故障时,应立即显示禁止信号,以禁止列车驶入信号机所防护的轨道区段。这就是信号系统中的“故障-安全”原则。也就是说,信号系统必须满足“故障-安全”的要求。

(一)基本含义

故障:在规定的时间内和规定的条件下,信号设备规定的功能(部分或全部)受到限制或丧失。

一次故障:信号设备的原发性故障。

二次故障:信号设备的继发性故障。

故障率:工作到某时刻尚未失效的信号设备,在该时刻后单位时间内发生失效的概率。

安全性:在规定的时间内和规定的条件下,有关设备不发生危险的概率。

可靠性:在规定的时间内和规定的条件下,信号设备完成规定功能的能力。

冗余:某一规定的功能用多于一种的方法(硬件或软件)完成。

(二)具体技术措施

(1)为防止人的错误操作而出现的各种联锁及闭塞技术等。

(2)故障后使功能弱化或降级使用技术。

(3)应急顶替技术。

(4)监测、报警和预防性养护技术。

(5)冗余技术。

(6)器件的降额使用技术。

当设备故障时,其输出不得危及行车安全。

复习检测

1. 简述城市轨道交通信号系统的功能及组成。
2. 什么叫作一次故障?什么叫作二次故障?
3. “故障-安全”原则的技术措施有哪些?

请完成实训1-1,见教材配套实训手册。

项目2

信号系统基础设备

学习目标

1. 了解城市轨道交通信号系统基础设备。
2. 掌握各信号系统基础设备的基本组成、功能及作用。
3. 能够根据操作规范完成信号系统基础设备的维护与故障处理。

任务描述

1. 工作对象

待安装的信号系统基础设备包括继电器、轨道电路、转辙机、信号机、计轴设备以及应答器各1台。

2. 工作内容

(1)领取所需要的工具，做好准备工作。

(2)从继电器开始装起，熟悉信号系统基础设备最基础的操作。

(3)按照规定顺序依次安装各信号系统基础设备。

(4)安装完毕后，检查各信号系统基础设备的安放位置是否正确。

3. 工作目标与要求

(1)工作中加强安全意识，注意团队合作。

(2)能按规范的步骤，完成信号系统基础设备的安装，各零部件安装位置正确。

(3)工作结束后，做好废料的处理，保持工作环境整洁。

项目思维导图

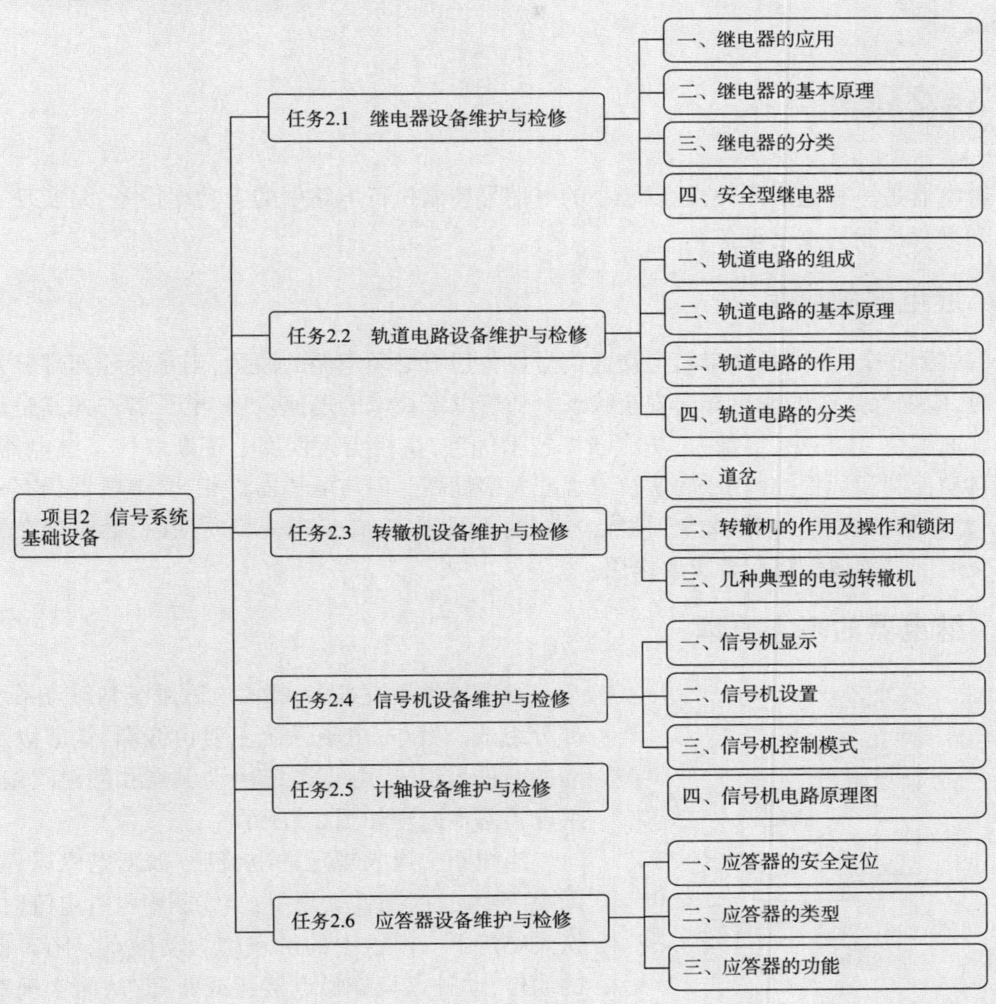
项目2　信号系统基础设备
任务2.1　继电器设备维护与检修
一、继电器的应用
二、继电器的基本原理
三、继电器的分类
四、安全型继电器
任务2.2　轨道电路设备维护与检修
一、轨道电路的组成
二、轨道电路的基本原理
三、轨道电路的作用
四、轨道电路的分类
任务2.3　转辙机设备维护与检修
一、道岔
二、转辙机的作用及操作和锁闭
三、几种典型的电动转辙机
任务2.4　信号机设备维护与检修
一、信号机显示
二、信号机设置
三、信号机控制模式
四、信号机电路原理图
任务2.5　计轴设备维护与检修
任务2.6　应答器设备维护与检修
一、应答器的安全定位
二、应答器的类型
三、应答器的功能

任务2.1　继电器设备维护与检修

理论知识

继电器是一种电磁开关，能以较小的电信号控制执行电路中的大功率设备，是实现自动控制和远程控制的重要设备。

一　继电器的应用

“故障-安全”原则是城市轨道交通信号设备运行必须遵循的原则，当系统任何部分发生故障时，应确保系统的输出导向安全状态。随着电子技术的迅速发展，电子器件尤其是计算机以其速度快、体积小、容量大、功能强等技术优势，在相当大程度上逐渐取代了继电器，构成了自动控制和远程控制系统，使技术水准大幅提高。但与电子器件相比，继电器仍有一定优势，尤其是其具有“故障-安全”性能。因此，不只现在，在未来一定时期内，继电器在城市轨道交通信号领域仍将起着重要作用。

二　继电器的基本原理

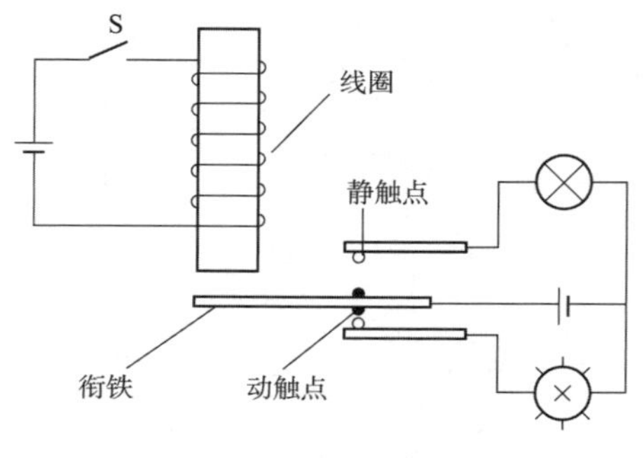

图2-1　继电器基本原理

继电器类型有很多，都由电磁系统和触点系统两部分组成。其中，电磁系统主要由线圈、铁芯以及可动的衔铁等组成，触点系统由动触点和静触点组成。继电器基本原理如图2-1所示。

当线圈中通入规定的电流后，根据电磁原理，线圈中产生磁性，衔铁被吸引；当线圈中没有电流时，衔铁失磁落下。衔铁上的触点称为动触点。随着衔铁的动作，动触点与静触点接通或断开，从而实现对其他设备的控制。

三　继电器的分类

城市轨道交通的正线有岔站联锁系统和停车场联锁系统，基本上都以继电器为接口，接通控制电路。所以，信号技术人员必须掌握继电器的工作原理及其应用技术。继电器有如下分类方式。

继电器应用

（一）按动作原理分类

1. 电磁继电器

电磁继电器是利用电流通过线圈产生的磁场来实现动作的继电器。信号设备中使用的大多是这类继电器。

2. 感应继电器

感应继电器是利用电流通过线圈产生的交变磁场与其翼板中的另一交变磁场所感应的电流相互作用，使翼板转动而动作的继电器，如相敏轨道电路所使用的交流二元继电器。

(二)按动作电流分类

1. 直流继电器

直流继电器是由直流电源供电的继电器。大部分信号继电器都是直流继电器。直流继电器实物图如图2-2所示。

2. 交流继电器

交流继电器是由交流电源供电的继电器，如信号机点灯电路中用于监督信号机是否灭灯的灯丝继电器，用于信号机灯泡主、副灯丝转换的灯丝转换继电器等。交流继电器实物图如图2-3所示。

图2-2　直流继电器实物图

图2-3　交流继电器实物图

(三)按动作时间分类

1. 正常动作继电器

正常动作继电器衔铁动作时间在0.1～0.3s范围内，大部分信号继电器属于此类。

2. 缓动继电器

缓动继电器包括缓吸和缓放两种，衔铁动作时间超过0.3s。图2-4所示为JPXC-H270型无极缓动继电器，图2-5所示为晶体管时间继电器。

图2-4　JPXC-H270型无极缓动继电器

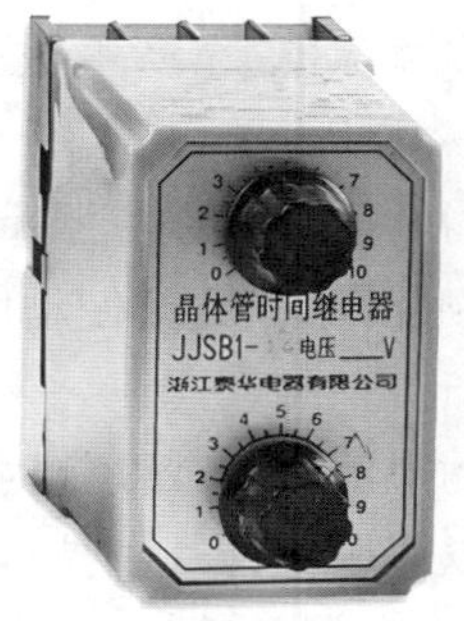

图2-5　晶体管时间继电器

(四)按可靠程度分类

1. 安全型继电器

安全型继电器依靠自身结构满足系统的安全要求,主要依靠重力作用释放衔铁。安全型继电器的工作过程示意图如图 2-6 所示。

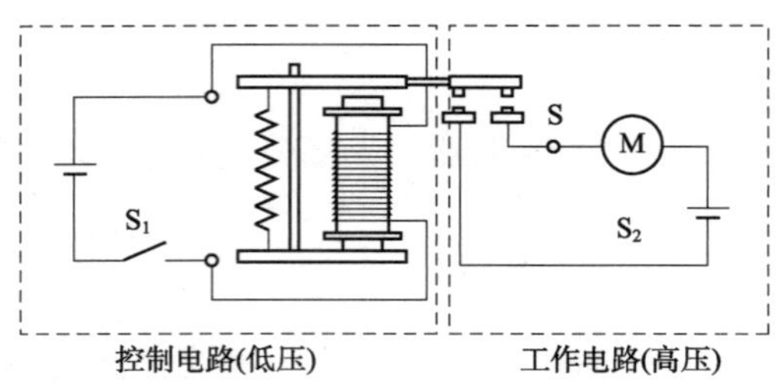

图 2-6　安全型继电器的工作过程示意图

当开关 S_1 闭合时,电磁铁通电产生磁性,将衔铁吸下,开关 S 的触点接通,工作电路有电流通过,电动机转动。

2. 非安全型继电器

非安全型继电器断电后依靠弹力保证继电器落下,又称弹力式继电器。

四　安全型继电器

城市轨道交通信号系统大多使用安全型继电器,以确保设备具有"故障-安全"特性。安全型继电器一般为电磁继电器,可采用直流电,也可采用交流电,根据需要还可使继电器具有缓动功能。

我国城市轨道交通信号系统中应用较多的是 AX 系列继电器,其基本结构属于直流无极继电器。

1. 结构

安全型直流无极继电器结构由直流电磁系统和触点系统两部分构成,如图 2-7 所示。

2. 工作原理

当线圈通以直流电后,产生磁通,经铁芯、轭铁、衔铁和气隙,形成闭合磁路,使铁芯对衔铁产生吸引力。

当此吸引力增大到足以克服重锤片和拉杆等重力时,就能将衔铁吸向铁芯,于是衔铁带动拉杆推动动触点向上动作,使动触点与前触点闭合,此时称继电器处于励磁状态(又称吸起状态)。

当线圈中的电流减少或断电时,磁路的磁通随之减少,铁芯对衔铁的吸引力相应减小;当吸引力不足以克服重锤片和拉杆的重力时,衔铁即释放,使动触点与前触点断开并与后触点闭合,此时称继电器处于失磁状态(又称落下状态)。

这种继电器使用直流电,同时继电器的动作与通入线圈的电流方向无关,故称为直流无极继电器。

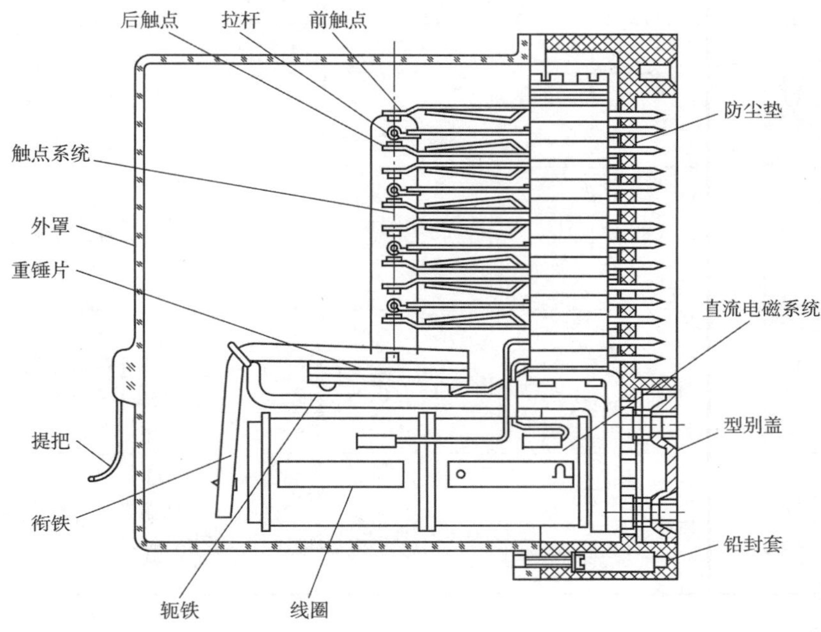

图 2-7 安全型直流无极继电器结构

继电器线圈的图形符号见表 2-1,继电器触点的图形符号见表 2-2。

继电器线圈的图形符号表(部分) 表 2-1

序号	符号	名称	序号	符号	名称
1		无极继电器	6		有极加强继电器
2		无极继电器(两线圈分接)	7	4 1	偏极继电器
3		无极缓放继电器	8	5 6	整流式继电器
4		无极加强继电器	9	~	交流继电器
5		有极继电器	10	~ ~	交流二元继电器

继电器触点的图形符号(部分)　　　　表 2-2

序号	符号		名称
	标准图形	简化图形	
1	1 ↑	1 ↑	前触点闭合,后触点断开
2	1 ↓	1 ↓	前触点断开,后触点闭合
3	113 111 112	113 111 112	极性继电器触点组定位触点闭合,反位触点断开
4	113 111 112	113 111 112	极性继电器触点组定位触点断开,反位触点闭合

继电器有两种状态,即吸起状态和落下状态。

(1)继电器的定位状态应与设备的定位状态相一致。轨道电路以空闲为定位状态。

(2)根据"故障-安全"原则,继电器的落下状态必须与设备的安全侧相一致。轨道继电器的落下应与轨道的占用相一致。

电路图中,当继电器以吸起为定位状态时,其线圈和触点处均应标记"↑";当继电器以落下为反位状态时,其线圈和触点处均应标记"↓"。

技术技能 2-1　继电器的识别、测量及更换

轨道电路概念

轨道电路

一　继电器的插座触点编号判断

(一)继电器插座的触点编号

继电器插座插孔旁标注的触点编号是直流无极继电器的触点编号,如图 2-8 所示。其他类型继电器的触点系统的位置及编号与之不同,使用时需对照使用。

(二)继电器的鉴别孔和继电器插座鉴别销

安全型继电器有多种类型,为防止不同类型的继电器错误插接,在继电器插座下部铆以鉴别销。不同类型的继电器,根据规定在型别盖上钻出鉴别孔,对应相应插座的鉴别销。

二　测量继电器性能参数

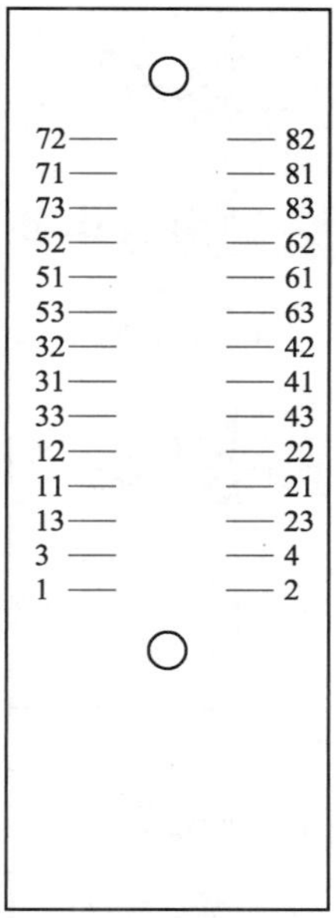

(一)测量触点电阻

选用万能表的“电阻”挡,如果测量常闭触点与动点电阻,其阻值应显示为0;如果测量常开触点与动点,其阻值应显示为无穷大。如此,很容易区别出哪一个是常闭触点,哪一个是常开触点。

(二)测量线圈电阻

选用万能表“$R\times10\Omega$”挡,测量继电器线圈的阻值,然后判断该线圈是否存在开路的现象。

(三)测量吸合电压和吸合电流

首先,找到可调稳压电源和电流表,然后给继电器输入一组电压,并且在供电回路中同时串入电流表进行监测;然后慢慢调高电源电压,当听到继电器吸合声时,记下该吸合电压和吸合电流。为了保证准确性,可以尝试采用多次求平均值的方法。

72	82
71	81
73	83
52	62
51	61
53	63
32	42
31	41
33	43
12	22
11	21
13	23
3	4
1	2

图2-8　继电器插座示意图

(四)测量释放电压和释放电流

测量释放电压和释放电流与上述测试类似,同样需要进行连接测试。只有当继电器发生吸合后,才能逐渐降低供电电压;当听到继电器再次发出释放声时,记下电压和电流值。同样可以尝试多次,取释放电压和释放电流的平均值。通常情况下,继电器的释放电压是吸合电压的10%～50%。假如释放电压过小(小于吸合电压的10%),则无法正常使用,这会对电路的稳定性造成相当大的威胁,可靠性大幅降低。

三　更换继电器

(1)更换前要确定继电器的类型,检查出厂日期、鉴别板是否正确、整流式继电器二极管有无损坏、接点是否完整良好;还要进行外观检查,并测试线圈有无断线、混线现象。

(2)确认更换继电器时的影响范围,然后登记要点,写清起止时间、影响范围,断电后方可工作。

(3)更换过程中要检查插座有无破损,插片有无弯曲、弹性,销是否齐全。

(4)更换后,检查是否严密无缝、继电器是否倾斜,挂好安全钩,试验动作情况,测量电压是否符合标准要求。对于整流式继电器,要测试交、直流电压比。

请完成实训2-1和实训2-2,见教材配套实训手册。

技术技能 2-2 继电器的维护检修与故障排除

一 继电器中修内容、要求及周期表

继电器中修内容、要求及周期表见表 2-3。

继电器中修内容、要求及周期表　　表 2-3

设备类型	维修内容	维修要求	建议周期
继电器	加强接点继电器轮换测试维护	定期对加强接点继电器进行检查、性能测试、修理，更换不良部件，恢复设备性能	非折返站 3 年
	时间继电器	校准时延参数	3 年

二 继电器常见故障及排除

（一）玻璃绝缘子损伤

玻璃绝缘子是由金属插脚与玻璃烧结而成的，在检查、装配、调整、运输、清洗时均容易出现插脚弯曲的现象。玻璃绝缘子掉块、开裂会造成漏气，并使绝缘及耐压性能下降；插脚转动还会造成接触簧片移位，影响产品可靠通断。因此，要求装配继电器的操作人员在整个生产过程中轻拿轻放，零部件整齐排列，放在传递盒内；装配或调整时，不允许扳动或扭转引出脚。

（二）线圈故障

继电器用的线圈种类繁多，有外包的，也有无外包的。因此，线圈必须单件隔开放置在专用的器具中。如果发生碰撞、交连，在分开时会造成断线。在电磁系统铆装时，手扳压床和压力机的压力需适中，如果压力过大，会造成线圈断线或线圈架开裂、变形，绕组击穿；如果压力过小，会造成绕线松动，导致磁损增大。多绕组线圈一般用颜色不同的引线做头。焊接时，应注意分辨颜色，否则将会造成线圈焊错。有始末端要求的线圈，一般用做标记的方法标明始末端。装配和焊接时应注意始末端，否则会造成继电器极性相反。

请完成实训 2-3，见教材配套实训手册。

复习检测

1. 继电器类型有很多，都由________和________两部分组成。

2. 继电器有两种状态，即________和________。电路图中，当继电器以吸起为定位状态时，其线圈和触点处均应标记________；当继电器以落下为反位状态时，其线圈和触点均应标记________。

3. 简述继电器基本原理。

4. 简述继电器常见故障及排除方法。

任务2.2 轨道电路设备维护与检修

理论知识

轨道电路是轨道交通信号系统的重要基础设备。轨道电路是由钢轨线路和钢轨绝缘构成的电路,监督线路的占用情况;同时将列车运行与信号显示联系起来,向列车传递行车信息。轨道电路的性能直接影响行车安全和运输效率。

一 轨道电路的组成

如图2-9所示,轨道电路是以钢轨为导体,两端加上机械绝缘(或电气绝缘),接上送电和受电设备等构成的电路。

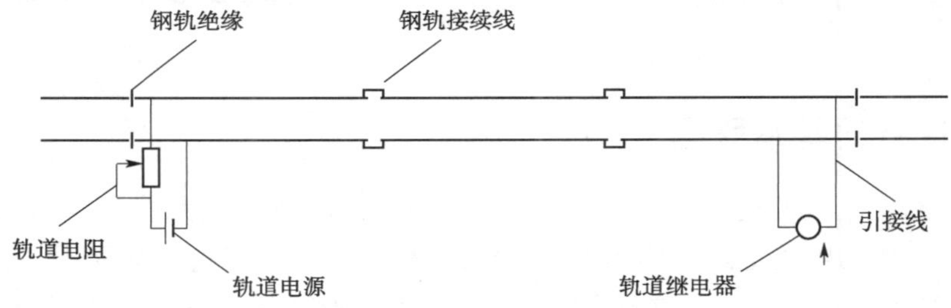

图2-9 轨道电路组成示意图

钢轨是用钢轧制的一定长度的工字形断面型钢,是直接支承和引导车轮的构件。钢轨的主要功能是承受车轮重压及磨损,将车轮重压分散至钢轨下的轨枕,引导列车的运行方向。

钢轨绝缘(图2-10、图2-11)安装在相邻两个轨道电路衔接处,以保证相邻轨道电路在电气上的可靠隔离。城市轨道交通的正线多采用无缝线路,需要使用由电子电路构成的电气绝缘(又称为调谐区)来分隔相邻轨道电路。

图2-10 轨道绝缘节

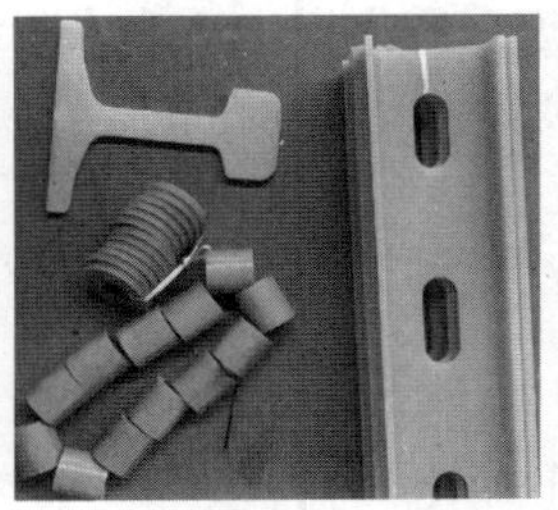

图2-11 钢轨绝缘

轨道电路的送电设备可以是电源,用于向轨道电路供电;也可以是能够发送一定信息的电子设备，通过轨道电路向列车传递行车信息。

BG型轨道变压器主要用于轨道电路供电，其一次侧为220V，二次侧依据所连接的端子不同，可以获得各种不同的电压值(0.45～10.80V)。

轨道电路的受电设备(图2-12)可以是轨道继电器(图2-13)，用于反映轨道电路范围内有无列车、车辆占用和钢轨是否完整；当轨道电路中包含控制信息时，轨道电路的受电设备也可以是能够接收并鉴别电流特性的电子设备，这些设备能够根据接收到的不同特性的电流，令有关继电器动作。

图2-12　受电设备

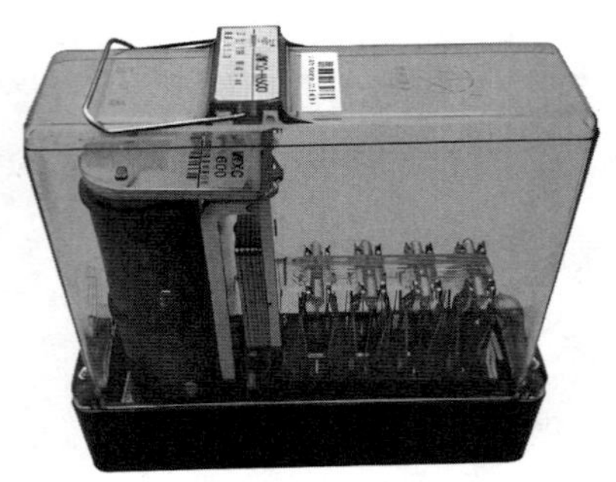

图2-13　轨道继电器

二　轨道电路的基本原理

轨道电路的基本原理

轨道电路的送电设备设在送电端，由轨道电源变压器、限流电阻等组成。限流电阻的作用是保护电源，使电源不会因过负荷而损坏；同时提高轨道电路监督列车的灵敏度，确保列车占用轨道电路时，轨道继电器可以立即落下。接收设备在受电端，由它来接收轨道电路的信号电流。

当轨道电路设备完好，又没有列车、车辆占用时，轨道电流从电源正极经钢轨、轨道继电器线圈回到负极，构成回路，继电器处于吸起状态，表示轨道区段内无车占用。此状态称为轨道电路的调整状态。

当轨道区段内有列车、车辆占用时，因为车辆的轮对电阻比轨道继电器的线圈电阻小得多，所以轨道电路被轮对分路，这时流经继电器线圈的电流很小，不足以使衔铁保持吸起，继电器失磁，表示该区段有车占用。此状态称为轨道电路的分路状态。

当轨道区段内发生断轨或断线等故障时，流经继电器线圈的电流中断，使继电器失磁。此状态称为轨道电路的断轨状态。

三　轨道电路的作用

(一)监督列车占用状态

利用轨道电路监督列车在正线或列车及车辆在车辆段等线路的占用状态。

轨道电路反映有关线路空闲时，为开放信号、建立进路、构成闭塞提供依据；轨道电路被占用时，用于实现控制有关信号机的自动关闭，实现信号系统的自动控制。

(二)传输行车信息

在正线上,根据列车的不同位置,有关闭塞分区的轨道电路传输不同的控制信息,实现对追踪列车的控制。带有编码信息的轨道电路是城市轨道交通信号系统车-地之间信息传输的通道之一。

例如,数字编码式音频轨道电路中传输的行车信息为 ATP 系统直接提供控制列车运行所需的前行列车位置、运行前方信号状态、线路条件等信息,以确定列车运行的目标速度,控制列车在当前运行速度下是否减速或停车。

四　轨道电路的分类

轨道电路有较多种类,也有多种分类方法。轨道电路按传输电流特性分为工频连续式轨道电路、音频数字轨道电路,按绝缘性质分为有绝缘轨道电路、无绝缘轨道电路,按使用区域分为区间轨道电路、车辆段内轨道电路,按是否含道岔分为无岔区段轨道电路、道岔区段轨道电路。下面以两种典型的轨道电路为例,进一步加以说明。

(一)交流工频轨道电路

用于城市轨道交通的交流工频轨道电路有 50Hz 相敏轨道电路(有继电式和微电子式,其中不注明时即指继电式)、相敏轨道电路,只有监督列车占用的功能,不能传输其他信息。下面介绍 50Hz 相敏交流工频轨道电路,其结构如图 2-14 所示。

图 2-14　50Hz 相敏交流工频轨道电路结构

1. 组成

(1)送电端:一般安装在室外变压器箱内,包括 BG5-D 型轨道变压器、R-2.2/220 型变阻器、熔断器。轨道电源从室内通过电缆送至送电端。

(2)受电端:包括安装在室外变压器箱内的 BZ-D 型中继变压器、R-2.2/220 型变阻器、熔断器,安装在室内组合架上的电容器、防雷元件、交流二元继电器等。

(3)钢轨绝缘:设置于轨道电路分界处,用于隔离相邻的轨道电路。

(4)接续线和引接线:接续线用于连接相邻钢轨,引接线用于将变压器箱或电缆盒接向钢轨。

(5)回流线:连接相邻的不同侧钢轨,为牵引回流提供越过钢轨绝缘节的通路。

2. 工作原理

电源屏分别提供50Hz轨道电源和局部电源。送电端轨道电源 GJZ_{220}、GJF_{220} 经轨道变压器降压后送至钢轨。在受电端，钢轨电压经中继变压器升压后送至轨道继电器的轨道线圈3-4端子。轨道继电器的局部线圈1-2接局部电源 GJZ_{220}、GJF_{220}。

当轨道继电器RGJ的轨道线圈和局部线圈电源满足规定的相位和频率要求时，轨道电路处于调整状态，RGJ吸起，表示轨道区段空闲。列车占用使轨道区段处于分路状态时，RGJ落下。当轨道电源和局部电源频率、相位不符时，RGJ落下。交流二元继电器的特性使50Hz相敏轨道电路具有相位鉴别能力，即相敏特性，因此其抗干扰性能高。

(二)数字轨道电路

数字轨道电路所传输的轨道信号内包含数字信息，如列车运行方向、目标距离、目标速度等，能够为车载ATP设备提供控制信息。下面以音频数字轨道电路为例介绍数字轨道电路。

音频数字轨道电路是联锁逻辑处理单元和车载设备之间的通信接口，可实现正线区段轨道电路占用检测以及地对车的ATP数字信号传输的双重功能。

1. 组成

(1)轨旁设备。

轨旁设备由轨道耦合单元、棒线和耦合环线3部分组成，在轨道之间或者沿轨旁安装，采用互耦方式。音频数字轨道电路如图2-15所示。

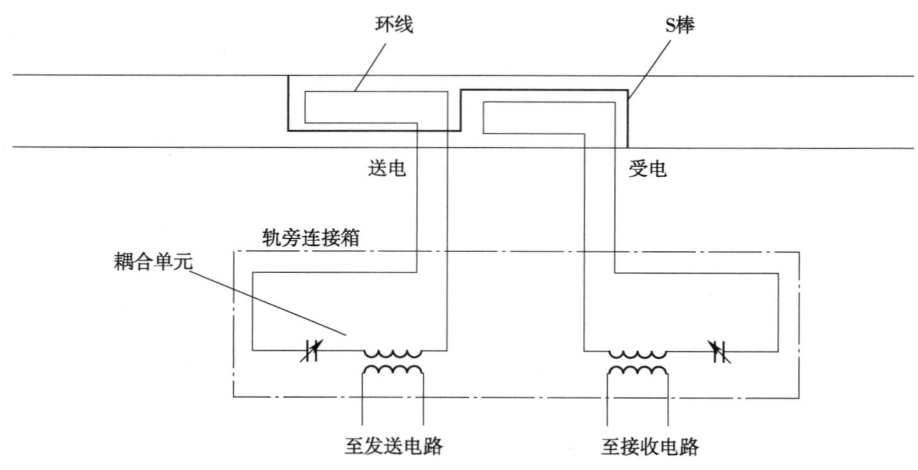

图2-15　音频数字轨道电路

轨道耦合单元将轨道信号连接到控制机箱的接收和发送电路，并调谐轨道电路的载频频率。每个耦合电路由变压器和可调电容组成槽路。棒线置于两钢轨之间，端点焊接于钢轨上，形成“S”形棒线。一匝导线构成的耦合环线与S棒耦合，并与室内控制柜的辅助板相连。发送的轨道信号电流通过棒线感应到钢轨，由列车车载设备接收。

(2)室内设备。

室内设备主要安装在室内控制柜内的控制机箱中，如图2-16所示。每个机箱内包括多个印制电路板(PCB),每个轨道电路包括控制板、辅助板、电源板。

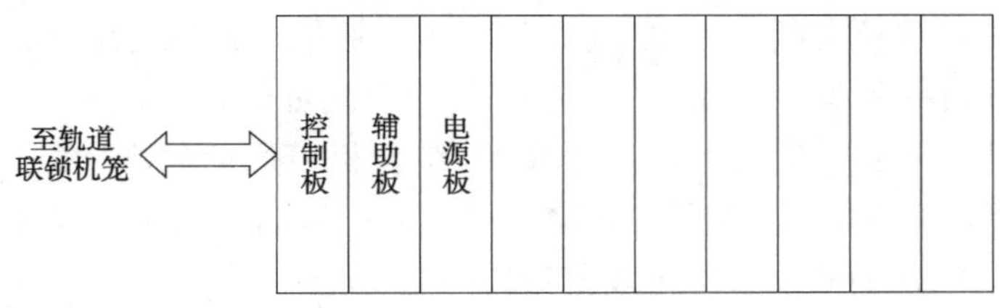

图 2-16 控制机箱

控制板产生具有 ATP 功能的数字编码信息;辅助板将控制板产生的信息放大发送至室外,并接收来自轨道的信息;电源板提供控制板和辅助板工作所需的电能。

2. 工作原理

(1)对列车的检测

音频系统不间断地向轨道发送数字编码信息,并监视其接收器感应到的信号,从而对列车占用情况进行检测。以音频信息的标题位(前 8 位)作为列车检测的信号,固定为 01111110。发送端通过耦合单元发送信号至钢轨,接收端由轨道接收器检测该信号,并设置门限值。列车检测工作原理如图 2-17 所示。

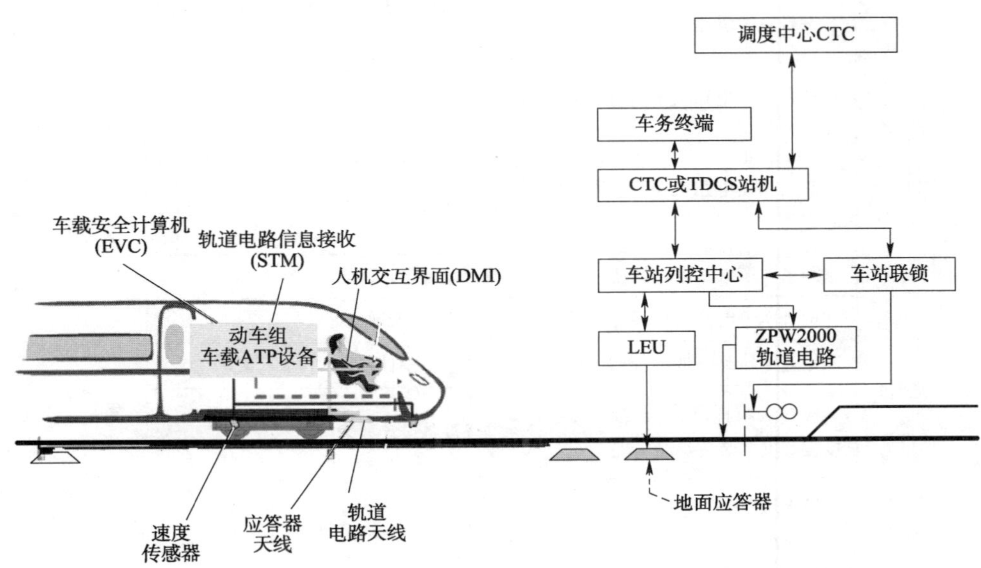

图 2-17 列车检测工作原理

当轨道电路空闲时,被检测到的信号幅度在门限值以上;当列车进入轨道电路时,所接收到的信号被分路,其幅度降至门限值以下,表示轨道电路被占用;由其他原因(如路基潮湿)造成轨道电路短路、断路时,也会使接收到的信号低于预定的限值,或者生成错误的轨道 ID 号。

按照"故障-安全"原则,被检测到的信号幅度在门限值以上时,AF-904 控制板向联锁单元传递"空闲"信息;被检测到的信号幅度在门限值以下时,AF-904 控制板则向联锁单元传递"占用"信息。通过这种方式来完成列车检测功能。

(2)发送 ATP 信息

音频系统与联锁系统之间通过 RS-485 接口进行通信。音频系统接收来自联锁系统的信息,如目标速度、目标距离等,再加上本轨道区段信息,如轨道电路 ID 号、线路速度等,构成复合信息。辅助板将复合信息形成的报文帧,结合机笼后面的方向继电器,以频移键控(FSK)调制方式将报文送至耦合电路,经耦合环线与 S 棒耦合,由车载 ATP 设备接收、解码、校验,执行 ATP 功能,从而实现数字车载信号的传输功能。

技术技能 2-3 轨道电路的维护与检修[1+X]

一 轨道电路常规维护内容、要求及周期表

轨道电路常规维护内容、要求及周期表见表 2-4。

轨道电路常规维护内容、要求及周期表　　表 2-4

设备类型	维护内容	维护要求	建议周期
轨道电路(室内)设备	查看轨道电路机柜外观	外观完好、加封加锁齐全	每年不少于 1 次
	查看轨道电路运行状态	设备运行状态正常,指示灯显示正确,开关或按钮位置状态正确,风扇无异常	
	检查轨道电路板卡、插接器等部件	部件安装牢固	
	清扫轨道电路机柜防尘网、过滤组件	完好、清洁	
	测量轨道电路电气特性	符合设备设计要求	
	检查轨道电路机柜接地情况	地线齐全,接地良好	
	检查钢轨绝缘外观、轨缝	符合设备设计要求	
	检查轨距杆、道岔连接杆、连接板及安装装置绝缘情况	符合设备设计要求	
	检查送、受端引线,轨端接续、道岔跳线	完好	
	检查箱盒	无破损、漏水,加锁装置良好	
	检查箱盒外部螺栓	紧固良好	
	基础面及设备外部清扫、注油	符合设备要求	
	检查送、受端箱盒通风、防尘	良好	
	极性交叉校核和绝缘破损试验	符合设备设计要求	
	测量电气和机械性能	符合设备设计要求	

二　轨道电路中修内容、要求及周期表

轨道电路中修内容、要求及周期表见表2-5。

轨道电路中修内容、要求及周期表　　表2-5

设备类型	维修内容	维修要求	建议周期
轨道电路设备	与钢轨接连的塞钉、胀钉、螺栓检查整治	(1)对锈蚀或氧化严重、安装不牢固的塞钉、胀钉、螺栓进行整治或更换。塞钉、胀钉、螺栓整治后,其与钢轨接触电阻符合轨道电路技术标准。 (2)检查螺栓/螺母紧固力矩,应符合标准	5年
	外部紧固件检查整治	线缆绑扎带、固定卡、支架、螺栓螺母集中检查,更换不良部件	5年
	箱盒密封整治	(1)更换性能不良密封件。 (2)封堵引入孔、线缆出入口。 (3)更换破损线缆防护管(套)	5年
	地线整治	更换外皮龟裂、氧化锈蚀地线,接地阻值整治至标准值	5年

技术技能2-4　相敏轨道电路设备检修测试[1+X]

一　室内部分

(一)WXJ-50Ⅱ室内设备及报警监测设备检修

观察报警盒(BJH):各路主、副设备工作状态,正常显示为绿色灯光。检修要求:各变压器(TFQ)和减速机(WXJ)无异常,并正确显示。

(二)测试

(1)测试各路轨道电路交流电源正极(GJZ)、轨道电路交流电源负极(GJF)电压。标准:AC (220±6)V。

(2)测试各WXJ电源电压。标准:DC (24±3.6)V。

(3)测试轨道局部电源电压。标准:AC (110±3)V。

(4)测试各轨道输入电压,将测试盘开关调至测试位,同时打开选择被测轨道开关。标准:AC 16~18V。

(5)测试各轨道继电器端电压。标准:12.5V≤轨道继电器GJ端电压≤20.9V。

(6)测试各轨道相位失调角。标准:$\beta \leq \pm 20°$。

(7)断电清扫、通电复测,测试完成后,切断轨道电源,清扫设备。

断电先后顺序：先断开各架轨道保险，然后切断开关柜的相关空气开关。开关柜停电后，应悬挂安全标志牌，并用仪表复测各路电源，以确保人身安全。

将各机架、各分层设备外表配线及走线槽清扫干净。清扫标准是设备整齐清洁、无尘，标志清晰。

送电顺序：待清扫完设备，除湿晾干15min后，方可送电；送电顺序与停电顺序相反。

送电后复测测试资料，标准与测试记录一致。

二 室外部分

（一）WXJ-50Ⅱ室外设备及轨道传输线检修

（1）检查室外设备及信号传输线路。标准：设备器材无严重损坏，传输线路完整，各种轨道连接线断股不超过1/10。

（2）测试调整：开启轨道变压器BG5-B、BZ-B箱盒。JNQ-B节能器一次侧电压不小于AC 190～220V；BG5-B二次侧电压为AC 6.3～10.7V；BZ-B二次侧电压为AC 3～5V。

（3）紧固、清扫。这项工作应该在断电后进行，将熔断器RD1、RD2、RD3断开后，对带电端子进行安全防护。标准：接线盒外观无损坏，线缆出入口密封良好；各端子螺母紧固，垫圈备帽齐全；配线及电缆绑扎整齐，线头无损伤，单股不反劲，线脖长不超过2mm，各处无异常。

（二）WXJ-50Ⅱ轨道电路分路测试

用轨道标准分路电阻0.15Ω分路线，在轨道电路发送端、中间点、接收端3点进行轨道分路时，室内轨道继电器落下，室内轨道电路残压值为AC 10V。

请完成实训2-4，见教材配套实训手册。

技术技能2-5 轨道电路常见故障及处理[1+X]

一 分路不良

轨道区段有车占用时，有关轨道继电器不落下，控制台或显示器相对应的区段不显示红色光带。分路不良对车站作业的影响主要体现在安全方面。不能利用轨道继电器检查出轨道区段有车占用，有可能造成安全隐患。

（1）当线路出现分路不良的现象时，列车行驶至该区段后，轨道电路不显示红光带，在车站计算机或调度终端不能监控列车的运行状态，系统不能检测到该区段轨道电路被列车占用。

（2）当后续列车接近有列车占用且出现轨道电路分路不良的区段时，检测不到前方轨道有列车占用，不会减速停车，极易造成列车追尾事故的发生。

（3）若分路不良的区段为岔区，当后续列车接近时，系统将自动扳动道岔，排列进路，造成道岔上的列车脱轨或颠覆。

因此，发现分路不良问题后，必须及时报告相关部门，严格执行有关要求，认真确认列车位置，锁闭有关道岔，确保列车运行和调车作业安全。分路不良也会影响作业效率。不能可靠地分路有关轨道区段，会造成列车进出车辆段过程中进路不能正常解锁，控制台上遗留“白光带”，需人工操作才能解锁有关区段；在区间，会造成车次号丢失，通过车站计算机或调度终端不能监控列车的运行状态。

二　红光带

造成红光带的主要原因有轨道电路送电电压低、道床潮湿肮脏使得漏泄电流大、轨道电路有断线或断轨情况等。显示红光带的区段相当于有列车占用，因此发生红光带故障主要影响车站及区间的行车效率，部分情况下，行车安全需依靠人工保障，有关工作人员必须严格执行非正常情况下的作业办法：

（1）将故障地点和故障现象通知信号维修人员，并及时联系，确认故障原因及恢复时间。

（2）列车司机在行车调度员的授权下，及时转换驾驶模式，确保列车运行安全。

（3）车站相关工作人员按照行车调度员指示，及时转换道岔，开放信号。

故障修复后，应及时通知受影响的车站和相关在线列车司机及时恢复正常运行模式。

复习检测

1. 轨道电路是由________和________构成的电路。

2. 轨道电路监督线路的________；同时将________与________联系起来，向列车传递________。轨道电路的性能直接影响________和________。

3. 轨道电路是以________为导体，两端加上________，接上________和________等构成的电路。

4. 简述交流工频轨道电路、数字轨道电路的工作原理。

任务2.3　转辙机设备维护与检修

理论知识

转辙机是用于可靠地转换道岔位置，改变道岔开通方向，锁闭道岔尖轨，反映道岔位置的重要的信号基础设备。转辙机可以很好地保证行车安全，提高运输效率，降低行车人员的劳动强度。

一　道岔

（一）道岔的组成

道岔通常由转辙部分、连接部分和辙叉部分组成，如图2-18所示。

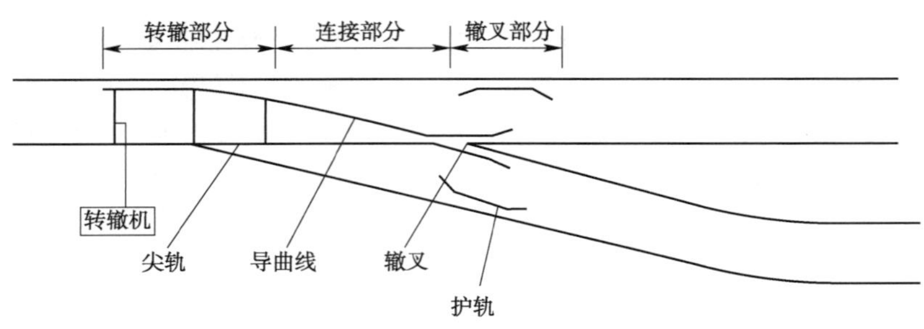

图 2-18　道岔的组成

1. 转辙部分

转辙部分由尖轨、基本轨、连接零件(包括连接杆、滑床板、垫板、轨撑、顶铁、尖轨跟端结构等)及转辙机组成,如图 2-19 所示。

图 2-19　道岔的转辙部分

2. 连接部分

连接部分由导轨、基本轨组成,其将转辙部分和辙叉部分连成一组完整的道岔。

3. 辙叉部分

辙叉部分由辙叉心、翼轨、护轨等组成。

(二)道岔的具体结构

如图 2-20 所示,道岔有 2 根可以移动的尖轨,尖轨的外侧是 2 根固定的基本轨。与尖轨和基本轨相连接的是 4 根合龙轨,其中 2 根合龙轨是直的、2 根合龙轨是弯的。与 2 根内侧合龙轨相连的是辙叉,有 2 根翼轨、1 个岔心、2 根护轮轨。护轮轨起固定车轮运行方向的作用。

二　转辙机的作用及操作和锁闭

转辙机是道岔控制的执行机构。通常一组道岔由一台转辙机牵引,如果正线采用 9 号矮型特种断面尖轨(AT)道岔,尖轨部分就需要两台转辙机牵引。

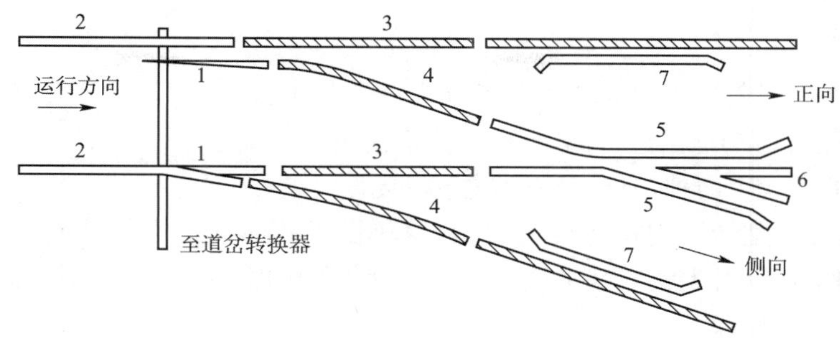

图2-20　道岔的具体结构

1-尖轨;2-基本轨;3-直合龙轨;4-弯合龙轨;5-翼轨;6-岔心;7-护轮轨

(一)转辙机的作用

在集中联锁设备中,转辙机的作用是接收命令后带动道岔转换。道岔有两根可以移动的尖轨,一根密贴于基本轨,另一根离开。可以同时改变两根尖轨的位置,使原来密贴的尖轨分离,或使原来分离的尖轨密贴,可见道岔有两个可以改变的位置。转辙机的作用具体如下:

(1)转换道岔位置。根据需要定位和反位,要求具有足够大的拉力,带动尖轨往返运动。当尖轨受阻不能运动到底时,应随机操作,使尖轨恢复原位。

(2)道岔转换至规定位置而且密贴后,实现锁闭。当尖轨和基本轨不密贴时,不应锁闭。一旦锁闭,应保证不致因车辆通过振动而解锁。

(3)正确地反映道岔的实际位置。道岔的尖轨贴于基本轨后,正确给出相应的表示。

(4)道岔被挤或因故处于“四开”(两侧尖轨均不密贴)位置时,及时报警或表示,在道岔被挤未修复前,不应再使道岔转换。

(二)转辙机的操作和锁闭

1.操作方式

转辙机有电动转换和人工转换两种方式。设备正常时,操作人员利用控制台(或显示器)上的有关按钮进行集中操作。停电、转辙机故障及有关轨道电路故障时,只能使用手摇方式转换道岔。

采用手摇方式转换道岔时,首先要用钥匙打开转辙机的遮断器盖,将手摇把插孔露出,随后插入手摇把,按照一定方向摇动规定圈数,使道岔转换至所需的位置。转换完毕后,将手摇把抽出。因为此时安全触点断开,所以转辙机电路也处于断开状态,此时必须打开机盖,合上安全触点,使转辙机的电路恢复正常。

多动道岔或多台转辙机牵引的道岔,必须摇动各台转辙机使道岔至所需位置。它们在集中操作时是联动的,但手摇转换时必须一一摇动。

转辙机与道岔如图2-21所示。

图2-21　转辙机与道岔

2. 锁闭方式

对道岔实施锁闭是指通过机械及电气方式将列车正在经过的，或已发出指令允许列车经过（如办理好进路）的道岔进行固定，以防止道岔错误转换。

锁闭道岔的方式有两种：机械锁闭和电气锁闭。

机械锁闭：当道岔转换到指定位置后，利用转辙机的内锁闭或外锁闭装置自动实施锁闭，用来保证列车运行时尖轨与基本轨密贴。当设备故障时，则需利用钩锁器等设备对道岔尖轨实施锁闭，从而确保行车安全。

电气锁闭：利用继电器触点等来断开转辙机电路，从而确保列车占用或已发出指令允许列车经过时，不会因误操作导致道岔转换。

三 几种典型的电动转辙机

电动转辙机是铁路系统轨道转换装置的终端执行机构。它以电动机为动力，通过转辙机内部电动机与齿轮、齿条块等部件的相互配合联动，由动作杆带动尖轨移动，完成对铁路道岔的牵引，从而改变铁路道岔的开通方向。同时，在道岔变位并与基本轨密贴后，通过表示杆和转辙机内部部件相互配合接通相应的表示回路，反映道岔的位置状态。

城市轨道交通中，目前主要使用的转辙机有 ZD6 型电动转辙机、ZDJ9 型电动转辙机和 S700K 型电动转辙机。

（一）ZD6 型电动转辙机

ZD6 型电动转辙机结构图如图 2-22 所示，其俯视图如图 2-23 所示。

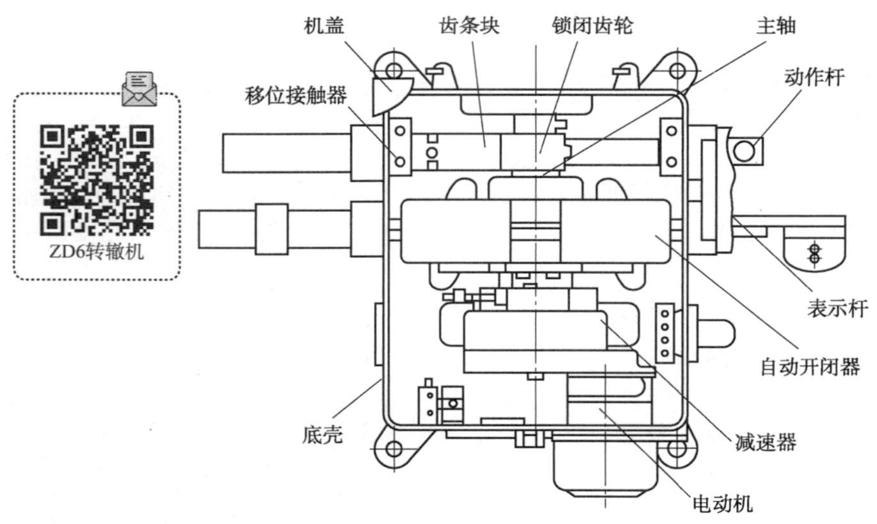

图 2-22　ZD6 型电动转辙机结构图

ZD6 型电动转辙机由电动机、减速器、主轴、动作杆、表示杆、移位接触器、自动开闭器等零部件组成。

电动机旋转，然后通过齿轮带动减速器旋转，输出轴是通过启动片来带动主轴旋转的。

锁闭齿轮随着主轴逆时针方向旋转,拨动齿条块,可以使动作杆带动道岔尖轨运动,并实现锁闭。转换过程中,可以通过自动开闭器接点的动作来完成表示电路的接通或断开。

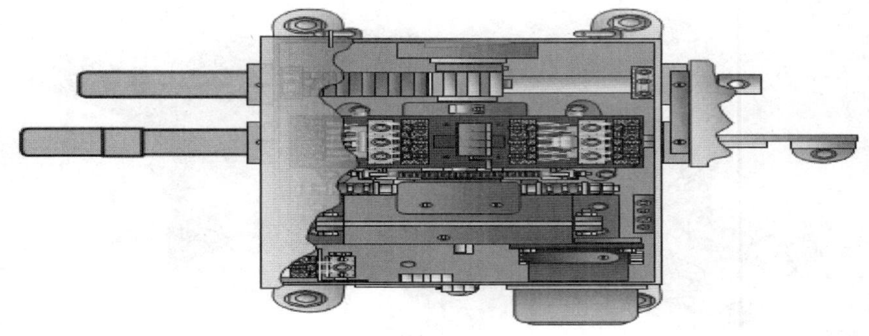

图 2-23　ZD6 型电动转辙机俯视图

(二)ZDJ9 型电动转辙机

ZDJ9 型电动转辙机如图 2-24 所示,ZDJ9 型电动转辙机俯视图如图 2-25 所示。

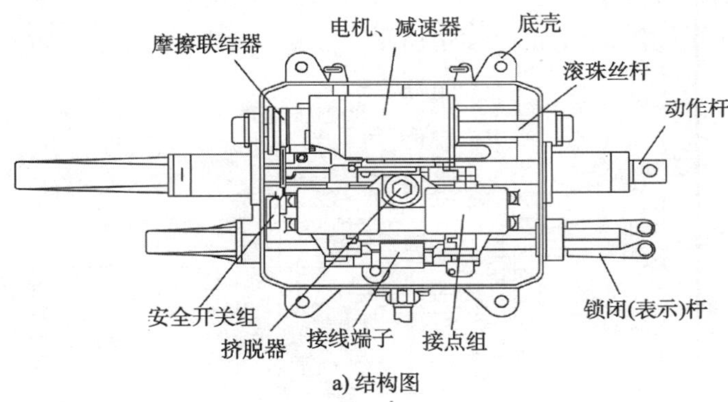

a) 结构图

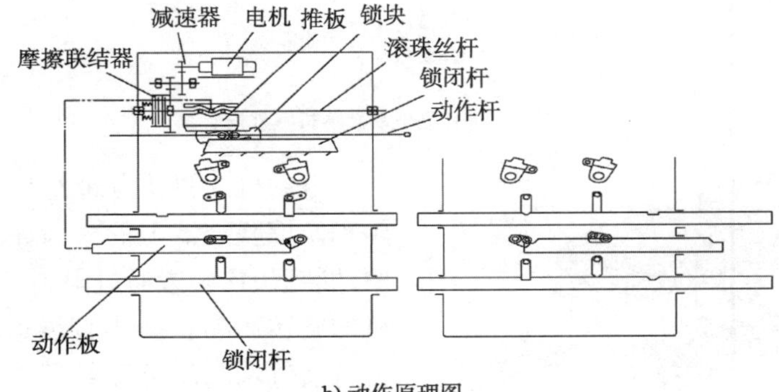

b) 动作原理图

图 2-24　ZDJ9 型电动转辙机结构图与动作原理图

电动机上装有减速器,电动机的驱动力矩经减速器减速后传到摩擦联结器,摩擦联结器内两面烧结有铜基摩擦材料的内摩擦片,通过花键传到滚珠丝杠副的滚珠丝杠,可以将旋转运动转换成为滚珠丝杠母的直线运动。在滚珠丝杠母外套上有推板套，推动动作杆上的锁块，在锁闭铁的作用下，完成转辙机的解锁、转换和锁闭等过程。

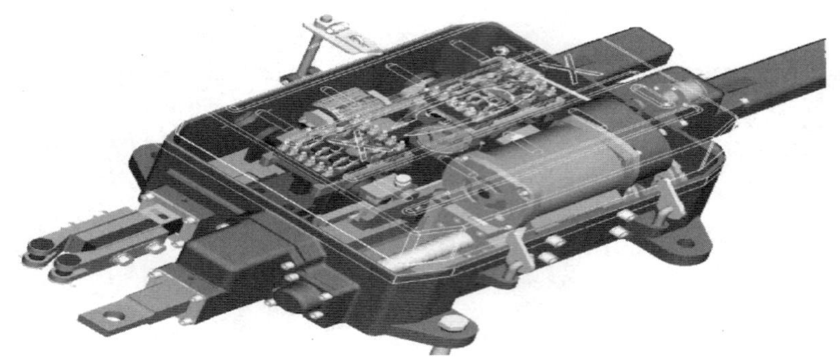

图 2-25　ZDJ9 型电动转辙机俯视图

(三)S700K 型电动转辙机

S700K 型电动转辙机主要由铸铁底壳、电动机、摩擦联结器、滚珠丝杠驱动装置、保持联结器、动作杆、检测杆、开关锁等零部件组成。S700K 型电动转辙机室外安装图如图 2-26 所示，S700K 型电动转辙机俯视图如图 2-27 所示。

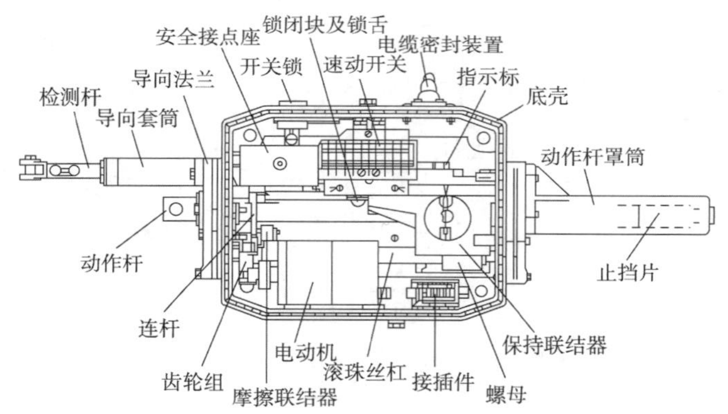

图 2-26　S700K 型电动转辙机室外安装图

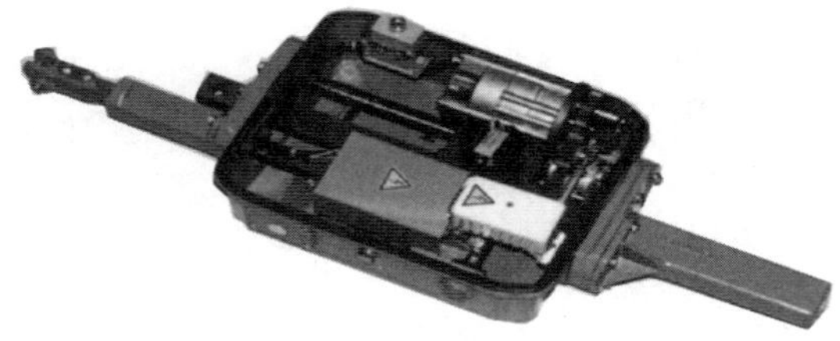

图 2-27　S700K 型电动转辙机俯视图

电动机的驱动力通过电动机齿轮、中间齿轮和摩擦联结器上的大齿轮传递到滚珠丝杠驱动装置，该装置通过限制丝母的旋转将电动机的旋转运动转换为直线运动。转辙机转换力可通过调整摩擦联结器来限定。操作板在丝母的作用下，推动锁闭块克服弹簧的弹力回退，从而使表示接点转换，切断表示电路；锁闭块进一步回退，实现转辙机的解锁。丝母继续通过推动保持联结器来带动动作杆运动，实现转辙机的转换。当动作杆运动至另一终端位置时，另一侧的锁闭块在弹簧的作用下探出，将保持联结器锁闭，并使得另一侧的接点转换，切断电动机电源并接通新的表示电路,完成转辙机的锁闭。

技术技能 2-6 道岔转辙设备的维护与检修

一 道岔转辙设备常规维护内容、要求及周期表

道岔转辙设备常规维护内容、要求及周期表见表 2-6。

道岔转辙设备常规维护内容、要求及周期表 表 2-6

设备类型	维护内容	维护要求	建议周期
道岔转辙设备	检查道岔尖轨宏观密贴	满足设备设计要求	每月不少于1次
	检查转辙机外部安装装置	完好,无损伤	
	检查转辙机加封加锁装置	完好	
	检查电液转辙机外部油路	无渗漏,油管无破损,固定、防护良好	
	检查设备箱盒	无破损、漏水,安装良好	
	检查基础	无破损	
	检查转辙机外部部件	无松动,开口销齐全,安装良好	
	检查表示杆缺口	符合标准	
	设备外部清扫、注油	符合设备设计要求	
	检查密贴、缺口	符合设备设计要求	
	检查转辙机内部机件和外部杆件	无松动、断裂、损坏及异状	每季度不少于1次
	检查速动爪和速动片间隙、动接点座与静接点座间隙,动静接点片接触深度(沙尔特定接点接触电阻测试)	符合设备设计要求	
	检查转辙机内部线缆	配线整齐,标志、图表齐全、正确	
	机内清扫、注油	符合设备设计要求	
	检查电缆盒配线	配线整齐,标志、图表齐全、准确	
	检查电液转辙机油量	符合设备设计要求	
	测试电气特性、转换阻力参数	符合设备设计要求	每年不少于1次
	安装装置,测试各连接杆绝缘检测	符合设备设计要求	

二 道岔转辙设备中修内容、要求及周期表

道岔转辙设备中修内容、要求及周期表见表2-7。

道岔转辙设备中修内容、要求及周期表　　表2-7

设备类型	维修内容	维修要求	建议周期
道岔转辙设备	安装装置绝缘测试更换	检查测试安装装置绝缘情况，对破损或绝缘性能不良部件进行分解更换	每5年1次
	室外配线更换	检查测试轨旁电缆盒与转辙机之间的配线，外观龟裂、绝缘不良的应更换，更换后做一致性测试并保留记录	每5年1次
	外部杆件更换	更换外部各种连接杆件	折返站每5年1次
	转辙机整机下道检测和修复	在转辙机运用次数不超过《电动转辙机　第1部分：ZD6系列电动转辙机》（TB/T 3113．1—2019）、《ZD9/ZDJ9系列电动转辙机》（TB/T 3113—2015）、《ZDJ10型电动转辙机》（TB/T 3069—2021）规定的动作次数时，进行全面检查、性能测试、修理，更换不良部件，经维护后恢复设备性能	折返站每5年1次

三 道岔转辙设备大修内容、要求及周期表

道岔转辙设备大修内容、要求及周期表见表2-8。

道岔转辙设备大修内容、要求及周期表　　表2-8

设备类型	维修内容	维修要求	建议周期
道岔转辙设备	阻容、二极管元件更换	选用原型号，各项参数经测试合格	每10年1次

请完成实训2-5，见教材配套实训手册。

技术技能2-7 ZD6型电动转辙机常见故障处理

由于ZD6型转辙机采用电动机，摩擦力不稳定，锁闭装置轻度弱等，其故障发生频率较高。转辙机出现故障后，应该按照先室内后室外，先启动后表示，先机械后电气的检修原则进行处理。

用万用表交流挡测量转辙机分线盘X1与X3之间、X2与X3之间是否有交流110V电压存在。若有，判断是室外电气线路还是机械故障，若没有则是室内故障。ZD6型电动转辙

机内部电路如图 2-28 所示，X1、X2、X3、X4 是分线盘通往转辙机的接点，室内与室外联系用 4 条电缆芯线，其中 X1、X2 为启动和表示共用线，X3 为表示专用线，X4 为启动专用线。D1、D2、D3、D4 是与 X1、X2、X3、X4 相对应的转辙机室外电缆盒接点。

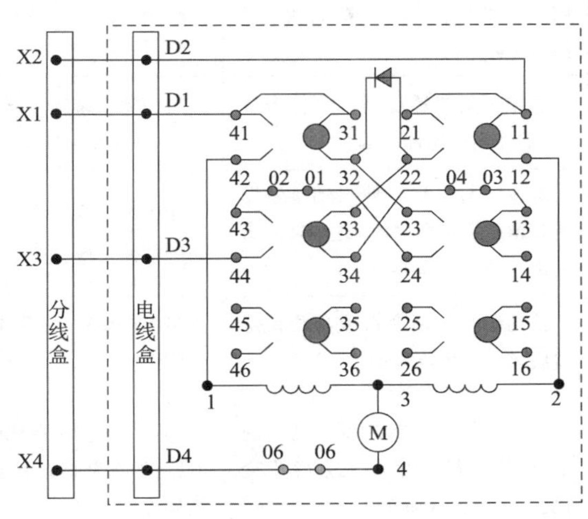

图 2-28　ZD6 型电动转辙机内部电路图

ZD6 型电动转辙机常见的故障是内部机械故障及电气系统故障。故障发生时，转辙机不能正常工作，在 ATS 系统显示终端给出报警。控制中心调度员需根据报警情况及时通知转辙机所属车站值班员、信号段维修人员及时抢修，并通知列车司机故障情况，及时改变列车在故障区段的运行模式。

一　机械故障

机械故障处理表见表 2-9。

机械故障处理表　　表 2-9

故障现象	故障原因分析	处理方法
通电后，电动机减速器正常转动，主轴不动，道岔不能正常解锁	主轴堵孔板螺栓松动，致使锁闭齿轮与齿条块的通过槽间隙变小，发生卡阻	拆下主轴堵孔板，锤击主轴回位，紧固主轴堵孔板两根 10mm 螺栓
	速动片发生形变，将速动爪卡死	更换新的速动片
	尖轨与基本轨之间密贴力过大	调整动作杆、表示杆，使之符合 2mm 锁闭、4mm 不锁闭的原则
	道床滑板存在异物，将尖轨卡死	清理滑板
电动转辙机减速器输入轴不转动	减速器盖上方注油孔螺栓过长，顶住大齿轮	检查减速器上方注油孔螺栓，标准长为 16 ~ 2mm。如超长应更换
	直流电动机左上角与减速器盖安装螺栓过长，顶住大齿轮	检查直流电动机左上角与减速器盖安装处螺栓是否过长，或是否在安装中忘记加弹簧垫圈

续上表

故障现象	故障原因分析	处理方法
调整摩擦电流时，紧固调整弹簧螺栓，但摩擦电流不上升	减速器、摩擦联结器、摩擦带与内齿轮伸出端摩擦面有油，造成摩擦力下降	拆下摩擦联结器左右夹板，彻底消除油垢
	摩擦带安装螺母高出摩擦带表面，顶住内齿轮伸出端	重新紧固摩擦带安装螺钉，使螺母低于摩擦带表面2mm左右
	摩擦带与内齿轮伸出端接触面上积留摩擦带金属粉末过多，或者内齿轮伸出端摩擦面生锈	用砂纸打磨的方法除去金属粉末或锈迹。处理后的摩擦带厚度小于4mm时，应更换摩擦带
移位接触器非正常断开故障	挤切销半折断变形或移位接触器底座安装螺栓松动	更换挤切销，采用1.5mm垫片调整底座高度，上紧螺栓
	在挤切销无半折断变形的情况下，移位接触器接点压力发生变化，或受外力振动断开	用万用表测量接线端01-02、03-04是否有交流电压，如有交流电压，将移位接触器重新调整或更换移位接触器
道岔正常解锁转换，尖轨与基本轨不密贴，不能锁闭，设备无法给出正常表示	挤切销断裂	更换挤切销
	尖轨与基本轨之间存在异物	清理道床

二　电气故障

道岔控制电路分为电动机启动电路和表示电路两部分。

（一）表示电路故障原因检测及处理

故障现象：例如，当从定位向反位操作道岔时，在ATS显示界面上，定位表示灯熄灭，反位表示灯不点亮，同时出现挤岔报警。

信号维修技术人员在排除机械故障的前提下，根据表示电路元件串联相接的特点，用万用表测试转辙机所属集中站分线盘中X2与X3端子。若存在110V交流电压，说明室内电路工作正常，室外电路出现故障。再用万用表检测转辙机电缆盒D2端子与D3端子。若存在110V交流电压，则是转辙机内部电路故障；否则就是室内室外设备连接电缆出现断线故障，须及时更换。

电动道岔发生故障大部分都以无表示现象出现，如表示杆卡口、挤切销折断等机械故障的发生也都反映在表示电路上。因此，发生无表示故障时，首先应在控制界面观察现象，然后在分线盘相应的端子上测量，根据测量出的电压值，分清故障性质，准确判断故障并处理。在排除故障的过程中，信号维修技术人员应遵守维修条例，与行车调度员、电力调度员、车站值班员、司机配合，尽快完成对设备的检修。

室内电路故障分为4种情况：以道岔处于定位状态为例，若道岔定位无表示，定位向反位操作不动,则 X2 断线;若道岔反位无表示,反位向定位操作不动,则 X1 断线;道岔定、反位都无表示,定位、反位操作正常,则 X3 断线;若道岔表示正常,定位、反位都操作不动,则 X4 断线。信号维修技术人员通过对故障现象的判断可以了解故障情况,用万用表测量确认,能够快速准确地找到故障点并排除。

(二)启动电路故障原因检测及处理

启动电路主要包括:室内部分,主要由 DZ220 电源,变压器,熔断器 RD3、RD1、RD2,调车驱动继电器 1DQJ、2DQJ(JYJXC-H135/220)及分线盘组成;室外部分,主要是连接电缆及转辙机内部电路。启动电路故障的处理方法与表示电路故障处理类似,都是采用万用表电压挡或电阻挡测量逐段查找,再根据具体的断线、混线或短路故障具体分析处理,尽快使设备恢复到正常的工作状态。

(三)电动机故障检测与处理

直流电动机小齿轮在其轴上安装不正,导致电动机小齿轮与减速器大齿轮咬合过紧,通电后电动机内部发出“嘎嘎”的响声。信号维修技术人员需要重新找正安装直流电动机小齿轮,压装小齿轮时加力适度,安装后的小齿轮平、正良好。

电动机内部电刷属于易损部件,使用至小于正常长度的 3/5 时,必须更换。电刷与换向器表面应有良好的接触,接触压力为 15 ~ 25kPa,电刷与刷盒之间应留有少量的间隙。电刷磨损或碎裂时,应更换牌号、尺寸规格都相同的电刷。电刷与换向器表面接触面积的大小将直接影响电刷下火花等级。新电刷装配好后应研磨光滑,保证与换向器表面有 80% 左右的接触面。

在转辙机使用过程中,直流电动机若出现其他故障,信号维修技术人员应及时将故障电动机用相同型号电动机替换,缩短维修周期,并及时将故障设备返厂维修。

请完成实训 2-6,见教材配套实训手册。

技术技能 2-8 ZD6 型电动转辙机的拆装

一 拆卸程序

ZD6 型电动转辙机的拆卸分为以下 5 个步骤。

步骤 1:开盖

(1)用活扳手松动外壳上的紧固螺栓。

(2)拉下遮断器。

(3)用专用钥匙打开转辙机暗锁。

(4)打开转辙机盖。

步骤 2:拆掉电动机

(1)用套筒扳手拆掉电动机上的 6 条配线(注意:拆掉时应对配线和对应的安装位置进行标注)。

(2)用大一字螺丝刀拧掉安装电动机盖的4个固定螺栓。

(3)拆掉电机盖。

(4)拆掉缓冲垫。

(5)用大一字螺丝刀拧掉安装电动机的4个固定螺栓。

(6)取出电动机。

步骤3:拆减速器

(1)用专用套筒扳手拆掉安装减速器的4个固定螺栓。

(2)取出减速器(注意:因摩擦联结器安装在减速器输出轴上,故在拆掉减速器的同时,摩擦联结器也被取出)。

步骤4:拆自动开闭器、表示杆

(1)用专用套筒扳手拆掉自动开闭器的4个固定螺栓。

(2)取出自动开闭器。

(3)拿掉套在主轴上的启动片、速动片、速动衬套。

(4)抽出表示杆。

步骤5:拆主轴

(1)用大一字螺丝刀拧掉动作杆和齿条块连接的挤切销盖。

(2)用专用卸销器取下主挤切销和副挤切销。

(3)拉出转辙机内的动作杆。

(4)用活动扳手卸掉转辙机箱体上的后盖。

(5)将主轴上的止挡栓对准转辙机后盖豁口。

(6)用卸轴器拆卸主轴(含锁闭齿轮)和齿条块。

二 安装程序

ZD6型电动转辙机的安装为拆卸的逆过程,分为以下5个步骤。

步骤1:安装主轴

(1)将齿条块放在伸出位置。

(2)用卸轴器将主轴(含锁闭齿轮)装回原位。

(3)安装锁闭齿轮与齿条块。

(4)将动作杆插入齿条块。

(5)安装主挤切销和副挤切销,将动作杆和齿条块进行连接。

步骤2:安装自动开闭器、表示杆

(1)安装表示杆。

(2)在主轴上按顺序安装速动衬套、速动片和启动片(注意:速动衬套竖直安放)。

(3)将自动开闭器安装在主轴上。

(4)用专用套筒扳手拧紧自动开闭器的4个固定螺栓。

步骤3:安装减速器

(1)将减速器输出轴对准启动片卡槽。

(2)让速动滚轮落入速动片凹槽。

(3)用专用套筒扳手拧紧减速器的4个固定螺栓。

步骤4:安装电动机

(1)将电动机配线从外壳上的电动机孔位置穿入。

(2)用大一字螺丝刀将电动机用4个螺栓固定在减速器上。

(3)使电动机齿轮与减速器齿轮充分咬合。

(4)用套筒扳手安装电动机配线(注意:应按照标注在正确的位置安装配线)。

(5)用大一字螺丝刀将电动机罩用4个螺栓安装上。

步骤5:关盖

(1)提起遮断器动接点止挡。

(2)合上遮断器。

(3)盖上转辙机盖。

(4)拧紧外壳上的紧固螺栓。

请完成实训2-7,见教材配套实训手册。

技术技能2-9　ZD6型电动转辙机内部检修

一　遮断器

遮断器动作灵活,接点清洁无烧痕、接触良好、压力均匀、接触深度不小于4mm,旷动量小于2mm。胶木座不裂纹,线头不松动,配线无损伤,开口销齐全,劈开角度大于60°。钥匙孔、摇把孔的堵板动作灵活,堵塞严密,防尘、防水作用良好,暗锁开关作用良好,锁闭可靠。

二　电动机

(1)外观检查。安装牢固,转速正常,无异声。

(2)炭刷的检查。用毛刷、吹风鼓、白纱布清除吸附在炭刷刷把周围和换向器表面的炭粉。清扫光洁后,检查炭刷的灵活性、炭刷弹簧的压力及炭刷与换向器接触情况。接触面应不小于炭刷面的3/4,磨耗后炭刷长度应不小于总长度的3/5。炭刷帽不松动,拧炭刷帽力度要适宜(黑电料的炭刷帽易碎,尼龙炭刷帽易脱扣)。

(3)扳动检查。通过扳动测试道岔故障电流,检查换向器表面火花。火花过多,检查是否有转子断格或接触不良的情况。用万用表电阻挡逐个对换向器每一格进行测试,电阻在5Ω左右为正常,过大或过小均为接触不良。

三　减速器

(1)减速器的输入轴及输出轴在减速器中的轴向窜动量应不大于1.5mm,动作灵活,通电转动时声音正常,无异常噪声。

(2)减速器内的润滑脂应满足使用环境的要求。

四 摩擦联结器

(1)道岔在正常转动时,摩擦联结器不空转;道岔转换终了时,电动机应稍有空转;道岔尖轨不能转换到位时,摩擦联结器应空转。

(2)在规定摩擦电流条件下,弹簧有效圈的相邻最小间隙不小于1.5mm,弹簧不得与夹板圆弧部分触碰。

(3)摩擦带与内齿轮伸出部分应经常保持清洁,不得锈蚀或沾油。

五 启动片、速动片与速动爪

(1)速动爪与速动片间隙,解锁时不小于0.2mm,锁闭时为1～3mm;速动爪的滚轮落下后不得与启动片缺口底部相碰;速动爪、滚轮轴连接牢固、滚轮灵活。在道岔转换过程中,滚轮在速动片上顺利滚动,落下后不得与启动片相碰,否则会造成滚轮轴连接松动和滚轮变形、不灵活。

(2)速动衬套处要适当注入钟表油,并保持清洁。

六 自动开闭器

(一)自动开闭器的检查与调整

(1)动、静接点组安装紧固,接触良好,保证同时接、断,接点片无严重磨损、烧损,压力适当,胶木无裂纹。配线整齐、无断股,线头无松动,备母垫片齐全、作用良好。

(2)动接点在静接点内的接触深度不小于4mm,用手扳动动接点,其摆动量不大于3.5mm;动接点与静接点座间隙不小于3mm;接点接触压力不小于4.0N,动接点组打入静接点组,动接点环不低于静接点片。同时,静接点片下边不应与动接点绝缘体接触,速动爪落下前,动接点在静接点内有窜动时,应保证接点接触深度不小于2mm。

(3)在保证动接点环与静接点片接触深度的情况下,应检查每组动接点环与静接点片的接触情况,应使静接点片平、直、正,接点压力均匀,保证动接点环与静接点片可靠接触,即应线接触,不应点接触。

(4)静接点片压力不能过大,主要是1～4排静接点组。如果接点片压力过大,拉簧长期疲劳使用,拉力减小,如果轴销缺油,就会由于机械磨损造成接点故障。

(5)在调整动接点与静接点接触深度时,特别是动接点与第2、3排静接点的接触深度按标准进行调整;如没有标记,要把调整接点顶丝全部松开,使检查柱落在表示杆上,静接点与动接点的接触深度应不小于4mm且不大于8mm。调整速动爪上的螺栓,逆时针旋转调整螺栓,直到相应的动接点与静接点的接触最深,然后顺时针旋转螺栓,使静接点与动接点相对移动2mm。

(二)自动开闭器的注油

(1)检查、清扫自动开闭器后,应采用专用润滑油和润滑脂注油。要求使用专用工具注油,既准确又清洁,注油部位一般是左、右拐轴两端和速动爪滚轮。

(2)开口销齐全,焊接部分无脱焊、焊接良好,活动部分适当注油。

(3)柱与自动开闭器座孔间隙处禁止注油。

七 锁闭齿轮、齿条块、动作杆及表示杆

(1)动作杆不得有损伤;动作杆与齿条块的轴向移位量和圆周方向的转动量均不大于0.5mm;齿条内各部件和连接部分须油润,各孔内不得有铁屑及杂物;挤切销固定在齿条块圆孔内的台上,不得顶住或压住动作杆。锁闭齿条圆弧与动作齿条削尖齿圆弧应吻合,无明显磨耗,接触面不小于50%,在动作齿条处于锁闭状态的情况下,两圆弧面应保持同圆心;检查块的上平面应低于表示杆或锁闭杆的上平面0.2~0.8mm;检查柱落入检查块缺口,两侧间隙为(1.5±0.5)mm。

入厂信号机

调车信号机

(2)锁闭齿轮与齿条块无卡阻,止挡和止挡栓无损伤、裂纹,挤切销无位移。齿条块与动作杆两部件通过挤切销结合,挤切销带动道岔可靠转换,所以挤切销是道岔转辙至关重要的部件。挤切销受多方面因素的影响,易疲劳、折断。如挤切销与动作杆孔间隙过大,在尖轨夹异物或列车车轮挤压等情况下,挤切销非正常受力,会发生变形甚至折断,造成动作杆与齿条移位,使移位接触器接点接触不良或跳起,造成故障。因此,要定期检查挤切销。

色灯信号机

八 移位接触器

(1)当主销折断时,接点应可靠断开,切断道岔表示。

(2)顶杆与触头间隙为1.5mm,接点不应断开,用2.5mm垫片试验或用备用销带动道岔(或推拉动作杆)试验时,接点应断开,非经人工恢复不得接通电路。其"复位按钮"在所加外力复位过程中不得引起接点簧片变形。

请完成实训2-8,见教材配套实训手册。

复习检测

1. 转辙机是指用于可靠地转换________,改变________,锁闭________,反映________的重要的信号基础设备。

2. 道岔通常由________、________和________组成。

3. 当道岔转换到指定位置后,利用转辙机的________或________装置自动实现锁闭,用来保证列车运行时________与________保持________。当设备故障时,则需利用________等设备对道岔尖轨实施锁闭,从而确保行车安全。

4. 简述转辙机的作用。

任务2.4　信号机设备维护与检修

理论知识

信号机是指挥行车、保证行车安全的重要轨旁基础设备，在城市轨道交通站场、区间作为进站、出站、进路、防护、预告调车、复示、遮断、通过及引导等地面灯光信号之用，具有结构紧凑、能耗低、寿命长、无须调焦等特点。

一　信号机显示

(一)信号显示颜色

城市轨道交通信号的基本色为红、黄、绿3种，再辅以蓝、月白，构成信号的基本显示系统。因为人眼对红光最敏感，红光更能引起人的注意，所以以红色灯光作为停车信号。黄色显示距离远，且较易分辨，故采用黄色灯光作为注意和减速信号。绿色和红色的反差较大，容易分辨，故采用绿色灯光作为规定速度运行的信号。蓝色、月白色灯光虽显示距离较近，但因为调车速度较低，所以能满足调车作业的需要，故调车的禁止信号选用蓝色灯光，允许信号选用月白色灯光。

(二)信号显示机构

城市轨道交通的信号机采用色灯信号机或LED信号机。

1. 色灯信号机

色灯信号机的使用

色灯信号机以其灯光的颜色、数目和亮灯状态来表示信号。色灯信号机的机构有单显示、二显示、三显示。单显示机构仅用于阻挡信号机；二显示机构和三显示机构可以单独使用，也可以组合(以及与单显示机构组合)构成各种信号显示，如图2-29所示。

色灯信号机依据机构的不同，可分为探照式与透镜式两种。探照式用一组机构和一个灯泡就可显示多种不同颜色的信号，故又称单灯式。透镜式每一组透镜只能发出一种颜色的灯光，如要显示多种不同颜色的灯光，必须有多组透镜和多个灯泡，故又称多灯式。现多采用透镜式色灯信号机，其因结构简单，安全方便，控制电路所需电缆芯线较少，得到广泛应用。

a)二显示信号机

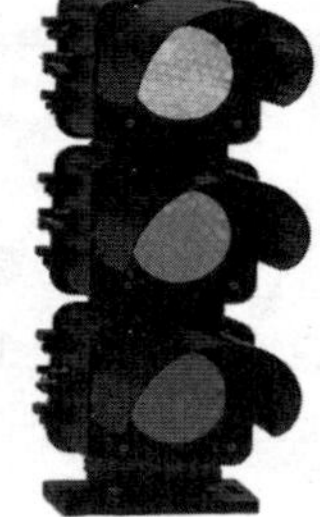
b)三显示信号机

图2-29　二显示、三显示信号机直观图

透镜式色灯信号机的每个灯位由灯泡、灯座、透镜组、遮檐和背板组成，如图2-30所示。灯泡是色灯信号机的光源，采用直丝双丝铁路信号灯泡。灯座用来安放灯泡，采用定焦盘式灯座，在调整好透镜组焦点后固定灯座，更换灯泡时无须再调整。透镜组装在镜架框上，由两块带棱的凸透镜组成，里面是有色带棱外凸透镜（可有红、黄、绿、蓝、月白、无色6种颜色），外面是无色带棱内凸透镜。遮檐用来防止阳光等光线直射时产生错误的幻影显示。背板是黑色的，构成较暗的背景，可衬托信号灯光的亮度，改善瞭望条件。

2. LED信号机

LED（发光二极管）信号机采用铝合金材料制成，信号点灯单元由LED构成。LED信号机及控制系统在与现有点灯控制电路兼容、LED驱动电路与二极管供电方式的设计方面取得突破，从机械结构、电路的安全可靠性，到现场安装、操作、更换等方面，经不断完善、改进，已形成系列产品。在城市轨道交通中，为了减小设备限界对安全运营的影响，采用机构比较小的LED信号机构，LED信号机背视图如图2-31所示。

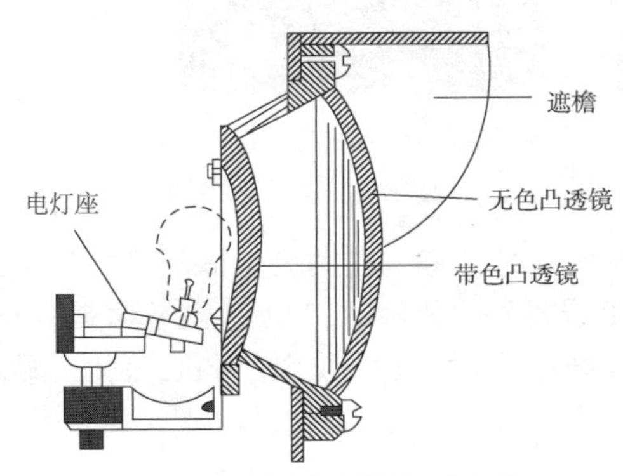

图2-30 透镜式色灯信号机的机构

图2-31 LED信号机背视图

二 信号机设置

（一）轨旁信号机设置

1. 设于列车运行方向右侧

城市轨道交通采用右侧行车制，其轨旁信号机设于列车运行方向的右侧，在地下部分一般安装在隧道壁上。特殊情况下（如设备限界、其他建筑物或线路条件等影响）可设于列车运行方向的左侧或其他位置。

2. 信号机柱的选择

信号机有高柱和矮型两种类型，高柱信号机的机构安装在钢筋混凝土信号机柱上，如图2-32所示，矮型信号机的机构安装在信号机水泥基础上，如图2-33所示。高柱信号机具有显示距离远、观察位置明确等优点，因此车辆段的进段、出段信号机（以及停车场的进场、出场信号机）均采用高柱信号机；而在对显示距离要求不高，以及隧道内安装空间有限的情况下，一般采用矮型信号机。

（二）正线上的信号机设置

1. 防护信号机

正线上的道岔区设防护信号机。防护信号机设于道岔岔前和岔后的适当地点。具有出站性质的道岔防护信号机应设引导信号，具有两个以上运行方向的信号机可设进路表示器。防护信号机采用三显示机构，自上而下灯位为绿、红、黄（或月白）。若设正线，出站信号机灯光配列同防护信号机。

图2-32　高柱信号机

图2-33　矮型信号机

2. 通过信号机

采用ATC系统的城市轨道交通，自动闭塞通过信号机已失去主体信号的作用，所以区间分界点一般不设通过信号机。当车载ATP设备发生故障时，为便于司机掌握列车运行位置，可结合系统特点设置必要的地点标志；根据需要也可设置通过信号机，其为三显示机构，自上而下灯位为黄、绿、红。

3. 阻挡信号机

车站应设发车指示器或发车计时装置，在线路尽头设阻挡信号机，采用单显示机构，为一个红灯。

车站一般不设进、出站信号机，在正向出站方向的站台侧列车停车位置前方适当地点设置发车指示器。也可以根据需要设进、出站信号机以及进站信号机的预告信号机，或者只设出站信号机。

（三）车辆段（停车场）的信号机设置

1. 进段（场）信号机

在车辆段（停车场）入口处设进段（进场）信号机，其灯光配列可同防护信号机，也可采用双机构（两个二显示）带引导，自上而下灯位为黄、绿、红、黄、月白。

2. 出段（场）信号机

在车辆段（停车场）出口处设出段（出场）信号机，采用三显示机构，红、绿，带调车白灯。

3. 列车阻挡信号机

在同时能存放两列及以上列车的停车线中间进段方向设列车阻挡信号机（可兼做调车信号机），采用三显示机构，绿灯封闭，红灯，带调车白灯。

4. 调车信号机

车辆段（停车场）内其他地点根据需要设调车信号机，采用二显示机构，自上而下灯位为白、蓝(或红)。

三 信号机控制模式

信号机按控制模式有普通信号机、连续通过信号机、自动信号机三种。

(一)普通信号机

普通信号机由人工手动排列进路时,条件满足后开放信号。

(二)连续通过信号机

当信号机设为连续通过信号机时,列车出清进路中所需检查的轨道电路后,信号机立即自动重新开放。其办理手续为先排列好进路,信号机开放后,再将该信号机设为连续通过信号机。如果要取消进路,需要先取消该信号机模式,才可以取消进路。当连续通过信号机未被设为连续通过时,按普通信号机处理。

(三)自动信号机

当信号机设为自动信号机时,列车压上触发轨道后,信号机自动开放。当自动信号机未被设为自动时,按普通信号机处理。

四 信号机电路原理图

信号机电路原理图主要分为三部分,即驱动电路图、采集电路图和点灯电路图,以三显示信号机为例,如图2-34～图2-36所示。

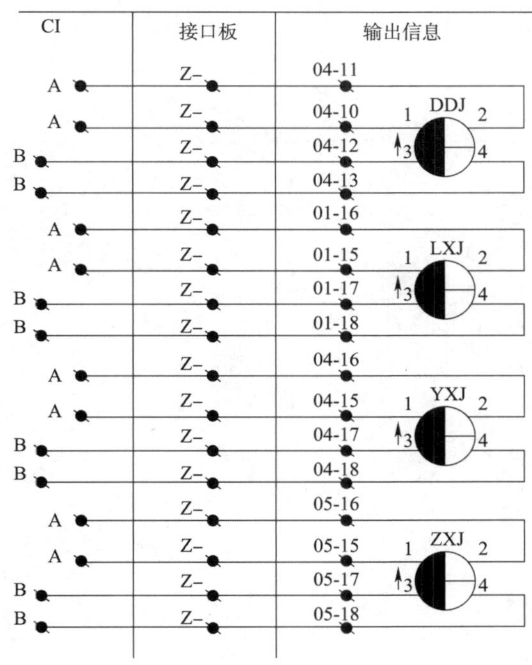

图2-34 三显示信号驱动电路图

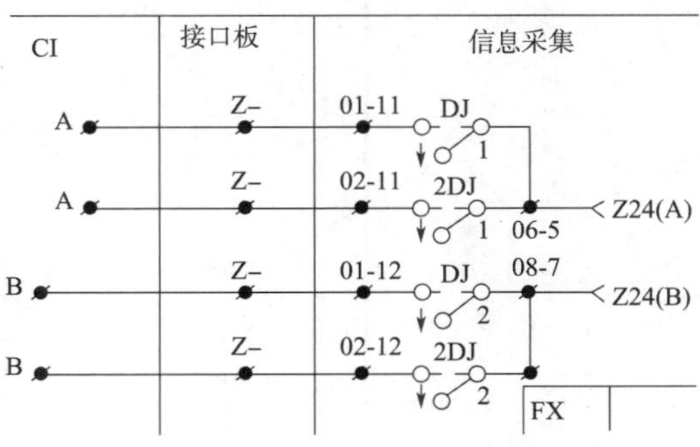

图2-35 三显示信号采集电路图

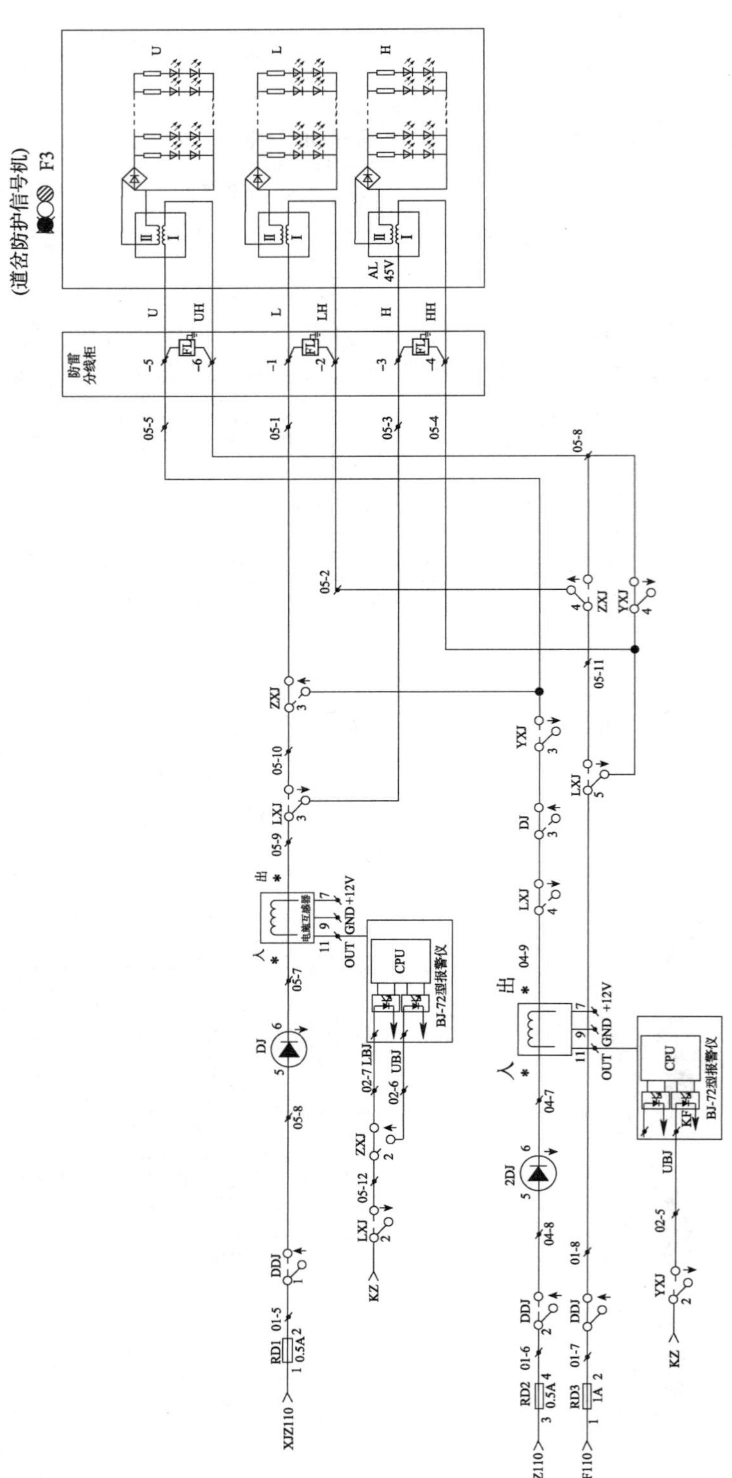

图 2-36　三显示信号点灯电路图

(1)当驱动绿灯亮时:DDJ(点灯继电器)落下、LXJ(列车信号继电器)吸起、ZXJ(主信号继电器)吸起、YXJ(引导信号继电器)落下。

(2)当驱动黄灯亮时:DDJ(点灯继电器)落下、LXJ(列车信号继电器)吸起、ZXJ(主信号继电器)落下、YXJ(引导信号继电器)落下。

(3)当驱动红灯亮时:DDJ(点灯继电器)落下、LXJ(列车信号继电器)落下、ZXJ(主信号继电器)落下、YXJ(引导信号继电器)落下。

(4)当驱动黄+红灯亮时:DDJ(点灯继电器)落下、LXJ(列车信号继电器)落下、ZXJ(主信号继电器)吸起、YXJ(引导信号继电器)吸起。

技术技能 2-10 信号机的维护与检修

一 信号机设备常规维护内容、要求及周期表

信号机设备常规维护内容、要求及周期表见表 2-10。

信号机设备常规维护内容、要求及周期表 表 2-10

设备类型	维护内容	维护要求	建议周期
信号机设备	检查机构、机柱外观	外观完好,基础稳固、粉饰良好,限界标记清晰,机构加锁良好	每年不少于1次
	检查梯子	无损伤	
	检查箱盒	无损伤、漏水	
	检查箱盒加锁	完好	
	清扫基础面	清洁	
	检查接地	符合设备设计要求	
	检查机构、机柱及梯子机械强度	符合设备设计要求	
	测量电气特性	符合设备设计要求	

二 色灯信号机养护检修

(一)日常养护

色灯信号机的日常养护每月一次,主要作业内容包括:

(1)信号机构、基础、箱盒外观检查,检查基础是否牢固,外观有无损伤。

(2)检查设备是否受外界干扰,加锁是否良好。

(3)检查紧固件及信号锁有无锈蚀,给各部件加油。

(4)清扫机构内部、透镜玻璃,检查显示情况是否良好,清扫设备周围,保持环境清洁。

(二)集中检修

色灯信号机的集中检修每季度一次。当进行集中检修作业时,该月的日常养护作业取消。集中检修主要作业内容包括:

(1)检查机构、基础、箱盒是否牢固完好无损伤。

(2)清扫机构,保持透镜玻璃干净无污染;检查清扫箱盒、机构内部;检查色灯信号机显示是否良好,显示距离应不小于200m。

(3)清扫周围,检查加锁是否良好,有无锈蚀。

(4)正线试验主、副灯丝转换及报警,转换应正常、报警良好。

(5)正线测试引导信号,应正常开放。

(三)检修作业标准

1. 外观检查

(1)信号显示距离应符合要求。

(2)基础无裂纹、不腐蚀,倾斜不超过10mm。

(3)基础露出地面应不超过100mm。

(4)机柱引入蛇管无破损,防护作用良好。

(5)限界符合规定。

(6)机座螺钉紧固,螺栓至少与螺钉平齐。

2. 机构内部检查

(1)机构安装牢固、平直,遮檐紧固、合适。

(2)透镜组完好严密,不透尘土。

(3)机构门、盘根密封,作用良好。

(4)线头无磨卡、无破皮,断股不超过1/3。

(5)端子不松动,双螺母、垫圈齐全。

(6)灯泡无裂纹、断丝、弯曲、开焊等情况,灯口不松动,接触良好。

(7)灯泡端电压应保持在额定电压。

(8)灯丝转换及报警功能良好。

3. 电缆盒外部检查

(1)基础完整、无裂纹,倾斜不超过10mm。

(2)盒盖严密,有防尘措施,防尘良好。

(3)端子安装牢固,螺钉、垫圈紧固齐全。

(4)配线不破皮,不卡线,连接良好。

三 LED小型信号机养护检修

LED小型信号机养护检修见表2-11。

LED小型信号机养护检修 表2-11

维护项目	维护内容	技术标准	注意事项
准备工作	准备维修工具、仪表、材料	工具:电话、扁毛刷、吹风鼓、安全带、个人工具一套、端子工具。 仪表:万用表。 材料:棉丝、白布	—

续上表

维护项目	维护内容	技术标准	注意事项
联系登记	设备维修工作前后，按规定进行登记、试验、销记	按工作计划表在行车设备维修登记本上写清楚工作内容、需用时间，经行车值班员签字认可后，方可进行工作	—
信号机外部清扫、检查	(1)信号机机柱、托架检查。 (2)信号机维修工作平台检查。 (3)信号机机构清扫、检查。 (4)信号机遮檐、透镜检查。 (5)信号机标志检查。 (6)信号机绝缘检查	(1)机柱、托架安装牢固、不腐蚀，信号机无异常。 (2)机柱四周地面平整，排水、培土良好，无杂草，无剥落。 (3)机构安装牢固、无裂纹，各部螺栓紧固，油漆无严重脱落，机构门严密。 (4)遮檐不松动，透镜不活动，不破损，清洁明净，无影响显示的斑点。 (5)信号机名称、代号清晰。 (6)信号机绝缘良好(信号机绝缘电阻 > 100MΩ)	高柱作业注意人身安全，列车接近时下梯停工
信号机内部清扫、检查、指标测试	(1)信号机输入电压测试。 (2)信号机工作电流。 (3)显示距离检查。 (4)信号机 LED 检查	(1)分线箱内测试一次电压为 AC 85 ~ 110V/50Hz，如电压偏离该值，需更换变压器。 (2)信号机每个灯位的工作电流为126 ~ 135mA(不同的距离，调整点灯变压器的不同输出电压)，灭灯状态下回路电压应小于 40mA。 (3)信号机直线显示距离不得小于200m。 (4)信号机 LED 损坏数量达到全部的1/3时须更换该灯室	更换信号机后要进行联锁试验；更换灯室后应测试电流，应为 143 ~ 153mA
室外箱盒检查	(1)信号机基础检查。 (2)信号机箱盒、配线检查。 (3)分线箱检查	(1)基础完整，不倾斜，箱盒无裂纹，不破损，培土良好，无杂草。 (2)箱、盒、盘根作用良好，配线整齐，螺母、垫片齐全紧固，线头不松动；箱盒内电缆、导线不能与光源的电阻接触，避免因过热造成损坏。 (3)潮湿季节分线箱有防潮措施	检查完毕后，清点工具、材料，箱内无遗留物
LED 信号机报警设备检查	清扫、检查	试验报警功能，门限值不超标	—
销记	工作完毕，办理销记手续	观察控制台无异常后，办理销记手续	—

请完成实训 2-9，见教材配套实训手册。

技术技能 2-11 信号机常见故障处理

一 更换信号机简单部件注意事项

更换信号机灯泡(点灯单元)注意事项如下:

(1)更换前检查灯泡(点灯单元)与使用设备型号是否一致,确认状态良好。

(2)更换灯泡必须采用与灯座口径一致的灯泡,以防短路和接触不良。

(3)更换时必须保证灯泡(点灯单元)接触良好。

(4)更换后要求灯丝转换和报警状态良好。

(5)测试端电压,要求信号显示达到标准,实际显示与复示器表示一致。

(6)电动转辙机的清洗间不准安装产生火花的设备(如开关、插销、电炉等),以及可能引起火灾的取暖设备,并应有良好的通风设备。禁止在室内进行电动转辙机的试验工作,严禁烟火。

二 信号点灯电路故障

(一)故障现象

信号点灯电路断线,信号机灭灯。该情况下,允许灯光灭灯,要使信号显示降级,禁止灯光灭灯时,不允许信号机再开放。一般在每一个信号灯的点灯电路上都串有灯丝继电器,用于监测灯泡的完整性。

信号点灯电路混线,将会点亮平时不应该点亮的灯。在进站信号机上同时点亮一个红灯和一个月白灯是引导信号,因此,月白灯混线导致错误亮灯是不允许的。红灯和绿灯、红灯和黄灯同时亮完全是乱显示,乱显示被认为是禁止信号。因此,绿灯和黄灯因混线导致错误点灯也是不允许的。为了减少室外连线,对调车信号机应降低要求,不加混线防护措施。

(二)故障处理技巧

当信号点灯电路发生故障时,可以在分线盘上快速区分故障的范围及性质,方法如下(设允许灯光故障):

(1)将万用表置于250V挡位,在分线盘上测量(重复开放信号时)。有电压,则为室外故障;无电压,则为室内故障。进行此项操作时须确认室内的电压已经送出。

(2)若室内电压已经送出,则故障在室外,可以将万用表置于$R\times1$挡位,在分线盘上测量:

①若阻值在100Ω左右,说明分线盘至信号机BX1-34型变压器的Ⅰ次正常,Ⅱ次或信号机内部故障。

②若阻值在0Ω左右,说明分线盘至信号机处的电缆短路,此故障使熔断器熔断。

③若阻值在20Ω左右,说明BX1-34型变压器Ⅰ次短路(视该信号机距信号楼的距离,应注意判断)。

④若阻值为∞,说明电缆或BX1-34型变压器Ⅰ次断路。

请完成实训2-10,见教材配套实训手册。

复习检测

1. ________设于道岔岔前和岔后的适当地点。具有出站性质的________应设引导信号,具有两个以上运行方向的信号机可设________。

2. 采用________的城市轨道交通,________已失去主体信号的作用,所以区间分界点一般不设________。

3. 城市轨道交通信号的基本色为________、________、________3种,再辅以________、月白和________,构成信号的基本显示系统。

任务2.5　计轴设备维护与检修

理论知识

计轴设备用于实时监测轨道区段的状态,其作用与轨道电路类似,通过比较列车驶入或驶出轨道区段计轴点时所记录的轴数,确定该轨道区段处于占用状态还是空闲状态。在监测的区段两端各安装一个计轴点,这些计轴点可以监测该轨道区段上运行的列车和列车的运行方向及轴数,每个计轴点均可以通过一根两芯的电缆把这些信息传送到相应的运算单元。同时,该电缆也可用来向计轴点供电。

计轴系统是用于自动监控区间的线路和车站的线路,显示相应的线路监测区段、道岔和股道等“空闲”或“占用”。AZS 350U 型计轴系统组匣如图2-37所示,计轴系统室内设备示意图如图2-38所示。

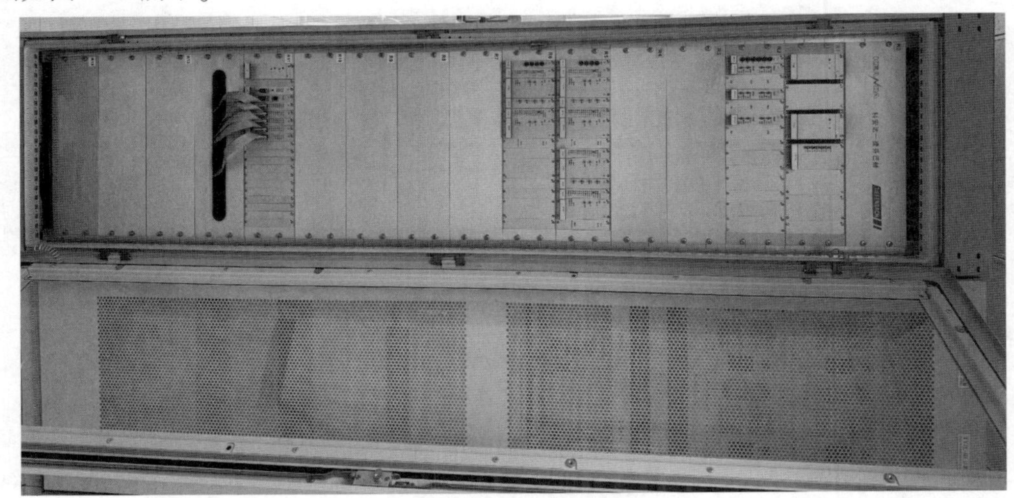

图2-37　AZS 350U 型计轴系统组匣

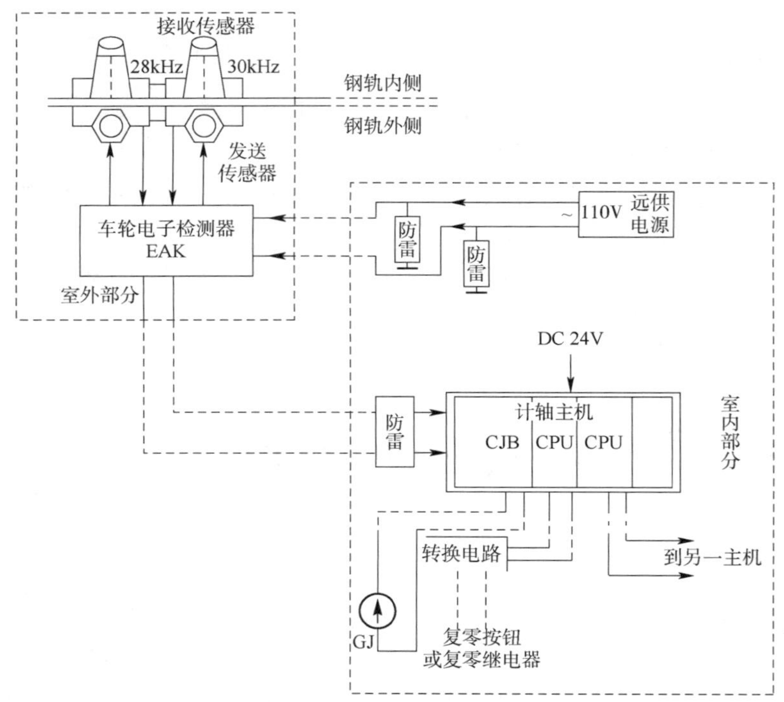

图 2-38　计轴系统室内设备示意图

计轴系统工作原理：列车首先从监测区间的一端出发，经过计轴点时，运算单元会对传感器产生的轴信号进行处理、判别及计数，此时轨道继电器处于落下状态。发车端会不断地将“计轴数”和“驶入状态”等有效信息编码传给接车端。当列车驶出该区间，经过接车端的计轴点时，接车端计数。接车端也会不断地将“计轴数”及“驶出状态”等信息传给发车端。当两端对“计轴数”和“驶入、驶出状态”校核无误后，才能使两端轨道继电器吸起，同时给出所监测区间的空闲信号。

图 2-39 所示为计轴系统工作原理。

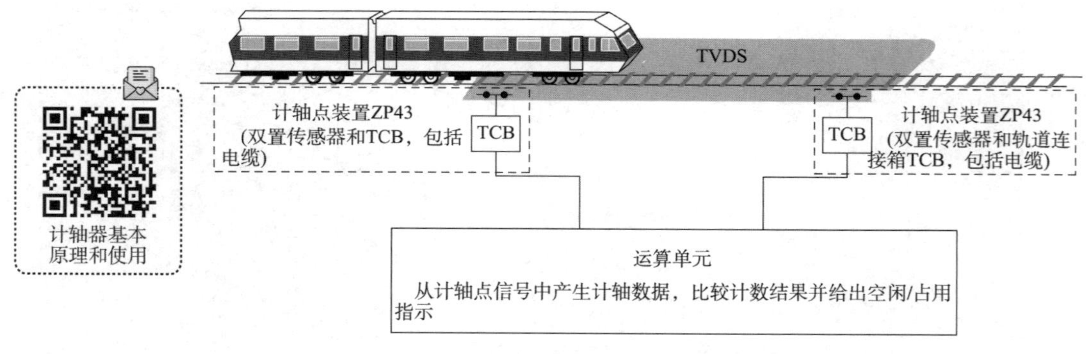

图 2-39　计轴系统工作原理

TCB-轨旁接线箱；TVDS-轨道空闲检查区段

技术技能 2-12　计轴设备维护与故障处理[1+X]

一　计轴设备常规维护内容、要求及周期表

计轴设备常规维护内容、要求及周期表见表 2-12。

计轴设备常规维护内容、要求及周期表　　表 2-12

<table>
<tr><th>设备类型</th><th>维护内容</th><th>维护要求</th><th>建议周期</th></tr>
<tr><td rowspan="6">计轴(室内)设备</td><td>查看计轴机柜外观</td><td>外观完好,加封加锁齐全</td><td rowspan="4">每季度不少于 1 次</td></tr>
<tr><td>查看各板运行状态</td><td>设备运行状态正常,指示灯显示正确,开关或按钮位置状态正确,风扇无异常</td></tr>
<tr><td>检查各板卡、插接器等部件</td><td>部件安装牢固</td></tr>
<tr><td>清扫机柜防尘网、过滤组件</td><td>完好、清洁</td></tr>
<tr><td>测量计轴电气特性</td><td>符合设备设计要求</td><td rowspan="2">每年不少于 1 次</td></tr>
<tr><td>检查机柜接地</td><td>地线齐全、接地良好</td></tr>
<tr><td rowspan="4">计轴(室外)设备</td><td>查看设备安装环境</td><td>符合要求</td><td rowspan="4">每年不少于 1 次</td></tr>
<tr><td>检查设备外观</td><td>无破损,标志清晰、齐全</td></tr>
<tr><td>检查部件</td><td>安装牢固,无锈蚀</td></tr>
<tr><td>测量电气和机械性能</td><td>符合设备设计要求</td></tr>
</table>

二　计轴设备故障处理

(一)故障指示

当轨道空闲检测设备受到干扰时,系统给出轨道区段占用表示。操作人员或被授权的人员确认系统故障后,通知维护维修人员。

(二)故障诊断

诊断应从室内设备开始。获得当前运行指示状态。通过用 WDE 诊断单元反复测量运算单元 VESTI 放大触发板 F 和 U 测试口的信号频率 f_1、f_2 和电压 U_{f1}、U_{f2} 来判断计数故障的原因,这些值必须在允许范围内。若信号频率和电压 U_{f1} 和 U_{f2} 在允许范围之内,可能是运算单元出了问题;若电压在允许范围之外,则要测试车轮传感设备,如果该设备没问题,检查传输线路;若频率 f_1 或 f_2 在允许范围之外,则要测试车轮传感设备。在开始外部设备检查工作之前,要检查运算单元上相应 BAPAS 带通滤波板上的保险,确保 WDE 供电正常。

(三)故障处理

处理故障应首先从室内设备开始;记录并判断当前运行方式;如果进行计轴系统复位操

作不能消除故障，操作人员必须通过按压一个通道上的 AzGrH 按钮来启动统计功能，以此得到统计数据并对其进行评估。可以通过在测量孔“f1”和“f2”测量信号“f1”和“f2”的频率来查明计轴故障原因。另外，还可以在 VESBA 板上的测量孔“U”上测量输出电压 U_1 和 U_2，其值应该在允许范围内。如果信号的频率 f_1、f_2 和电压 U_1、U_2 都在允许的范围内，则很有可能是运算计算机出现了故障。如果电压超出规定范围，则应检查计轴点。如果证实计轴点没有故障，则应检查传输线路。如果信号的频率 f_1 和 f_2 超出允许的范围，则必须检查计轴点。

在检查室外设备前，先检查 VESBA 板上的熔断丝（0.2A），并检查室内设备是否给计轴点供电。在检查 ZP43E/V 计轴点时，要使用一块测试适配板。通过这块适配板，可以用万用表、FTGS/GLS/AZS 测试仪或者 WDE 诊断仪来测量各种参数，并将这些参数与给出的标准参数进行比较，以此来判断故障点。有故障的电路板必须更换。

复习检测

1. 计轴设备用于实时监测________的状态，其作用与轨道电路类似，通过比较列车驶入或驶出轨道区段________时所记录的轴数，确定该轨道区段处于________。

2. 计轴系统用于自动监控区间的线路和车站的线路，将相应的________、________和________等显示“空闲”或“占用”。

3. 简述计轴系统的工作原理。

任务 2.6　应答器设备维护与检修

理论知识

应答器是一种可以发送数据报文的高速数据传输设备，用于在规定地点实现车-地间的数据交换，为列车运行提供所需的信息，确保列车运行安全。当列车经过应答器时，应答器被激活，发送一条应答器报文到车载子系统。该报文提供应答器的标志、到线路数据库（Track Database，TDB）的数据入口以及中心点的地理位置。应答器如图 2-40 所示。

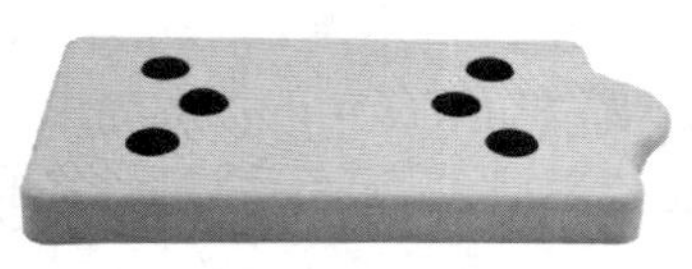

a)

b)

图 2-40　应答器

一　应答器的安全定位

应答器支持安全定位。为了实现应答器的安全定位，当车载天线到应答器的距离超出给定距离时，列车接收不到应答器报文。应答器定位精度如图2-41所示。

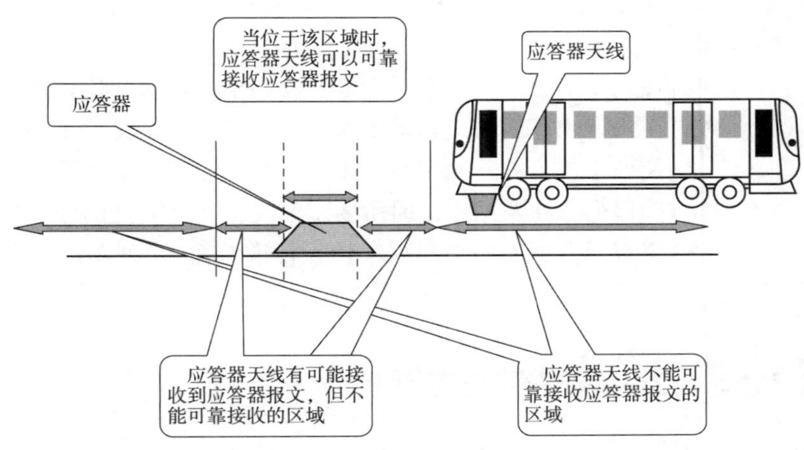

图2-41　应答器定位精度

二　应答器的类型

应答器分为固定（无源）应答器和可变（有源）应答器，主要用途是向列车车载设备提供可靠的地面固定信息和可变信息。无源应答器用于发送固定不变的数据，有源应答器用于传输可变信息。有源应答器、无源应答器都是列车定位和位置校正的设备。正常情况下，在CBTC系统中，ZC通过轨旁的AP将信号控制信息传递给车载ATP。有源应答器是在降级模式（或者叫后备模式）条件下，ZC将报文（行车安全距离、列车运行速度等信息）通过有源应答器无线传输给车载ATP，进而实现列车追踪间隔控制。

1. 无源应答器

无源应答器存储固定信息。当列车经过无源应答器上方时，无源应答器接收到车载天线发射的电磁能量后，将其转换成电能，使地面应答器中的电子电路工作，把存储在地面应答器中的数据循环发送出去，直至电能消失（车载天线已经离去）。无源应答器平常处于休眠状态。

2. 有源应答器

有源应答器通过电缆与轨旁电子单元（Lineside Electronic Unit，LEU）连接，可实时发送LEU传送的数据报文。当列车经过有源应答器上方时，有源应答器接收到车载天线发射的电磁能量后，将其转换成电能，使地面应答器中的发射电路工作，将LEU传输给有源应答器的数据循环实时发送出去，直至电能消失（车载天线已离去）。有源应答器平常处于休眠状态。

三 应答器的功能

应答器用于向列车控制系统传送线路基本参数、线路速度、特殊定位、列车运行目标数据、临时限速、车站进路等固定和实时可变的信息,用于在特定地点实现地面与列车间的相互通信。所有类型的应答器(无源应答器及有源应答器)均安装于线路沿线,所有的应答器都可作为位置参考点。其功能如下:

(1)在列车接近固定闭塞区域或移动闭塞区域时初始化列车的位置。

(2)在固定闭塞区域或移动闭塞区域内再次初始化列车的位置。

(3)使列车位置的不确定性维持在一个预先定义的极限值内。

(4)确保列车在车站停车时所要求的安全和非安全的停车精度。

(5)应答器数据库中储存列车轮径标准距离,当列车以相同的稳定速度经过所有轮径校准应答器对时对列车轮径进行校准。

技术技能 2-13 应答器的布置

有源应答器用于点式列车控制级下的运行。有源应答器通过 LEU 与主信号机相连,根据信号机的显示,通过给列车发送应答器报文发出移动授权。

填充应答器是主信号应答器的复示器,即填充应答器发送与相应主信号应答器相同的报文信息(除了应答器 ID 及应答器版本)。填充应答器位于主信号应答器前方,两者间距离至少要大于列车的常用制动距离。填充应答器用于固定闭塞等级下的运行,列车如果在主信号机开放的情况下经过填充应答器,可以避免在主信号机前方制动。

图 2-42 所示为典型的无源应答器与有源应答器的布置。

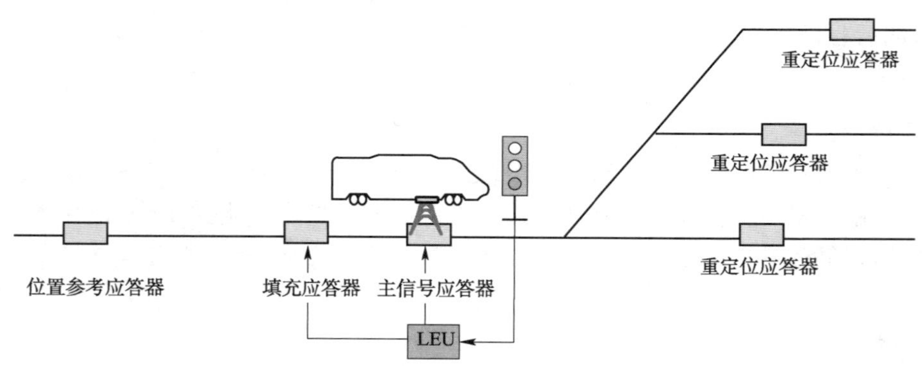

图 2-42 无源应答器与有源应答器的布置

车载设备通常允许在其数据库中描述的一个应答器丢失(或未读到),这对运行的影响取决于丢失应答器的类型:

(1)一个无源应答器(一般位置参考应答器)的丢失对列车的运行没有直接影响。

(2)在降级控制级别下,任一填充应答器的丢失都将导致列车司机或 ATO 系统应用常用制动,直到列车在相应的主信号应答器前速度达到释放速度值。

(3)在降级控制级别下,主信号应答器的丢失将导致紧急制动。

(4)在降级控制等级下,重定位应答器的丢失将导致列车失去定位,从而应用紧急制动。

请完成实训 2-11,见教材配套实训手册。

复习检测

1. 为了实现应答器的________,车载天线到应答器的距离________时,列车接收不到应答器报文。

2. 简述应答器的功能。

项目3

信号联锁设备

学习目标

1. 了解联锁的基本含义。
2. 能够判断及控制进路。
3. 掌握CI系统使用与维护的方法。
4. 提高安全规范操作联锁设备的意识和能力。

任务描述

1. 工作对象

进路图一张，TYJL-Ⅱ型CI系统。

2. 工作内容

(1)正确识别进路图上的各种进路。

(2)正确识别CI设备组成、名称和作用。

(3)操作TYJL-Ⅱ型CI系统，建立或封闭进路，操作电动转辙机扳动道岔。

(4)检查、评价工作质量;整理工具，将设备恢复至初始状态，清洁工作场地。

3. 工作目标与要求

(1)具备信号工作人员应有的安全意识。

(2)熟悉信号联锁设备组成部分及设备的工作原理。

(3)能按规范的步骤，完成进路排列、解锁，转辙机的控制。

(4)在工作结束后，做好设备的初始化工作，保持工作环境整洁。

项目思维导图

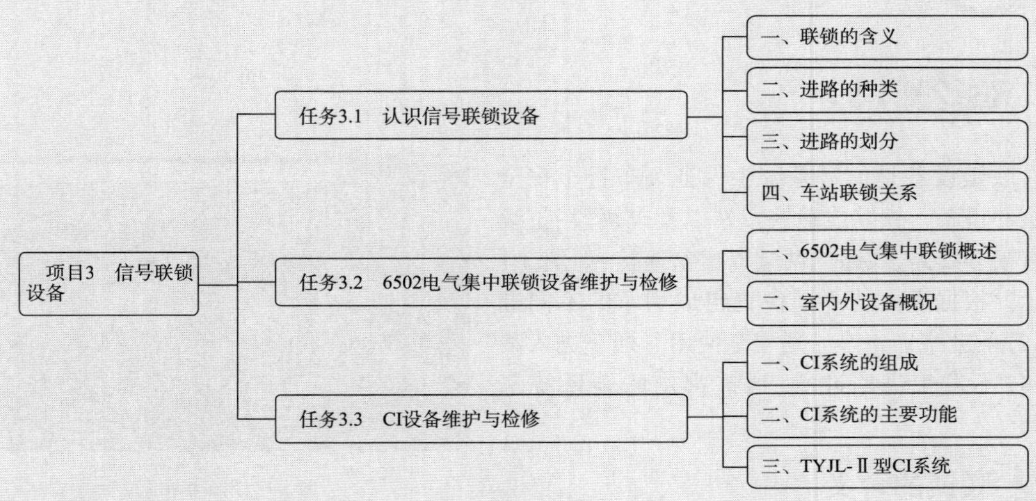

项目3 信号联锁设备
任务3.1 认识信号联锁设备
一、联锁的含义
二、进路的种类
三、进路的划分
四、车站联锁关系
任务3.2 6502电气集中联锁设备维护与检修
一、6502电气集中联锁概述
二、室内外设备概况
任务3.3 CI设备维护与检修
一、CI系统的组成
二、CI系统的主要功能
三、TYJL-Ⅱ型CI系统

任务 3.1　认识信号联锁设备

理论知识

联锁设备是信号系统中保证列车行车安全的核心设备。铁路或地铁车站以及车辆段、正线都有很多线路，线路的两端以道岔连接，如图 3-1 所示。根据道岔的不同位置组成列车的不同进路，每条进路只允许一列列车使用。列车进入某进路，不发生进路冲突，这些都由联锁系统来协调。

图 3-1　列车场站图

一　联锁的含义

为了保证车站行车安全，必须制定一系列联锁规则，以制约信号机的开放与关闭、道岔扳动和进路。必须以技术手段来实现这些联锁规则。因此，联锁是“通过技术方法，使信号、道岔和进路必须按照一定程序并满足一定条件，才能动作或建立起来的相互关系”。联锁系统以电气设备或电子设备实现联锁功能，即以信号机、动力转辙机和轨道电路室外三部分来实现联锁功能。联锁示意图如图 3-2 所示。

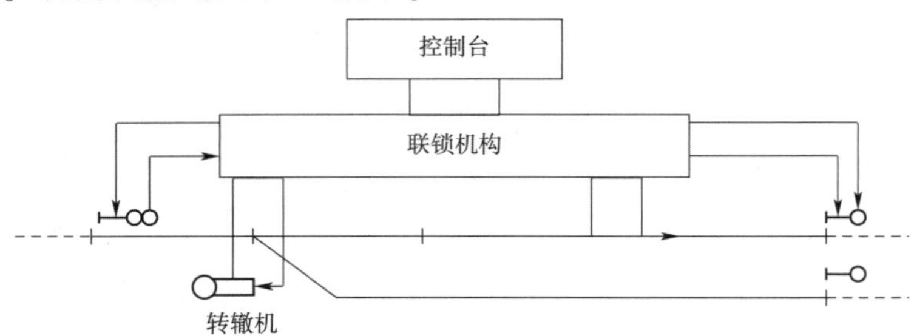

图 3-2　联锁示意图

1. 联锁的内容

（1）信号机的显示与所建立的进路相符，即信号机与进路之间的联锁。

（2）列车或调车车辆经过的所有道岔均锁闭在与进路开通方向相符合的位置，即道岔与进路之间的联锁。

（3）排列进路时，防止建立导致机车车辆相互冲突的进路，即进路与进路之间的联锁。

2. 联锁的功能

（1）进路控制：设定、锁闭和解锁进路。

(2)信号机控制:根据进路控制,确定信号机的显示。

(3)道岔控制:根据进路控制,解锁、转换和锁闭道岔。

(4)轨道电路信息处理:处理列车检测功能的信息输出,以提高列车检测信息的完整性。

(5)联锁逻辑运算:接收 ATS 系统或车站值班员的进路命令,进行联锁逻辑运算,采用电气联锁或电子联锁方式,实现对道岔和信号机的控制。

二 进路的种类

进路是指机车车辆由一点运行到另一点的路径,由道岔决定方向,由信号机防护。进路是联锁关系里重要的一项。按作业性质,进路大体上可分列车进路和调车进路两类。

列车进路又可划分为接车进路、发车进路、通过进路及转场进路。凡是列车开进车站经由的路径称为接车进路;列车由车站发往区间经由的路径称为发车进路;列车经过的正线接车进路和正线同方向发车进路组成的进路,称为通过进路;列车由一个车场开往另一车场时所经由的进路称为转场进路。

调车进路也可分为短调车进路和长调车进路。短调车进路指从起始调车信号机开始,到一架信号机为止的一个单元调车进路。长调车进路由两个以上单元调车进路组成。

各种不同性质的进路,应有不同用途的信号机或者车挡、站界标、警冲标等进行防护。例如,接车进路、发车进路应有进、出站信号机防护,调车进路应有调车信号机防护,转场进路有进路信号机防护,等等。根据进路的性质不同,不但信号机显示和数目不同,开放信号机所应满足的技术条件也不相同。

三 进路的划分

进路的划分,即确定每条进路的始端和终端。将进路的起始端明确,信号机所防护的空间也就明确了,这样联锁关系里的进路、道岔、信号机的设置也就明确下来了。进路的始端处应设置信号机加以防护,而其终端处也多以同方向的信号机为界。当进路的终端处无信号机时,需要以车挡、站界标或警冲标(不设出站信号机的车站)为界。

从图 3-3 可以得出列车进路的划分原则:

(1)进路的始端一般是信号机。

(2)发车进路的终端可以是信号机、站界标及警冲标。

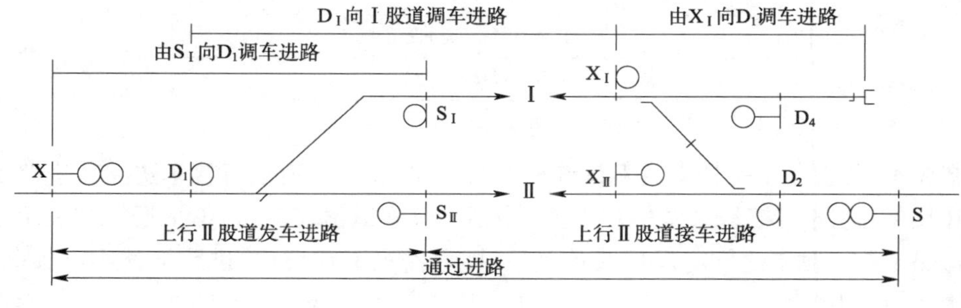

图 3-3 进路的划分

(3)一架信号机同时可防护几条进路，即它可作为几条进路的始端(如进站信号机、接车进路信号机等)。

(4)进路范围包括道岔和道岔区段。

(5)调车进路和列车进路一样，也要有一定的范围(与列车进路相比较短些)，才能对它进行防护。调车进路的始端是由防护该调车进路的调车信号机和出站兼调车信号机开始，终端则视具体情况而定。

四　车站联锁关系

进路是由道岔的定位、反位的位置所决定的，在进路的入口处必须设信号机进行防护。所谓建立进路，就是先把进路上的道岔扳到进路所要求的定位或反位上，然后将该进路的防护信号机开放。若道岔位置错误，则不允许信号机开放，进路不能建立。而信号机一旦开放就不准许进路上的道岔再变换位置，进路进行锁闭，直至信号机关闭，列车或机车车辆通过道岔为止。

联锁必然存在于两个对象之间。例如，上面所说的道岔和信号机之间有联锁，上行信号机与下行信号机之间有联锁，等等。联锁既存在于两个对象之间，又是相互制约的，所以在一般情况下必然是互锁的。若道岔不扳在规定位置，那么把信号机锁在关闭状态，而一旦信号机开放，信号机就把道岔锁在规定位置上。这样做的理由很简单：若信号机不锁道岔，在信号机开放后，道岔仍可变换位置，道岔锁信号机就没有意义了。因为虽然在信号机开放以前，道岔位置正确，但信号开放以后，道岔仍可扳到错误的位置上去，这是很危险的。

下面介绍存在于道岔、进路和信号机之间的基本联锁关系。

(一)道岔、进路之间的联锁

道岔有定位和反位两个工作位置，进路则有锁闭和解锁两个状态。道岔位置正确，进路才能锁闭，进路解锁后，道岔才能改变其工作位置。这就是存在于道岔和进路之间的基本联锁关系，如图3-4所示。

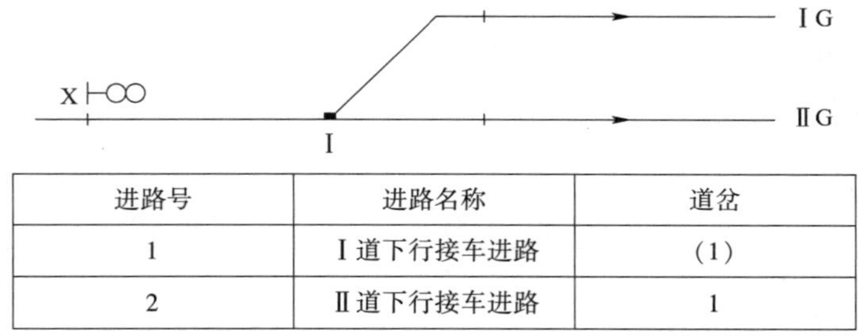

进路号	进路名称	道岔
1	Ⅰ道下行接车进路	(1)
2	Ⅱ道下行接车进路	1

图3-4　道岔与进路间的联锁

在图3-4中，进路1是指Ⅰ道下行接车进路，进路2为Ⅱ道下行接车进路。进路1要求道岔1在反位；进路2要求道岔1在定位。带括号代表道岔在反位，不带括号则表示道岔在定位。进路1与道岔1之间有反位联锁关系，即道岔1不在反位，进路1就不能锁闭；反之进路1锁闭后，把道岔1锁在反位位置上，不允许道岔1再变位。进路2与道岔1存在定位锁闭关系，即道岔1不在定位，进路2就不能锁闭；反之当进路2锁闭以后，把道岔1锁在定位位置上，不准许道岔 1 再变位。

(二)道岔与信号机之间的联锁

因为进路是由信号机防护的，所以道岔与进路之间的联锁也可以用道岔与信号机之间的联锁来描述。如图 3-5 所示，信号机 X 防护两条进路：一条是Ⅰ道下行接车进路，此时 1 号道岔在反位；另一条是Ⅱ道下行接车进路，此时 1 号道岔在定位。因此，信号机 X 与道岔 1 之间的联锁关系，既有定位锁闭关系，又有反位锁闭关系，叫作定反位锁闭，应记作"1，(1)"。

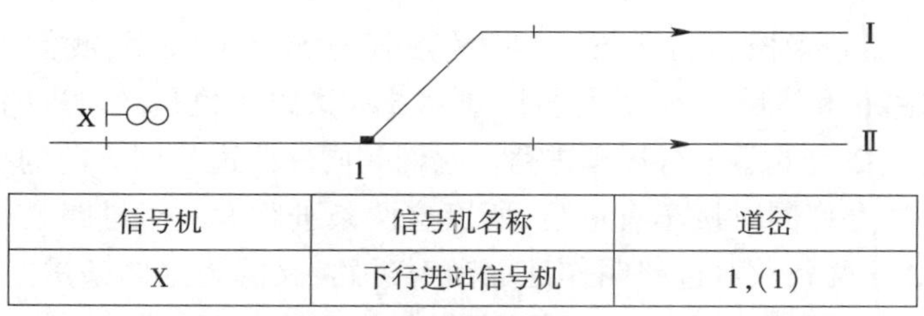

信号机	信号机名称	道岔
X	下行进站信号机	1，(1)

图 3-5 道岔与信号机的联锁

定反位锁闭就意味着：道岔 1 在定位时，允许信号机 X 开放；道岔 1 在反位时，也允许信号机 X 开放。那么，可否不采取锁闭措施呢？这是不允许的，因为道岔除定位和反位以外，还有一种非工作状态，即不在定位且不在反位的状态，如道岔不密贴或被挤岔等。也就是说，道岔在不正常状态时是不允许信号机开放的。

(三)进路与进路间的联锁

进路与进路之间存在两种不同性质的联锁关系：一是抵触进路，二是敌对进路，如图 3-6 所示。

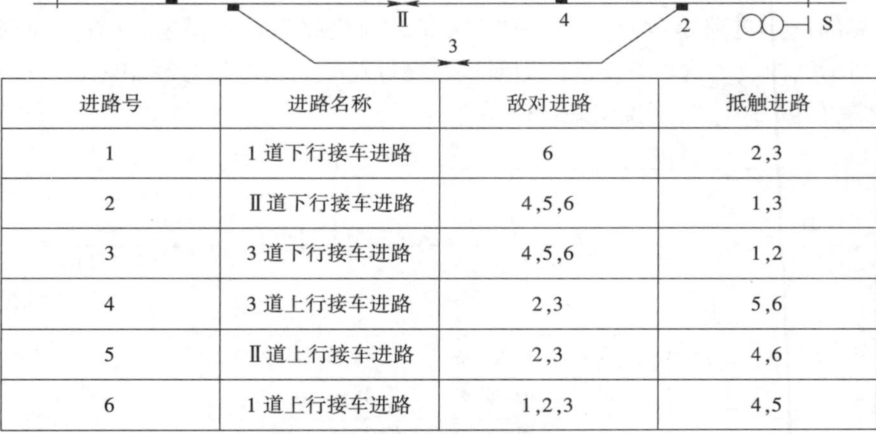

进路号	进路名称	敌对进路	抵触进路
1	1 道下行接车进路	6	2，3
2	Ⅱ道下行接车进路	4，5，6	1，3
3	3 道下行接车进路	4，5，6	1，2
4	3 道上行接车进路	2，3	5，6
5	Ⅱ道上行接车进路	2，3	4，6
6	1 道上行接车进路	1，2，3	4，5

图 3-6 进路与进路间的联锁

1. 抵触进路

如图 3-6 所示，下行接车进路有 3 条，即进路 1、进路 2 和进路 3。这 3 条进路要求道岔位置各不相同，且在同一时间只能建立起一条进路。也就是说，任何一条进路锁闭以后，在其未解锁以前，因为把有关的道岔锁住，不可能再建立其他两条进路。这种用道岔位置区分的进路叫作抵触进路。

既然抵触进路不能同时建立，那么在抵触进路之间要不要采取锁闭措施呢？回答是不需要。抵触进路不需要采用锁闭措施，没有必要列在联锁表内，也就是说，在联锁表中不考虑抵触进路。

2. 敌对进路

用道岔位置不能间接控制的两条进路又存在抵触或敌对关系，我们称之为敌对进路。如图3-6所示，进路5和进路2是敌对进路，进路5和进路3也是敌对进路。进路5是Ⅱ道上行接车进路，进路2是Ⅱ道下行接车进路。它们是同一股道不同方向的接车进路，不能用道岔位置间接控制，允许同时接车有危险，所以这两条进路为敌对进路是很明显的。有时，把进路5和进路2这两条敌对进路叫作迎面敌对进路；又因为这两条进路分别属于两个不同的咽喉区，过去所采用的锁闭措施分别设在两个咽喉区的信号楼内，故进路5和进路2之间锁闭，又称为照查锁闭，意思是两信号楼间实行照查。现在一个车站只设一个信号楼，但仍沿用照查锁闭这个概念。

（四）进路与信号机之间的联锁

进路与进路之间的联锁关系可用进路与信号机之间的联锁关系来描述。因为进路较多时，进路与信号机之间的联锁描述较明显，不需要从进路号码中查找进路名称。如图3-7所示，进路1是D_{21}信号机至无岔区段W的调车进路，D_{23}信号机所防护的进路与上述进路为敌对进路，所以把D_{23}作为进路1的敌对信号，在联锁表进路1的敌对信号栏内记作“D_{23}”。D_{33}信号机防护两条进路，即一条经由道岔19反位，另一条经由道岔19定位至无岔区段W。由于无岔区段一般较短，禁止同时由两个方向向该无岔区段内调车，即D_{21}至W的调车进路与D_{33}至W的调车进路是敌对进路。但这两条敌对进路只是在道岔19在定位时，才能构成；反之，则不能构成。这种有条件的敌对进路在进路1的敌对信号栏中记作“<19>D_{33}”。如果记作“<(19)>D_{33}”，则说明是反位条件。

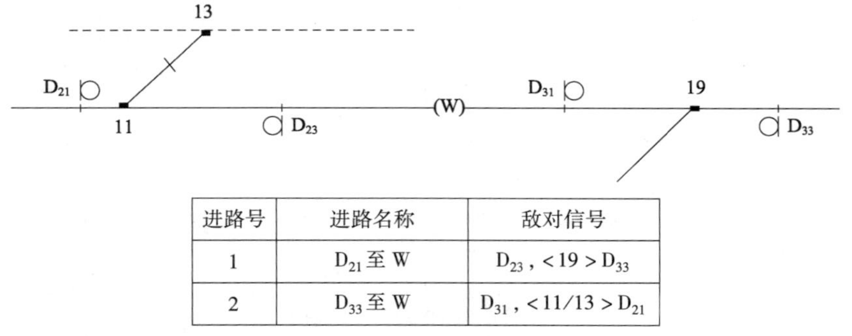

进路号	进路名称	敌对信号
1	D_{21}至W	D_{23}，<19>D_{33}
2	D_{33}至W	D_{31}，<11/13>D_{21}

图3-7　进路与信号机间的联锁

（五）信号机与信号机间的联锁

因为进路与进路之间的联锁可以用进路与信号机间的联锁关系来描述，所以也可以用信号机与信号机间的联锁关系来描述。以图 3-7 中的 4 架调车信号机为例，这 4 架信号机之间的联锁关系可用图 3-8 所示。

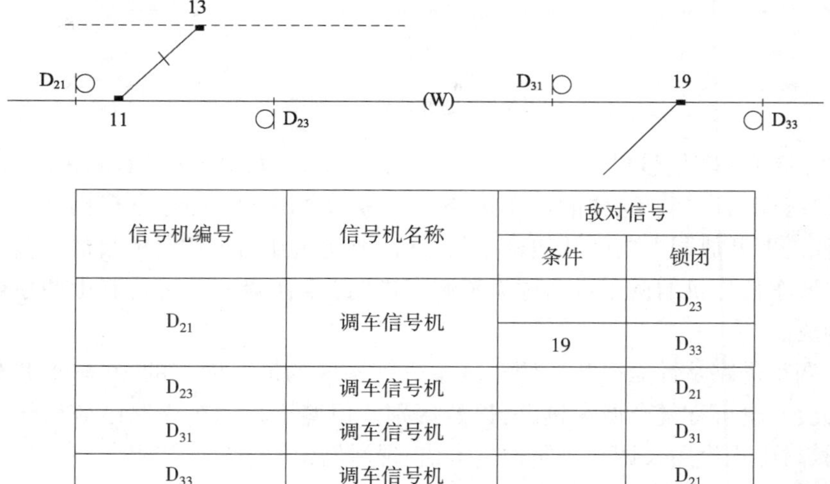

信号机编号	信号机名称	敌对信号	
		条件	锁闭
D_{21}	调车信号机		D_{23}
		19	D_{33}
D_{23}	调车信号机		D_{21}
D_{31}	调车信号机		D_{31}
D_{33}	调车信号机		D_{21}

图 3-8　信号机与信号机间的联锁

图 3-8 中，D_{21} 和 D_{33} 是条件联锁，相应条件是道岔 11/13 定位，道岔 19 定位。

技术技能 3-1　划分进路

按以下方式划分进路：

(1) 由到发线向咽喉区调车的进路终端。如图 3-9 所示，由ⅢG 向 D_9 调车信号机方向调车时，进路的终端是同方向信号机 D_9，如机车车辆欲继续向前运行，则必须开放 D_9 信号机进入另一条进路。注意：在该调车进路中途虽然有一架调车信号机 D_{19}，但由于它是背向设置的，故它不能作为阻拦信号机。因此，上述调车进路的终端必须是 D_9 信号机，因为它对调车机车或列车的运行起阻拦作用。

(2) 由咽喉区的调车信号机 D_{19} 向股道ⅢG 调车时，该进路的终端为下行出站兼调车信号机 X。但应注意的是，该调车进路的范围虽然包括股道，但是根据调车作业的特点，允许股道上停留车辆时向该股道办理调车作业，即可以不检查股道的空闲情况，如图 3-9、图 3-10 所示。

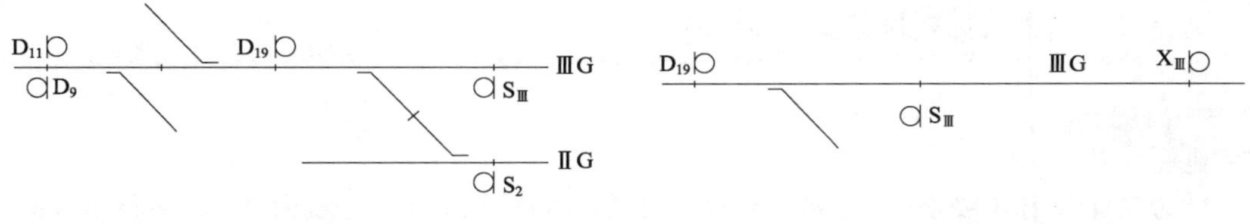

图 3-9　进路的划分举例一

图 3-10　进路的划分举例二

(3) 调车进路包括无岔区段的进路终端。如图 3-11 所示，由出站兼调车信号机 S_2 向 D_5 信号机调车时，因 D_5 是阻拦信号机，它应为进路的终端。该调车进路也应考虑无岔区段内允许暂时停有车辆。

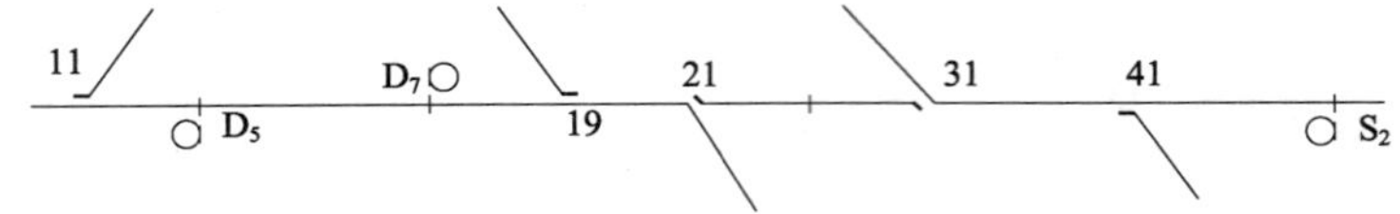

图 3-11　进路的划分举例三

(4)由咽喉区调车信号机向尽头线调车的进路终端。如图 3-11 所示,由 D_5 向牵出线调车时,进路的终端为车挡。这样的调车进路也应考虑牵出线允许停有车辆。由于调车作业的需要,往往需要开放同方向的几架调车信号机,才能达到调车作业的目的。需要连续开放几架同方向调车信号机的调车进路称为长调车进路(复合调车进路),它由两条或多条调车基本进路构成。

所谓长调车进路是针对由几条调车基本进路构成的情况而言的,并非指调车进路的实际长度,因此,其也可称复合调车进路,以资区别。但鉴于长调车进路已被信号人员所熟知并认可,本教材中仍沿用长调车进路这一术语,现举例说明。

如图 3-12、图 3-13 所示,由编组场间牵出线调车时,需要同时开放 D_5 和 D_{21} 两架调车信号机。在这条长调车进路中,D_5 信号机既是后一条调车进路的始端,又是前一条调车进路的终端。

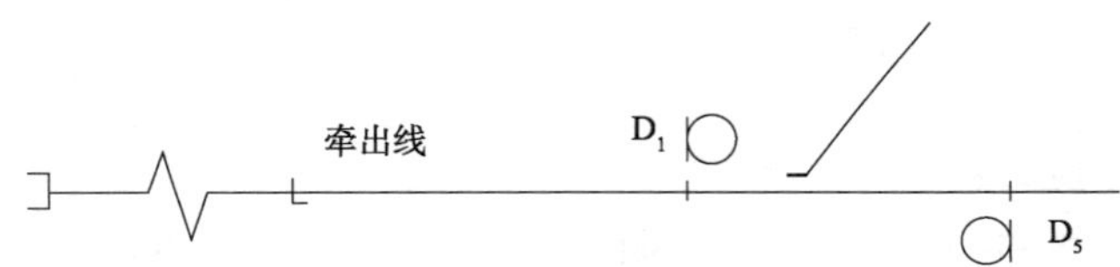

图 3-12　进路的划分举例四

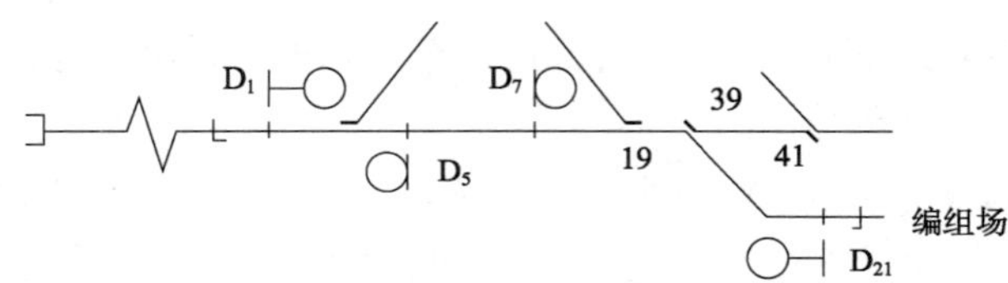

图 3-13　进路的划分举例五

请完成实训 3-1,见教材配套实训手册。

复习检测

1. 为了保证行车安全,凡是列车经过的道岔,不论对向的还是顺向的,都要和信号机实现联锁。(　　)

A. 对　　　　B. 错

2. 既然进路与进路之间的联锁关系可以用进路与信号机间的联锁关系来描述,当然也

可以用信号机与信号机间的联锁关系来描述。(　　)

A. 对　　　　　　　　　　　　B. 错

3. 为了保证行车安全,在________、________、________三者之间存在相互制约的关系,这种关系称为联锁。

4. 简述进路的定义、进路的分类。

5. 简述联锁的定义。

任务3.2　6502电气集中联锁设备维护与检修

理论知识

一　6502电气集中联锁概述

车站联锁设备是保证站内运输作业安全、提高作业效率的轨道信号设备。控制道岔、进路和信号机,将道岔、进路和信号机用电气方式进行集中控制与监督,并实现它们之间联锁关系的技术方法和设备,称为电气集中联锁;而采用继电器实现联锁关系的,称为继电式电气集中联锁(以下简称电气集中)。6502电气集中联锁是我国目前应用较普遍的一种电气集中。

6502电气集中联锁具有电路定型化程度高,逻辑性强,操作方法简便灵活,不易出错,维修、施工比较方便,符合“故障-安全”原则,易与区间闭塞设备及其他信号设备结合等优点,又是调度集中和调度监督的基础设备。6502电气集中联锁主要分为室内设备和室外设备。

1. 室内设备

(1)控制台:用于控制和监督道岔、进路和信号,设在车站中心。

(2)电源屏:不间断供给电气集中设备用的交流、直流电源。

(3)继电器组合及组合架:实现联锁的设备。

(4)区段人工解锁按钮盘:辅助设备,装在离控制台一定距离的墙面上,用于进路因故不能解锁和信号不能关闭的情况。

(5)分线盘:室内和室外电缆连接的地方。

2. 室外设备

(1)色灯信号机:给出各种信号显示。

(2)电动转辙机:转换道岔。

(3)轨道电路:监督进路是否空闲,检查钢轨线路完整性及向机车信号传递信息。

(4)电缆和箱盒设备:用于室内外设备连接及安装。

二 室内外设备概况

(一)控制台

控制台由各种用途的按钮和表示灯构成的单元块拼装而成,也称为单元控制台(不同于面板式)。它是车站值班员控制和监督全站信号机、道岔和进路,指挥列车运行和调车作业的控制设备,也可供信号工分析、判断控制系统故障范围。控制台包括各种用途的按钮、各种用途的表示灯、报警电铃和电流表。

6502 电气集中联锁控制台如图 3-14 所示。

(二)区段人工解锁按钮盘

(1)按钮的设置:对应设区段组合的道岔区段及无岔区段均设一个带铅封的按钮(SGA)。

(2)作用:与总人工解锁按钮(ZRA)配合来实现对区段的故障解锁及特殊情况下关闭信号。

(3)使用方法:破封登记,两人协同操作,一人按相应咽喉的 ZRA,另一人按相应区段的 SGA。

(三)继电器组合及组合架

继电器组合是实现电气集中联锁的设备。继电器以组合的形式放置在组合架上(图 3-15)。将具有相同控制对象的一些继电器组合在一起,构成定型电路环节。这些定型电路环节被称为组合继电器,每个组合中继电器数量不超过 10 个。

图 3-14 6502 电气集中联锁控制台

图 3-15 继电器组合架

(四)信号机

(1)列车信号机设置。列车作业包括接车、发车和通过列车。把由区间开来的列车接入车站内准许接车的股道叫作接车,进站列车所经过的路径称为接车进路。因此,在车站的每一个接车口应各设一架进站信号机,用它来指挥列车能否进站。列车由车站内开往区间叫作发车,出站列车所经过的路径称为发车进路。因此,在车站的每条发车进路的起始点应各设一架出站信号机,用它来指挥列车能否出站。通过列车进路实质是由一个咽喉的正线接车进路和另一个咽喉同方向的正线发车进路组成的。它是由一个咽喉的进站信号机和另一个咽喉同方向的出站信号机来共同指挥列车通过的。

(2)调车信号机设置顺序如下(按作用设):

①牵出线、专用线、编组线、到发线等向咽喉区调车做起始信号的调车信号机。

②起折返作用的调车信号机。

③起阻拦作用的调车信号机。

调车信号机按作用设置好后,为设计电路,按位置又分为以下类型:尽头式、单置、并置、差置、出站兼调车,进站内方带调车。

(五)道岔编号

(1)由上行列车到达方向起,顺序编为双数;由下行列车到达方向起,顺序编为单数。如车站一端有两个以上方向,道岔应按主要方向编号。

(2)在尽头站,向线路终点方向顺序编号。双动或多动道岔应连续编号。

(3)一个车站有几个车场时,每个车场的道岔必须单独编号,不得重复。为了区别车场,道岔号码使用3位数字。百位数表示车场号码,如101~109或201~299。个别车场的咽喉道岔超过50组时,可以用千位数编号,如1101、1103、1110、1112。

(六)轨道电路

轨道电路的划分原则如下:

(1)信号机前应划分为不同区段。

(2)能构成平行进路的,应设绝缘,划为不同区段。

集中道岔的绝缘节,岔尖一端的应装设在基本轨的接缝处;另一端的绝缘节应装设在警冲标外3.5m处,距警冲标的距离不足3.5m的绝缘节,则称为“超限绝缘节”。在车站信号平面图上应将超限绝缘节用圆圈标明,以便设计电路时采取安全措施。

(3)轨道区段内道岔数不超过3组。

(4)为提高效率,可将轨道电路适当划短,但不少于25m。

(5)集中区与非集中区分界处信号机外方应划分一轨道区段。

(七)股道编号

单线区段的车站,从靠近站舍的线路起,向远离站舍方向顺序编号;双线区段内的车站,从正线起向两边顺序编号,上行为双号,下行为单号。

技术技能3-2 基础识图

一 信号机符号

(一)信号机图形符号

信号机图形符号见表3-1。其基本定义为:X为下行进站信号机,S为上行选站信号机,Y为预告信号机,Yx为下行预告信号机,Ys为上行预告信号机。它们的编排序号是由站外向站内依次推进,上行端为奇数,下行端为偶数。各种信号机的画法、位置都有明确的规定:列车信号机位于列车进路的始端,因此,进站信号机位于每个车站接车进路始端防护接车进路，出站信号机位于发车进路始端防护发车进路。

信号机图形符号　　表3-1

图形符号	名称	图形符号	名称
	二显示信号机	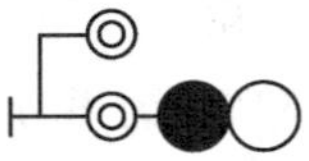	带引导及侧向指示器的二显示信号机
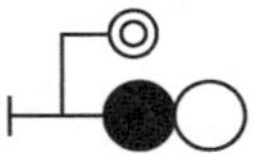	带侧向指示器的二显示信号机		三显示信号机
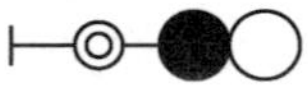	带引导信号的二显示信号机		

(二)常用信号机图形符号

常用信号机图形符号见表3-2。

常用信号机图形符号　　表3-2

图形符号	名称	图形符号	名称
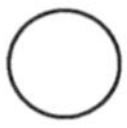	绿灯		空灯位
	黄灯	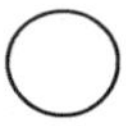	亮稳定绿灯
	红灯	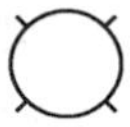	亮稳定黄灯
	月白灯		亮稳定红灯

(三)道岔图形符号

道岔图形符号见表3-3。

道岔图形符号　　表3-3

图形符号	名称	图形符号	名称
 A B C	普通单开道岔	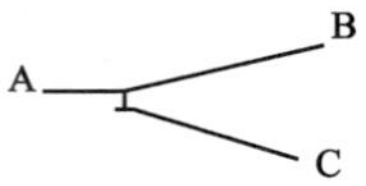 A B C	对开道岔
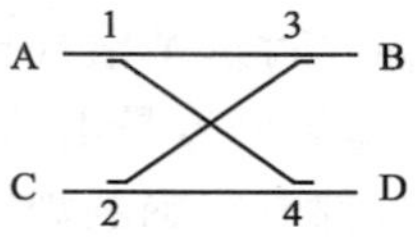 A B C D 1 3 2 4	菱形道岔	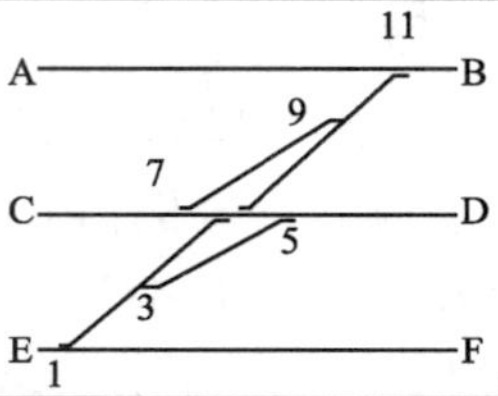 A B C D E F 1 3 5 7 9 11	复式交分道岔

(四)轨道电路图形符号

轨道电路图形符号见表3-4。

轨道电路图形符号 表3-4

图形符号	名称
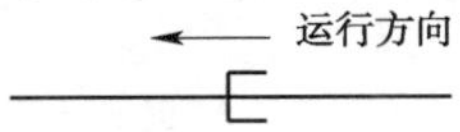 运行方向	轨道电路闭塞分区分界点(迎列车运行方向有ATP进路)
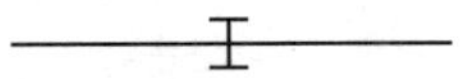	轨道电路闭塞分区分界点(正反方向均有ATP进路)
 运行方向	轨道电路分界点,前后不足一闭塞分区(迎列车运行方向有ATP进路)
	轨道电路分界点,前后不足一闭塞分区(正反方向均有ATP进路)
	超限绝缘

二 信号电路图图形符号

(一)继电器代号字母的含义

在安全型继电器的铁芯上装有两个线圈,第一个线圈的端子用1、2表示,第二个线圈的端子用3、4表示。在各种不同的电路中,电流都必须达到继电器的正常动作电流,以保证其正常工作。常用继电器代号的含义见表3-5。

常用继电器代号的含义 表3-5

序号	代号	含义	序号	代号	含义
1	A	安全	7	P	偏极
2	C	插入	8	Q	动合接点(前接点)
3	D	定位	9	W	无极
4	F	反位	10	X	信号、熄弧
5	H	缓放、动断接点(后接点)	11	Y	有极
6	J	继电器、加强接点、派生序号	12	Z	整流

(二)常用继电器型号、名称示例

常用继电器型号、名称示例,如图3-16所示。

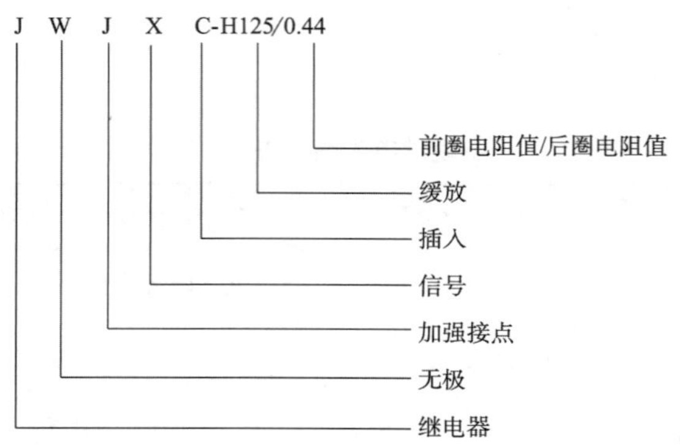

图3-16 常用继电器型号、名称示例

(三)常用继电器连接图形符号

常用继电器连接图形符号见表3-6。

常用继电器连接图形符号 表3-6

图形符号	名称	图形符号	名称
1 4	直流无极继电器(串联接法)	7 8	整流式继电器(串联接法)
1 4	直流偏极继电器(串联接法)	1 2 3 4	直流缓放型继电器(并联接法)
1 4	带缓放的直流无极继电器(串联接法)	1 2 3 4	偏极继电器(并联接法)
1 4	有极继电器(串联接法)		

复习检测

1. 维修道岔因某种原因人为把道岔锁在一定位置时，该道岔不应该再转换，这种锁闭叫作（　　）。

A. 道岔单独锁闭　　B. 道岔双锁闭

C. 人工锁闭　　D. 自动锁闭

2. 请判断对错：开放信号阶段，在进路锁闭后不必开放信号机。（　　）

3. 联锁表中，表示将27号道岔带到反位，正确的书写格式是________。

4. 正线出站信号机未开放时，进站信号机的________信号机不得开放；主体信号机未开放时，预告信号机或复示信号机不得开放。

任务 3.3 CI 设备维护与检修

理论知识

CI 系统是城市轨道交通车站基于微型计算机技术,保证行车安全的控制设备,在保障行车安全、节约运行成本、提高运输效率、降低劳动强度、改善劳动条件等方面都起着非常重要的作用。

CI 系统在规定的联锁条件和时序下,对进路、信号和道岔实行控制。同时,在满足继电联锁的技术条件和功能下,CI 系统对于来自控制台的错误操作及 ATS 系统的错误命令具有有效防护的能力。

一 CI 系统的组成

CI 系统通常采用冗余的工业控制计算机作为主控设备,由一套专用的软件来实现车站信号、进路、道岔间的联锁,通过接口设备与轨旁设备交换信息。设备室内设置监控机等人机交互设备,供维护人员对联锁系统进行操作。CI 系统的组成如图 3-17 所示。

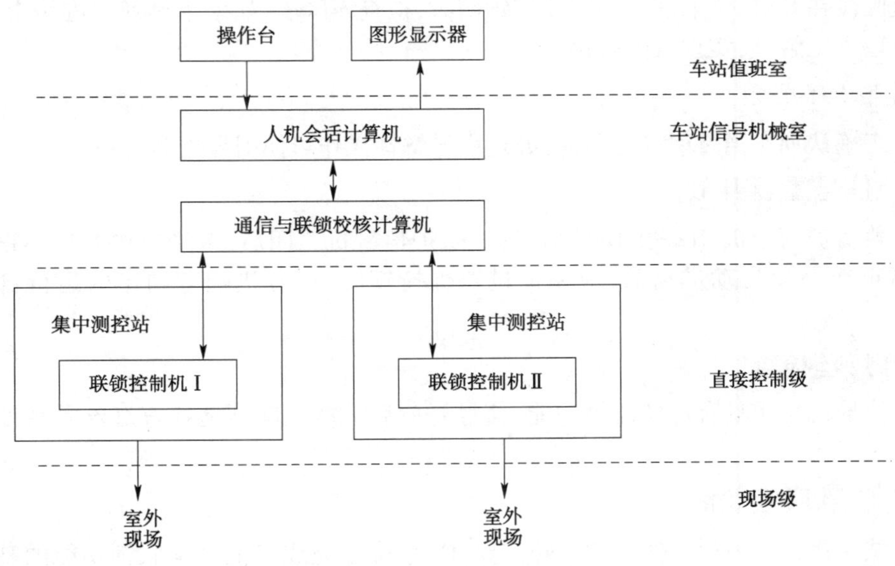

图 3-17 CI 系统的组成

二 CI 系统的主要功能

(一)进路的建立

根据需要,先确定相应进路的始端、终端,然后自动选出该进路及其保护进路,不能同时选出敌对进路。任何区段有车占用时,不允许办理经该区段的进路。

(二)进路的锁闭

进路的锁闭按时机分为进路锁闭和接近锁闭。进路锁闭是在进路选通,有关联锁条件具备时构成;接近锁闭是在信号开放后,接近区段有车占用时构成,当无接近区段时,信号开放后接近锁闭立即构成。

(三)进路的解锁

1. 正常解锁

锁闭的进路在其防护信号机关闭后,能随着列车的正常运行,使各轨道区段分段自动解锁。

2. 取消进路解锁

进路未处于接近锁闭的情况下办理取消进路时,在检查信号机关闭和进路空闲后,进路应立即解锁。列车进路取消后,其保护进路应随之自动解锁。

3. 进路人工延时解锁

当进路处于接近锁闭而列车未驶入进路的情况下需要解锁时,应办理进路人工延时解锁,也称人工解锁。办理列车进路人工解锁时,其保护进路在列车进路解锁后应随之自动解锁。

4. 区段人工解锁

轨道区段在开机、停电恢复和因故障锁闭时,检查该区段,如果未排列在进路中且空闲,应采取区段人工解锁,实现故障解锁。

5. 引导进路解锁

在人工确认列车通过引导进路后,办理引导解锁操作可使引导进路解锁。

(四)信号重复开放

进站兼防护信号机、出站兼防护信号机、防护信号机关闭后,未经再次办理不得重复开放。但当正线办理自动进路后,应使该进路保持锁闭,信号机随着列车的运行自动变换显示。

(五)灯丝检查

各类信号机均应具有灯丝监督功能,信号开放后应能不间断地检查灯丝是否处于良好状态。

(六)特殊联锁功能

根据城市轨道交通运营作业的特殊需要,CI 系统在完成以上基本联锁功能的基础上增加了新的控制功能,即扣车、紧急关闭。

紧急关闭的办理及解除仅由车站办理,紧急关闭操作不受站控/遥控状态的限制。

三 TYJL-Ⅱ型 CI 系统

(1)TYJL-Ⅱ型 CI 系统为车站各种作业提供安全保障。TYJL-Ⅱ型 CI 设备的机柜如

图3-18所示，TYJL-Ⅱ型CI系统构成如图3-19所示。

(2)TYJL-Ⅱ型CI系统硬件系统包括：

①主控系统：主要由联锁机、执表机组成。

②监控系统：主要由监控机（又称上位机）和控制台组成。

③接口系统：主要由采集电路、动态驱动设备和继电控制电路组成。

④辅助系统：主要由电务维修机组成。

⑤电源系统：其中监控系统和主控系统的微机设备均为主、备双套，并具有热备、自动切换功能。

图3-18　TYJL-Ⅱ型CI设备机柜直观图

(3)TYJL-Ⅱ型CI系统的特点如下：

①TYJL-Ⅱ型CI系统是完整的双机系统，其最大特点是单系统故障及维修时不影响整个系统的使用。

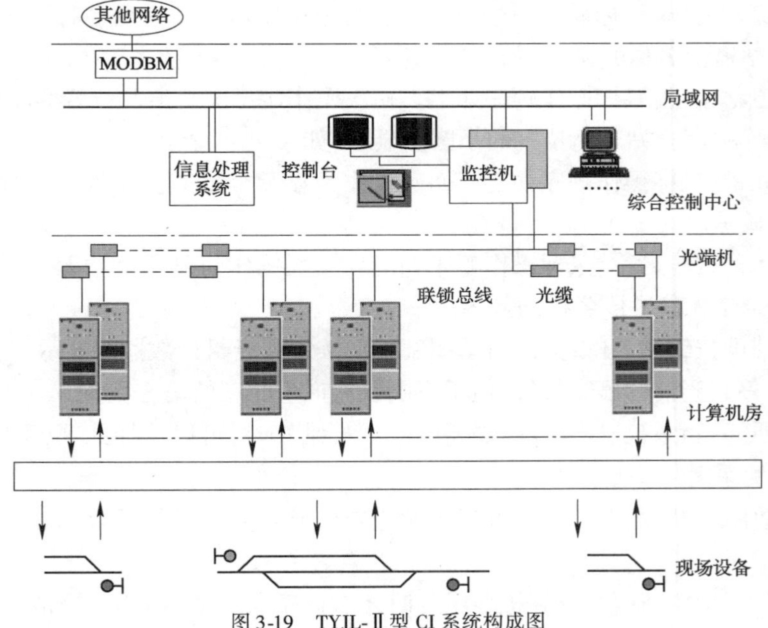

图3-19　TYJL-Ⅱ型CI系统构成图

②TYJL-Ⅱ型CI系统的切换主要有联锁机的切换、执表机的切换、监控机的切换，这些切换也称为系统的总线切换；另外，还有控制台的切换、动态电源极性的切换、动态电源的切换等。

③TYJL-Ⅱ型CI系统基本完整地保留了6502电气集中联锁电路对室外设备的控制和表示电路（如道岔电路、信号机电路等），以这些电路中的相关继电器（定/反操作继电器、定/反表示继电器、轨道继电器、信号继电器和灯丝继电器等）为接口提供控制和信息采集功能。

④TYJL-Ⅱ型CI系统沿用电气集中联锁使用安全型继电器控制现场设备的方式，而由

主控系统驱动板给出的动态脉冲需经功率放大方能驱动安全型继电器。TYJL-Ⅱ型CI系统使用具有故障安全性能的专用输出驱动电路实现此功能。该电路主要由动态驱动电源、动态继电器、偏极1000安全型继电器组成。

技术技能3-3 CI系统使用与维护

一 TYJL-Ⅱ型CI系统使用

鼠标移动到站名(如宁波东)文字(任意一个字)上,形状从箭头变成小手形状时,单击会弹出如下功能菜单:

(1)显示信号名称:移动鼠标将鼠标箭头指向菜单上的“显示信号名称”时,“显示信号名称”选项变为蓝底白字。这时单击鼠标,初次操作显示全站信号名称(如“Ⅻ”显示),再次操作关闭全站信号名称的显示(如“Ⅻ”不显示)。

(2)显示道岔名称:鼠标操作顺序如上。初次操作显示全站道岔名称(如“2”显示),再次操作关闭全站道岔名称的显示(如“2”不显示)。

(3)显示道岔位置:鼠标操作顺序如上。初次操作显示全站道岔位置的小圆点(如“·”显示),再次操作关闭全站道岔位置的小圆点显示(如“·”不显示)。

(4)接通光带:鼠标操作顺序如上。初次操作为显示全站道岔光带,再次操作为关闭全站道岔光带的显示。

(5)显示无岔区段名称:鼠标操作顺序如上。初次操作为显示全站无岔区段的名称,再次操作为关闭全站无岔区段名称的显示。

(6)显示辅助按钮:打开或关闭自动闭塞辅助按钮和铅封计数器的显示。

(7)停鸣:停止当前的语音报警,但不影响以后产生的新的语音报警。

(8)故障通知:当系统发生故障,需要电务人员维修时,可以选择此项,系统将此消息发送给计算机监测系统。

(9)取消故障通知:当电务人员得到故障通知或已经完成维修后,可以通过此项取消故障通知。

(10)缩屏:当站场用两个计算机显示屏时才有此项菜单显示;当一屏故障不显示时,可采用缩屏操作将全部站场缩小显示在一个屏幕上。在缩屏的情况下可以通过相同位置的“取消缩屏”命令取消以前的缩屏操作,使屏幕恢复正常。

(11)清除严重报警:当系统发生可能危及安全或有安全隐患的故障时,监控机会有“设备故障,请速联系电务维修”的报警显示。此时信号维修技术人员应立即通知电务人员,经电务人员确认并修复故障后,由电务人员来发放此命令清除报警字符显示。

(12)上电解锁:计算机停电恢复后,车务人员必须确认站场内无进路存在,方可使用上电解锁的方式一次性解锁站场上的所有轨道区段。否则,只可用区段故障解锁方式解锁不在进路上的区段。

(13)铅封计数:选择后显示“铅封计数”界面,可以查两个咽喉的破封按钮的使用情况,单击界面上的“关闭”按钮可以关闭界面。

二 TYJL-Ⅱ型CI系统维护

(一)日常维护

1. 日巡视

(1)在机柜上有明确的指示灯表示联锁机和执表机的工作状况。日巡视时,应注意观察、记录各种指示灯的状态,以判断系统的工作是否正常;检查主、备机是否处于热备联机状态。

(2)机柜电源层:STD5V 指示灯、采集 12V 指示灯、驱动 12V 指示灯应亮灯,灭灯表示电源故障。

(3)机柜 STD 层设有工作指示灯、备用指示灯、同步指示灯、联机指示灯,这些灯的状态表示联锁机的工作状态。

(4)正常工作时,主控机的工作灯应为绿灯稳定亮灯,8 位中央处理单元(CPU)运行灯、中断 2 灯及 1、2、4 组通信收发灯均应快速闪烁;备机的工作灯应熄灭,其备用灯、同步灯应为稳定亮灯,备机的运行灯、中断 2 灯及 1、2、4 组通信收发灯均应快速闪烁。

2. 巡视要求

(1)认真巡查各种指示灯,查看其显示是否正常。

(2)检查主、备机的工作状态是脱机、联机还是同步,并做记录。如果维修机上有报警记录、倒机记录,需分析报警及倒机的原因。

(3)询问值班员设备的运行情况和控制台、鼠标台的使用情况,发现问题及时解决。

(4)观察显示器画面的显示情况,如颜色是否清晰、画面是否稳定、时钟是否正常运行。

(5)监控机的开关上有三个指示灯和两个按键:第一个标注 POWER 的指示灯为电源指示灯;第二个标注 H. D. D 的指示灯为硬盘指示灯;第三个标注 KB-LK 的指示灯为键盘锁闭指示灯,红色自复式按键为复位键,蓝色非自复式按键为键盘锁闭键。蓝色按键按下时,第三个指示灯亮,表示键盘已锁。为了保证安全,最好将键盘锁闭,以免误碰。

(6)当设备出现异常现象时,及时将数据存盘。

(7)监控机和维修机的显示器在不使用时应关闭,以保护屏幕。

(二)系统的检修

1. 月测试要求

(1)每月测量联锁机、执表机机柜电源层面板上的各种电压,同时测量 STD 层、采集层、驱动层总线板的电压值并做记录。STD 层总线板电源输出应不小于 5V,总线板上的电压应不小于 4.8V;采集层、驱动层总线板电源输出应不小于 11.5V,总线板上的电压应不小于 11.3V。

(2)测量值只反映相应电源的输出,并不代表在 STD 层、采集层、驱动层总线板上的电压值;必要时测量 STD 层、采集层、驱动层总线板上的电压值。每月测量 UPS 和配电柜的各种电源输出,并做好记录。

2. 月、季的检修要求

(1)每周校对一次时钟。

(2)每月进行一次人工主、备机切换(包括联锁机、执表机、监控机),使主、备机轮流工作。

(3)每3个月进行一次UPS充放电,即在备机工作情况下,将备机UPS的220V电源断开,放电8min然后恢复。

(4)每3个月检查一次备用的动态电源,以确保备用动态电源完好。

(5)电源的输入电压是220V,观察原备用电源变为主电源后系统的工作情况。若系统工作正常,将断掉的原工作机的220V电源恢复,以保持A、B机电源处于热备工作状态。

(6)保持计算机房的温度及机柜的整洁,按规定周期清扫设备。在清扫、检查机柜时注意不要用力晃动各种板卡,以免造成虚接。

(7)定期检查备件的完好性,各种备用板卡最好存放于袋中防尘。

(8)定期做好防鼠工作,按时投放鼠药。

(9)设备出现异常工作的信息应存盘。

三 联锁设备常规维护内容、要求及周期表

联锁设备常规维护内容、要求及周期表见表3-7。

联锁设备常规维护内容、要求及周期表 表3-7

设备类型	维护内容	维护要求	建议周期
联锁设备	查看联锁计算机机柜外观	外观完好,加封加锁齐全	每季度不少于1次
	查看联锁计算机运行状态	设备运行状态正常,指示灯显示正确,开关或按钮位置状态正确,风扇无异常	
	查看联锁计算机告警信息、设备连接状态等信息	运行状态正常,无异常告警	
	查看联锁计算机时钟	时钟准确	
	检查联锁计算机板卡、插接器等部件	部件安装牢固	
	分析联锁计算机系统告警日志	记录异常结果	
	分析联锁计算机设备运行状态	记录异常结果	
	清扫联锁计算机机柜防尘网、过滤组件	完好、清洁	
	检查联锁计算机机柜接地	地线齐全、接地良好	每年不少于1次
	测量联锁计算机电气特性	符合设备设计要求	
	测量联锁计算机冗余功能	符合设备设计要求	
	测试联锁计算机自检功能	符合设备设计要求	

请完成实训3-2,见教材配套实训手册。

技术技能 3-4　CI 设备倒机操作

一　CI 设备日常巡视

(1)联锁机和执表机的工作状况在机柜上有明确的指示灯显示。应注意观察记录各种指示灯的状态,以判断系统的工作是否正常。检查主、备机是否在热备联机状态。

(2)观察显示器画面的显示情况,如颜色是否清晰、画面是否稳定、时钟是否准确。

(3)如发现异常,可进行设备倒机切换。

二　CI 设备倒机切换流程

(1)人工倒机须向车站值班员讲清要点,倒机必须在停止行车作业的情况下进行。

(2)维修人员应分别记录联锁和控显双机工作状态。

(3)扳动工作模式手柄,进行切换操作。

(4)切换操作结束后,工作模式手柄应扳回“自动位置”。

三　进一步操作 CI 设备

(1)确认机柜、上位机和维修机开关处于关闭状态。

(2)打开设备电源,启动联锁机、上位机、维修机,待全部计算机均正常启动后,观察联锁机面板各指示灯。

(3)按压备用联锁机的联机按键,使备机处于联机状态,在控制台上确认表示正常后办理全站道岔区段解锁。

(4)当全部道岔区段解锁完毕后,备用联锁机的同步灯应点亮,备机进入同步状态。

请完成实训 3-3,见教材配套实训手册。

复习检测

1. 下面属于 CI 系统非危险性故障的是(　　)。

A. 联锁程序运行异常　　B. 计算机掉电

C. 双机联锁动态信息不一致　　D. 联锁机和两个驱采机的通信同时

2. 绘制列车从一点到另一点移动的平面图,并简述办理进路的过程。

项目4

信号通信设备

学习目标

1. 了解城市轨道交通通信系统的构成。
2. 掌握各种信号通信设备的基本组成、功能及作用。
3. 能够根据操作规范完成信号通信设备的基础维修。

任务描述

1. 工作对象

待安装电话系统、广播系统、闭路电视监控系统、轨旁天线 AP、乘客信息系统各一套。

2. 工作内容

(1)领取所需要的工具,做好工作准备。

(2)正确识别各信号通信的基础设备,分辨并说出各零部件的名称和作用。

(3)熟悉基础设备的安装流程,反复确认各零部件的所在位置。

(4)安装完毕后检查各基础设备的安放位置是否正确。

(5)检查、评价工作质量;整理工具,清洁工作场地。

3. 工作目标与要求

(1)具备高度的安全意识。

(2)利用通信基础设备维修手册,团队合作制订并实施工作计划。

(3)能按规范的步骤,完成信号通信基础设备的安装,各零部件安装位置正确。

(4)在工作结束后,做好废料的处理工作,保持工作环境整洁。

项目思维导图

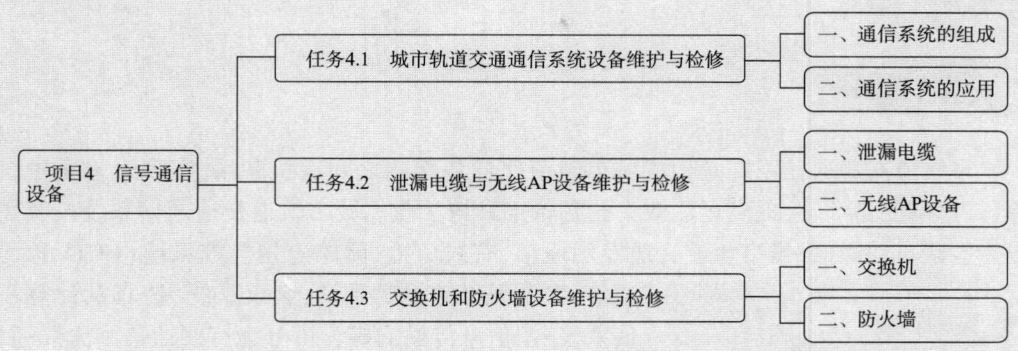

项目4 信号通信设备
任务4.1 城市轨道交通通信系统设备维护与检修
一、通信系统的组成
二、通信系统的应用
任务4.2 泄漏电缆与无线AP设备维护与检修
一、泄漏电缆
二、无线AP设备
任务4.3 交换机和防火墙设备维护与检修
一、交换机
二、防火墙

任务4.1　城市轨道交通通信系统设备维护与检修

理论知识

城市轨道交通通信系统是构成城市轨道交通各部门之间有机联系，实现运输集中统一指挥、行车调度自动化，提高运输效率的必备工具与手段。城市轨道交通通信系统按其用途可分为地区自动通信、城市轨道交通专用通信、有线广播、闭路电视监控系统（CCTV）、无线通信，以及子母钟报时系统、会议系统、传真及计算机通信系统；按信息传输的媒介可分为有线通信和无线通信，其中，有线通信又可分为光缆通信和电缆通信。城市轨道交通通信是既能传输语言，又能传输文字、数据、图像等各种信息的综合数字通信网。

图4-1　控制中心

通信传输系统是系统各站点与中心及站与站之间信息传输、不同线路之间信息交换的通道。控制中心如图4-1所示。

一　通信系统的组成

（一）通信传输系统结构组成

通信传输系统由光纤骨干网、网络节点、用户接口卡等组成。光纤骨干网贯穿整个传输介质，有光纤、电缆两种传输介质。短距离传输使用电缆或多模光纤和LED光源，长距离传输只能使用单模光纤。

网络节点是用户访问网络、使用网络的途径，可为用户接口卡提供电源，接收用户接口卡信息并发送到光纤网络，同时接收光纤网络信息并传送到用户接口卡。

用户接口卡是用户接入系统的硬件工具，可使自身系统无限向外延伸，它有硬件和软件两种形式：硬件，即通过板卡自身跨接线和微动开关实现接入系统；软件，即通过网络中心实现接入系统。

（二）网络结构特点

城市轨道交通通信系统要为其他系统提供灵活可靠的信息传输通道。城市轨道交通的网络一般采用环形网络结构。这种结构由两个环路连接：一个环路运行，负责传输信息，成为主环；另一个环路备用，作为次环，确保随时启动。这种结构需要电缆少，当主环发生故障时，能自动切换到次环以保持正常通信。

（三）节点间的连接方式

节点间的连接方式有两种：环路连接和链路连接。环路连接方式：每个光/电收发器模块分别和前一节点和后一节点通信。链路连接方式:一个光/电收发器负责与前一节点通信,而另一个光/电收发器负责与后一节点通信。

与环路连接方式相比,链路连接方式可以在同一节点针对不同连接距离采用不同的波长或收发器模块(光或电)。例如,短距离传输使用850nm的光收发器模块,而长距离传输使用1300nm的光收发器模块;或者在长距离传输时使用光收发器模块,在短距离传输时使用电收发器模块。

二 通信系统的应用

城市轨道交通通信系统按设备可分为电话系统、广播系统、闭路电视监控系统、时钟系统、无线通信系统。

(一)电话系统

电话系统(图4-2)为城市轨道交通的管理、运营和维修人员提供语音服务。电话系统主要分为公务电话系统和专用电话系统。目前,部分新建城市轨道交通线路采用公务、专用电话系统合并设计的方案,即公务、专用电话系统软、硬件分别设置,具有功能独立、维护管理独立的特点。

图4-2 电话系统

(二)广播系统

在城市轨道交通运营中,广播系统(图4-3)主要用于控制中心调度人员、车站值班员、站台值班员向车站乘客提供如下服务:

(1)公众语音广播。

(2)通告城市轨道交通列车运行状况。

(3)提供安全、向导等服务信息。

(4)向工作人员发布作业通知。

(5)当车站发生火灾等事故时,广播系统可兼作消防广播(包括防灾内容紧急广播)。

图4-3 广播系统

(三)闭路电视监控系统

闭路电视监控系统是安全技术体系中的重要组成部分(图4-4),是一种领先的、防护能力很强的系统,可以通过遥控摄像机查看被监视地点的情况。同时,闭路电视监控系统可与防盗报警系统联动运行,使防范能力更加强大。

图4-4 闭路电视监控系统

(四)时钟系统

时钟系统(图4-5)为控制中心调度员、车站值班员、列车司机、各部门工作人员及乘客提供统一的标准时间信息，为城市轨道交通其他系统的中心设备提供统一的时间信号。时钟系统的设置对保证城市轨道交通运行计时准确、提高运营服务质量起到重要作用。

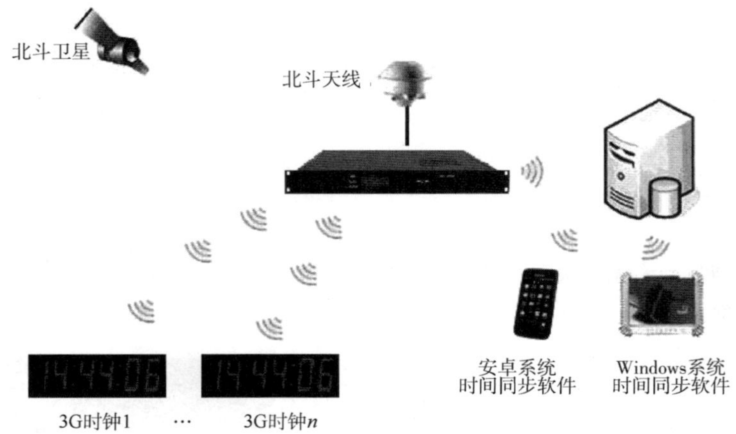

图4-5　时钟系统

(五)无线通信系统

无线通信系统(图4-6)为行车调度员、车站值班员、司机，以及公安、维修等用户提供通信方式。无线通信主要采用数字集群式调度系统、信道等几种控制方式。

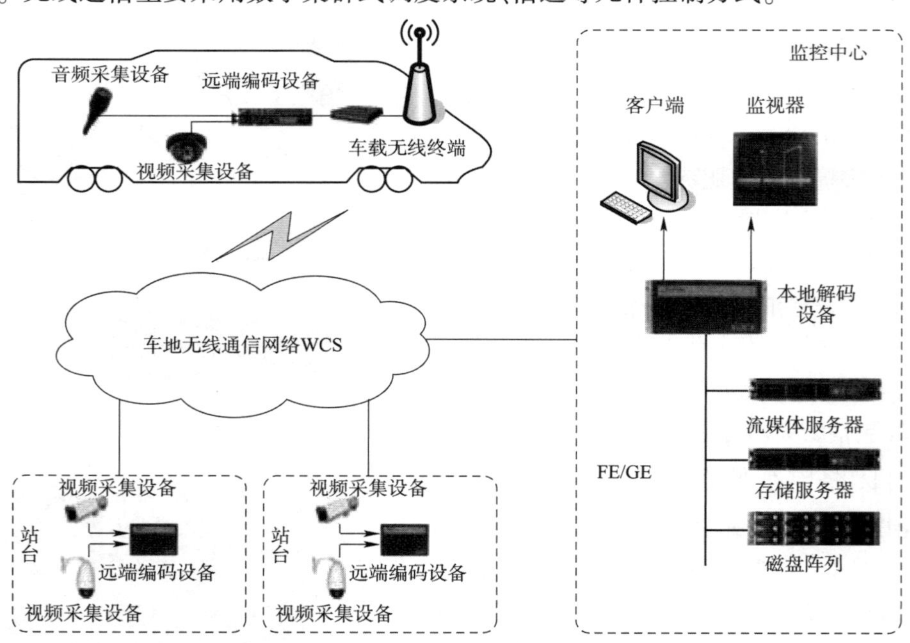

图4-6　无线通信系统示意图

城市轨道交通无线通信系统除了能提供列车运营需要的列车无线调度通信和车辆段无线通信外，根据城市轨道交通实际的运营管理情况，还必须提供管理所需的必要的调度通信，如日常维修的维修调度无线通信、紧急情况下防灾调度无线通信以及必要的站务无线通信等。

复习检测

1.(　　)是安全技术体系的重要组成部分,是一种领先的、防护能力很强的系统,可以通过遥控摄像机查看被监视地点的情况。

A. 闭路电视监控系统　　B. 广播系统

C. 时钟系统　　D. 电话系统

2. 广播系统主要用于________、车站值班员、________向车站乘客提供服务。

3. 通信传输系统由光纤骨干网、________、________、等组成。

4. 通信系统按其用途可分为哪几种?

任务 4.2　泄漏电缆与无线 AP 设备维护与检修

理论知识

CBTC 系统,通过车-地双向数据通信的方式对列车进行控制和监督,增强列车运行安全的操作与管理,提高了列车的安全性和运输效率。无线 CBTC 系统是列车控制系统的发展方向。当下 CBTC 系统中应用的车-地双向无线通信方式有泄漏电缆、交叉感应环线方式和无线移动通信方式(如卫星通信、铁路数字移动通信系统(GSM-R)、特高频(UHF)电波等)。

一　泄漏电缆

泄漏同轴电缆(Leaky Coaxial Cable)简称泄漏电缆或漏泄电缆,由内导体、绝缘介质和开有周期性槽孔的外导体 3 部分组成,如图 4-7 所示。电磁波在电缆中传输时,会通过槽孔向外界辐射电磁波;而外界的电磁场同时可以通过槽孔被感应到,并通过泄漏电缆内部并传送到接收端。目前,泄漏电缆的频段覆盖范围为 450M ~ 2GHz,适应现有的各种无线通信体制,应用场合包括无线传播受限的地铁、铁路隧道和公路隧道等。

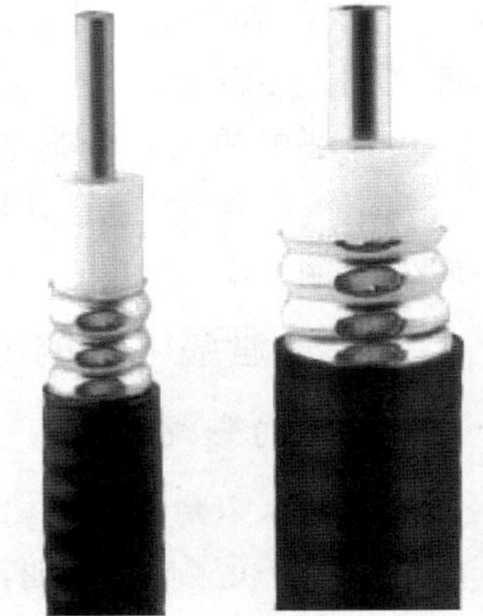

图 4-7　泄漏电缆

(一)泄漏电缆的特点

(1)使用频率宽,场强幅度均匀、稳定,抗高压。

(2)信号覆盖均匀,特别适用于隧道等相对有限的空间。

(3)泄漏电缆绝缘在特性阻抗、驻波系数、衰减等方面更加稳定。

(4)抗潮能力强,延长了产品使用寿命。

(二)泄漏电缆的工作原理

在基站与移动站之间的通信通常依靠无线电传送电磁波。目前,通信业的不断发展,越来越要求基站和移动站之间能够随时随地接通,甚至在隧道中也能实现通信。但是在隧道中,电磁波传播的结果并不理想,在隧道中利用天线进行信号传输也有一定难度,所以关于泄漏电缆的研究开始产生并逐渐发展。图4-8所示为一发射站位于隧道口的典型图例。

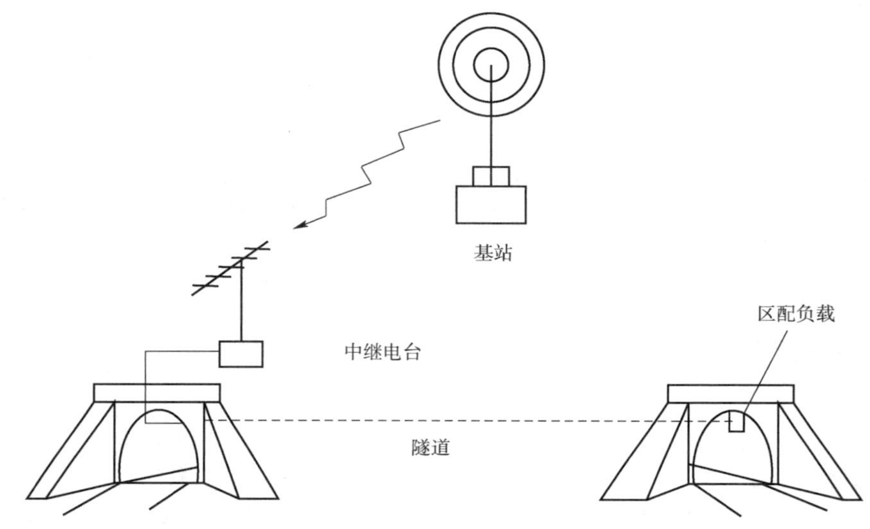

图4-8 发射站位于隧道口的典型图例

横向电磁波通过同轴电缆从发射端传至电缆的另一端。当电缆外导体完全封闭时,电缆传输的信号与外界是完全屏蔽的,电缆外没有电磁场。外界的电场也不会对电缆内的信号造成影响。

然而,通过同轴电缆外导体上所开的槽孔,电缆内传输的一部分电磁能量发送至外界环境。同样,外界电磁能量也能传入电缆内部。外导体上的槽孔使电缆内部电磁场和外界电波之间产生耦合。

泄漏电缆的一个典型应用例子就是编织外导体同轴电缆,绝大部分能量以内部波的形式在电缆中传输,但在外导体覆盖不好的位置点上,就会产生表面波,沿着电缆正向或逆向向外传输。

(三)泄漏电缆的电性能指标

1.纵向衰减

衰减常数是体现电磁波在电缆内部所传输能量损失的最重要特性。普通同轴电缆内部的信号在一定频率下,随传输距离延长而变弱。衰减性能主要取决于绝缘层的类型及电缆的大小。

而对于泄漏电缆来说,周边环境也会影响衰减性能。因为电缆内部少部分能量在外导体附近的外界环境中传播，所以衰减性能也受外导体槽孔排列方式的影响。

2. 耦合损耗

耦合损耗是描述电缆外部因耦合产生且被外界天线接收的能量大小的指标，被定义为特定距离下，被外界天线接收的能量与电缆中传输的能量之比。由于影响是互动的，可用类似的方法分析信号从外界天线向电缆的传输。

二　无线 AP 设备

无线 AP 设备是将无线信号接入轨旁有线以太局域网的无线设备。无线 AP 设备沿轨道线路设置，安装在桅杆或车站的建筑物上，或安装在轨旁的隧道壁上，如图 4-9 所示。

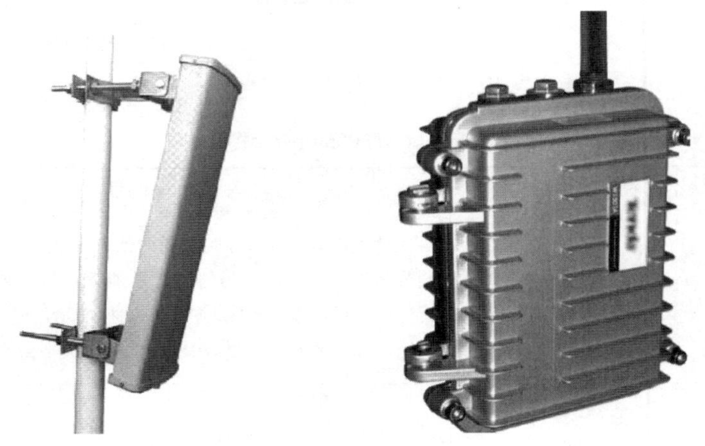

图 4-9　无线 AP 设备的实地安装场景

由于城市轨道交通轨道的线性特征，轨旁无线 AP 设备采用定向天线来取得更高的接收信噪比和更大的无线覆盖范围。车辆段和停车线由于具有较大的弯度，为了达到全线覆盖，采用大角度定向天线，使系统对于无线信道的衰落具有较强的抵抗能力。

车载移动电台（MR）和轨旁无线 AP 设备均采用业界卓越品质的系列无线通信设备。以该设备为基础的无线通信，具有较小的传输延时和高可靠性。

无线局域网（WLAN）工作在基础设施模式（Infrastructure），即所有列车和有线网络间通信都通过 AP 进行。几个 AP 能连接在一起形成更大的网络，允许无线设备在其中漫游，定义为扩展服务集（ESS）。MR 可在所有设置为同一扩展服务集的基站之间漫游，当相邻基站覆盖区域彼此重叠时，可以实现无缝切换。

技术技能 4-1　移动台——Motorola MTP850 的使用

Motorola MTP850（图 4-10）图标说明见表 4-1。

图 4-10　Motorola MTP850

Motorola MTP850 图标说明　　表 4-1

图标	图标名称	说明
	信号强度(TMO)	支持用户检查进行呼叫之前的信号强度,6 根短线全部显示表示信号最强。在信号微弱的区域可能无法发送或接收呼叫和消息。无短线表示不在服务区。转移到图标显示信号更强的地带,再重试呼叫。在直通模式组呼(DMO)中,屏幕上不会显示此图标
	直通模式下的信号强度	表示当前有一个直通模式组呼
	直通模式	当 Motorola MTP850 处于直通模式时,对讲机屏幕将显示该图标
	主菜单条目/上下文相关菜单	启用后,主菜单条目/上下文相关菜单将出现在 MENU 键上方
	未读(新)短消息	表示信箱中有未读消息
	收到新消息	由于目前正在进行某项操作,信箱不会自动打开。对讲机屏幕将一直显示该图标,提醒用户查看新消息
	扬声器关闭	表示 Motorola MTP850 正处于低音频模式。在私密呼叫过程中,用户通过耳机接听呼叫
	电池强度	显示电池剩余电量。实心图标表示满容量。当电池电量仅可支持几分钟通话时,该图标将闪烁。在充电或使用车载装置时,该图标也会闪烁

续上表

图标	图标名称	说明
	紧急呼叫	当 Motorola MTP850 处于紧急呼叫模式时,对讲机屏幕将显示该图标
	信道扫描	表示 Motorola MTP850 启用了信道扫描特性
	列表滚动	只要用户选定该选项,对讲机屏幕就会显示该图标,表示用户正在使用旋钮滚动查看列表

一 LED 状态指示灯

LED 指示灯表示对讲机的工作状态见表 4-2。

工作状态表 表 4-2

LED 状态	说明	LED 状态	说明
绿灯长亮	正在使用	红灯闪烁	对讲机在开机时正在连接网络/进入直通模式
绿灯闪烁	在系统覆盖范围内	橙色闪烁	由呼叫正在呼入
红灯长亮	不在系统覆盖范围内	没有指示灯显示	关机

二 待机屏幕(空闲屏幕)

开机、未使用的对讲机的屏幕显示为标准待机屏幕(图 4-11)。

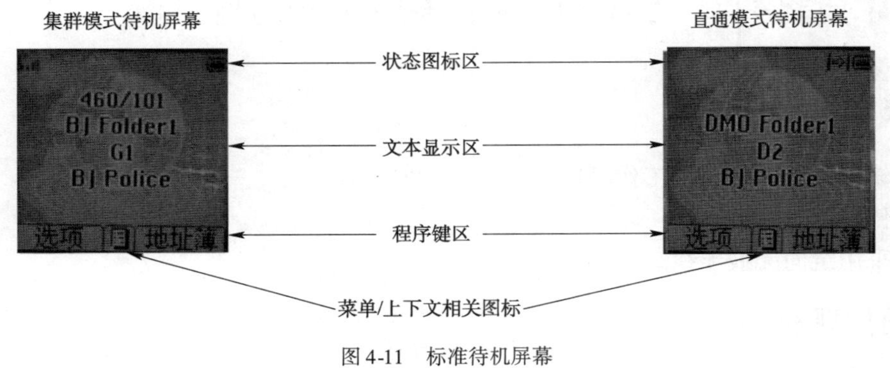

图 4-11 标准待机屏幕

三 紧急呼叫键

按下紧急呼叫键,对讲机将进入紧急呼叫模式。紧急呼叫模式既可在集群模式(TMO,标准模式)下作用,也可在直通模式(不经系统)下作用。发起紧急呼叫的对讲机 ID 或用户别名将显示在所有接收对讲机的屏幕上，包括调度对讲机。

四 旋钮

锁定旋钮，防止旋钮意外动作。

(1)锁定旋钮的步骤：按下并按住旋钮。

(2)解锁旋钮的步骤：再次按下并按住旋钮，关机后再开机，将自动解锁先前锁定的旋钮。

(3)借助旋钮，用户可以调节音量、查看通话组列表（两用旋钮）。按下旋钮，对讲机状态在音量调节功能和滚动查看列表功能之间切换，如果旋钮未作用时间达到预先设定的限度，旋钮将默认返回音量调节功能。

五 TETRAD-Motorola MTP850 的呼叫

(1)集群模式组呼：用户与自己选择的通话组中的其他成员之间的即时通信；组呼参与者可以在组呼过程中加入（新增）和退出该组呼；通话组是预先规定的一组用户，可以加入和（或）发起组呼；按下并按住 PTT 键，通话，松开 PTT 键，接听。

(2)私密呼叫：两个用户之间的呼叫，其他对讲机均无法听到通话内容。按下并按住 PTT 键，等待对讲机发出“允许通话”铃声（如果配置了），然后松开 PTT 键，接听通话。

(3)直通模式组：仅在紧急情况下使用，用户可以与同组的终端通信，组呼方式和集群方式相同。

请完成实训 4-1，见教材配套实训手册。

技术技能 4-2 无线 AP 设备维护（养护与检修）

一 技术规范

(1)轨旁无线通信系统工作频段：2.4G～2.483GHz。

(2)传输速率：2Mbps。

(3)采用定向无线天线。

二 操作规程

(1)当 AP 供电或电源模块出现故障更换后重新供电时，AP 重新启动需要遵循以下操作规程：

①打开 AP 电源开关。

②系统启动过程中，密切留意系统启动信息。

③启动完成后，对系统设备进行全面检查。首先，检查 AP 的状态显示；其次，检查 AP

连接是否正常。

(2)当 AP 维护或出现故障需要关机时,AP 关机需要遵循以下操作规程:

①关闭所有 AP 电源。

②关闭 AP 电源模块的开关。

(3)检查环境。

①检查设备安装环境,应无漏水或积水。

②检查柜门关闭是否良好,锁头是否完好、动作灵活。

三 无线 AP 设备的养护与检修

(一)无线 AP 设备常规维护内容、要求及周期表

无线 AP 设备常规维护内容、要求及周期表见表 4-3。

无线 AP 设备常规维护内容、要求及周期表 表 4-3

设备类型	维护内容	维护要求	建议周期
轨旁无线 AP 设备	检查设备安装环境	无漏水或积水	每季度不少于一次
	检查柜门关闭是否良好、锁头是否完好	完好,动作灵活	
	检查设备及箱盒外观、铭牌、标志是否完好	齐全,完好	
	检查箱盒密封性	密封良好	
	安装螺栓清洁	清洁	
	检查设备和箱盒安装螺栓	紧固,无锈蚀	
	检查电缆连接及地线	紧固,无锈蚀	
	检查设备工作状态	符合设备设计要求	
	测量电气参数	符合设备设计要求	

(二)二级维护过程

(1)清洁 AP 箱。

①检查 AP 箱上是否堆积泥土或其他凝结物。如有,将其清除,保持 AP 箱表面洁净。

②用软毛刷子和白毛巾清除所有天线线缆接口的凝结物或灰尘,保持天线线缆接口洁净。

(2)检查天线、AP 箱是否密封紧固。

①检查天线、AP 箱紧固情况,确定所有固定架都紧固;如有松动,重新紧固。

②检查 AP 箱密封是否完好。

(3)检查尾纤插头及防雷光纤盒是否紧固。

(4)AP 箱线缆及防雷端子整治。

①检查天线接头和电缆、光缆的接头是否有损坏和松脱、线缆是否老化,对损坏部分进行修理或更换。

②检查地线固定螺栓是否牢固,必要时重新紧固;检查螺栓是否生锈。

③检查防雷单元。防雷端子应完好。

(5)电气测试。

①测试AP箱24V电源输出的电压,输出的电压应在设计范围之内。

②测试AP箱输入电压是否在设计范围内。

(6)天线功能测试。

①观察天线的安装角度是否正确,天线应水平方向安装。

②测试各处的无线信号场强,确定所有区域场强均符合要求。

③记录检查(包括所有有关部件的检查)和测试日期、结果,记录结果应详细、准确。

请完成实训4-2,见教材配套实训手册。

复习检测

1. 当下CBTC系统中应用的车-地双向无线通信方式有________、交叉感应环线方式和无线移动通信方式。

2. 无线AP设备是将________接入轨旁有线以太局域网的无线设备。

3. 泄漏电缆有哪些特点?

任务4.3　交换机和防火墙设备维护与检修

理论知识

一　交换机

(一)概念

交换机(Switch,译为“开关”)是一种用于电信号转发的网络设备,可以为接入交换机的任意两个网络节点提供单独的电信号通路,如图4-12所示。常见的交换机是以太网交换机,其他常见的交换机还有电话语音交换机、光纤交换机等。

图4-12　交换机

(二)工作原理

交换机的控制电路接收到数据包以后,由处理这些数据的端口找到内存中的地址对照表,明确目的MAC(网卡的硬件地址)的NIC(网卡)接在哪个端口上。通过内部矩阵将数据包传送到目的端口,目的

MAC 若不存在,广播到所有的端口,接收端口回应后交换机可以“学习”MAC 地址,并把其存放在内部地址表中,通过在数据帧的始发者和接收者之间建立临时的交换路径,使数据帧直接由源地址到达目的地址。使用交换机也可以把网络“分段”。通过对照 MAC 地址表,交换机只允许必要的网络流量通过交换机。交换机的工作原理如图 4-13 所示。

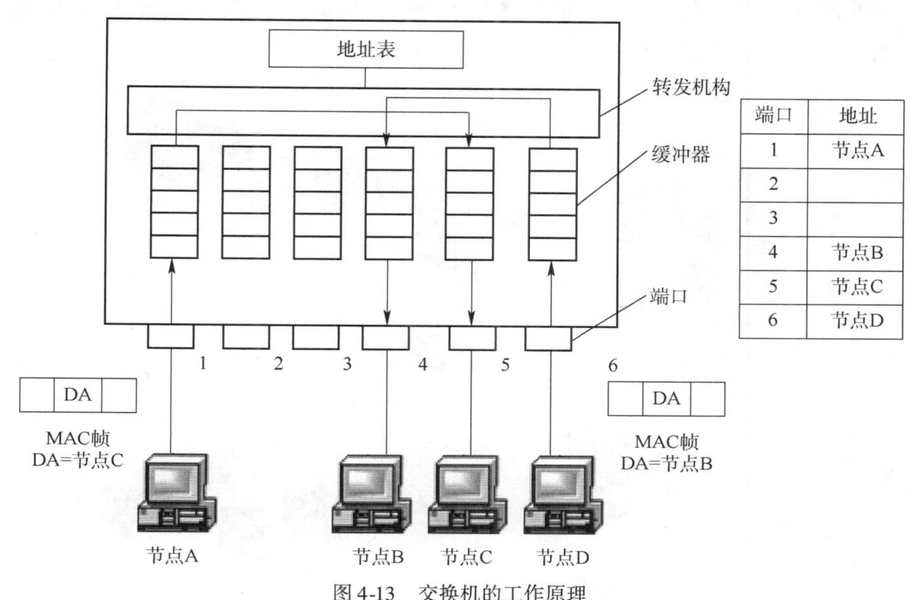

端口	地址
1	节点A
2	
3	
4	节点B
5	节点C
6	节点D

图 4-13　交换机的工作原理

交换的过滤和转发,可有效减少冲突域,但它不能划分网络层广播及广播域。交换机在同一时间点可以进行多个端口对间的数据传输。每个端口都可当作独立的网段,连接在它上边的网络设备可在多个端口对之间进行数据传输。同时,每个端口可视为独立的网段,与它连接的网络设备都可以独自享有全部的带宽,而无须与其他的设备竞争使用。当 A 节点向 D 节点发送数据时,B 节点可同时向 C 节点发送数据,而且这两个传输都享有网络的全部带宽,都有自己的虚拟连接。

以 10Mb/s 的以太网交换机为例,该交换机总流量为 2 × 10Mb/s = 20Mb/s,而使用 10Mb/s 的共享式多端口转发器(HUB)时,一个 HUB 的总流量不会超出 10Mb/s。因此,交换机是一种基于 MAC 地址识别,可实现封装转发数据帧功能的网络设备。

(三)功能

交换机的基本功能可概括如下:

(1)交换机将局域网分为多个冲突域,每个冲突域都有独立的带宽,因此,大幅提高了局域网的带宽性能。

(2)交换机提供了大量可供线缆连接的端口,因此,可采用星形拓扑布线方式。

(3)交换机在每个端口上都使用相同的转发逻辑或过滤逻辑。

(4)当交换机转发帧时,会重新产生一个不失真的方形电信号。

(5)交换机还提供了更先进的功能,如虚拟局域网(VLAN)。

二 防火墙

防火墙(Firewall)是一种特殊编程的路由器,它安装在一个网点和网络的其余部分之间,目的是实施访问策略。这个访问策略由使用防火墙的部分自行制定。防火墙一般位于因特网和内部网络之间,因特网一般被称为防火墙的外面,内部网络被称为防火墙的里面。防火墙功能示意图如图4-14所示。

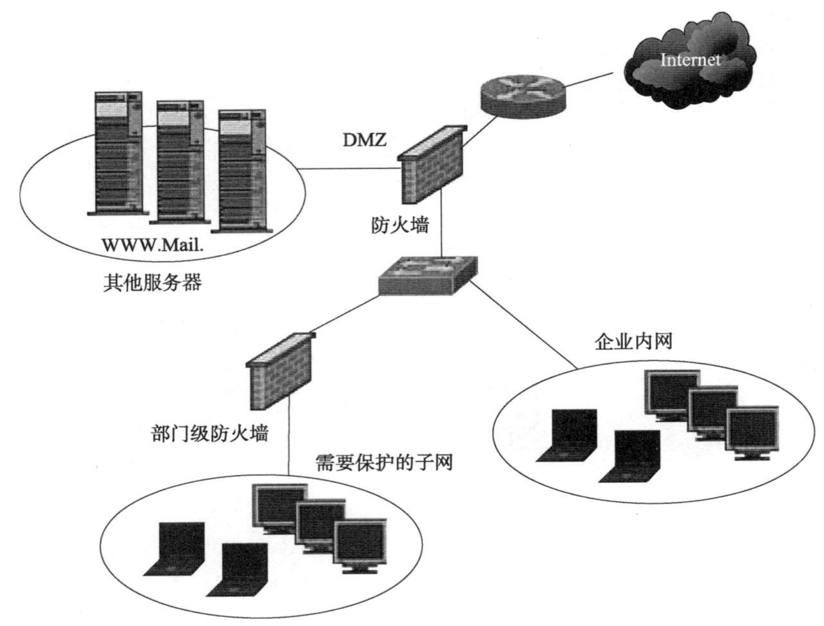

图4-14 防火墙功能示意图

防火墙的功能有两个:一个是“阻止”,另一个是“允许”。“阻止”就是要阻止特定种类的流量经过防火墙(流量从外部网络进入内部网络,或是反过来)。“允许”的功能与“阻止”的功能恰好相反。

防火墙需要识别各种流量的类型。在大多数情况下,防火墙的功能是“阻止”。但是,“绝对阻止所不希望的通信”和“绝对防止信息泄漏”一样,往往比较难做到。直接使用一个商用的防火墙一般不能得到必需的保护,但适当配置防火墙则可将安全风险降低到可接受的水平。

防火墙技术一般分为两类:

(1)网络级防火墙:主要用来防止整个网络出现外来的非法入侵。属于这类防火墙的有分组过滤路由器(Packet Filtering Router)和授权服务器(Authorization Server)。前者检查所有流入网络的信息,拒绝与事先定下的准则不符合的数据;后者能够检查登录的合法性。

(2)应用级防火墙:从应用程序进行访问,通常通过使用应用网关和代理服务器(Proxy Server)区分各种应用。

图4-14所示的防火墙包括两个分组过滤路由器和一个应用网关,通过两个局域网连接

在一起。

这两个分组过滤路由器都是标准的路由器,但增加了一些功能,即对每一个通过的分组进行检查。这两个路由器中的一个专门检查进入内联网的分组,而另一个则检查出去的内联网分组。符合条件的分组能够通过,否则就丢弃。使用两个局域网的原因是,使穿过防火墙的各种分组必须经过分组过滤路由器和应用网关的检查,而没有任何其他的路径。

分组过滤是靠查找系统管理员所设置的表格来实现的。表格列出了可接受的或必须进行阻挡的目的站和源站,以及其他一些通过防火墙实现的规则。

复习检测

1. 简述交换机的主要功能。
2. 简述防火墙技术的分类。

项目5

信号电源设备

学习目标

1. 了解城市轨道交通信号电源系统的主要设备。
2. 掌握信号电源设备的基本组成、功能、作用。
3. 能够根据操作规范完成信号电源设备的维修。

任务描述

1. 工作对象

信号电源设备，主要包括信号电源屏、信号UPS及蓄电池等。

2. 工作内容

(1)了解各信号电源主要设备及主要特性。

(2)熟悉各信号电源主要设备的接线和安装。

(3)熟悉各信号电源设备的维护与检修流程，掌握设备维护与检修内容。

(4)按照维护与检修规范要求完成对信号电源设备的日常维护。

(5)检查、评价工作质量，整理工具，清洁工作场地。

3. 工作目标与要求

(1)维护与检修工作人员应具有安全意识。

(2)能够利用各信号电源设备维护手册，制订并实施工作计划。

(3)能按规范的步骤，完成信号电源设备的维护与检修。

(4)在工作结束后，做好维护与检修记录，工具归位，保持工作环境整洁。

项目思维导图

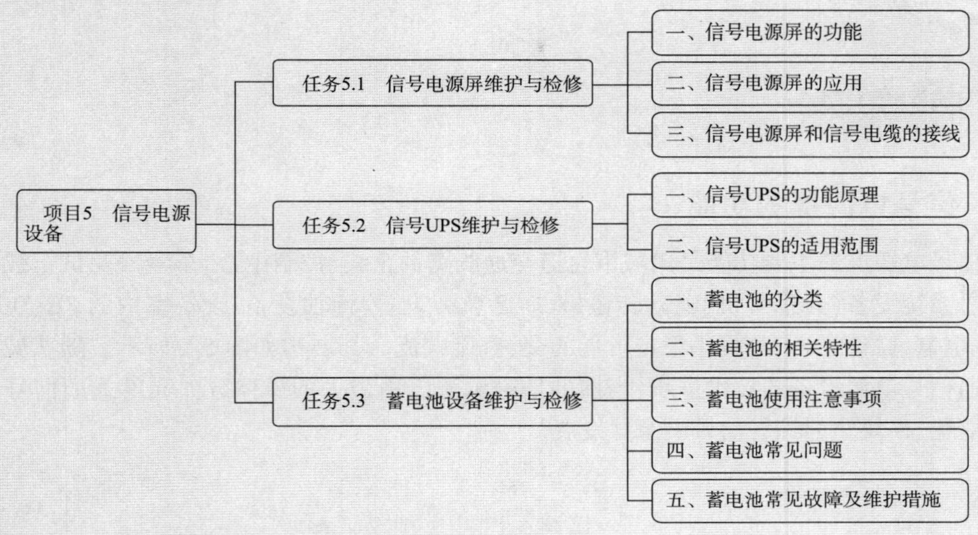

项目5　信号电源设备
任务5.1　信号电源屏维护与检修
一、信号电源屏的功能
二、信号电源屏的应用
三、信号电源屏和信号电缆的接线
任务5.2　信号UPS维护与检修
一、信号UPS的功能原理
二、信号UPS的适用范围
任务5.3　蓄电池设备维护与检修
一、蓄电池的分类
二、蓄电池的相关特性
三、蓄电池使用注意事项
四、蓄电池常见问题
五、蓄电池常见故障及维护措施

任务5.1　信号电源屏维护与检修

理论知识

一　信号电源屏的功能

信号电源屏的主要功能是向城市轨道交通线路的正线、控制中心、车辆段及试车线的所有信号系统设备（含信号机、电动转辙机、DCS轨旁设备、计轴设备、设备室内的ZC、DCS设备、继电器、联锁设备等）提供稳定可靠的交、直流电流。其结构如图5-1所示。随着城市轨道交通信号电源设备的技术进步，当前的信号电源已由过去的单体分立元件式的信号电源向智能化、模块化的综合信号电源屏发展。

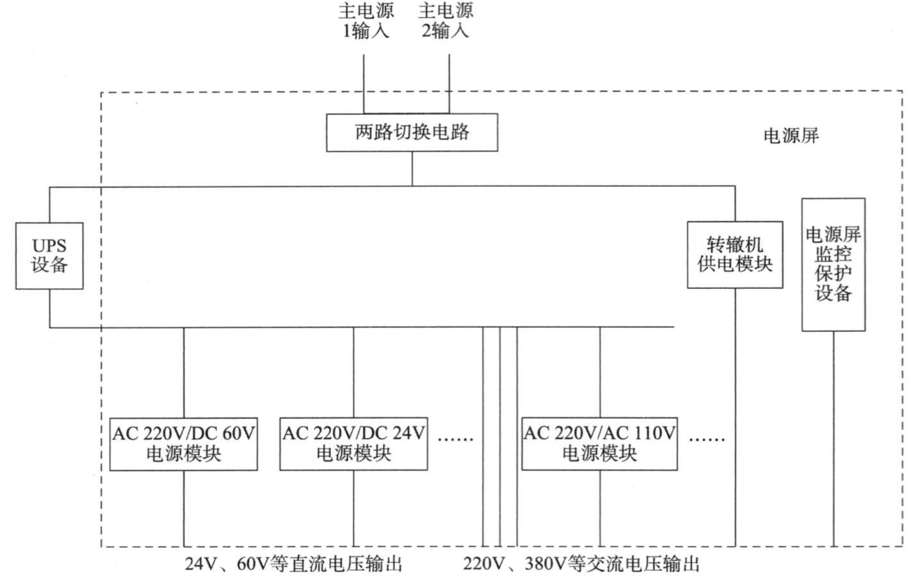

图5-1　信号电源屏的结构

（一）信号电源屏的原理

城市轨道交通中使用的信号电源屏多是模块化信号电源屏，根据不同的用电要求，通过选配不同的高频开关电源模块，实现智能化供电。直流模块采用$N+1$均流并联方式，交流三相转辙机模块采用1+1热备，交流230V通过UPS输出配电直接输出。

（二）信号电源屏的功能要求

1. 可靠性高

所有元器件均降额使用，延长使用寿命；电源模块采用备份方式，以确保系统可靠性高。

2. 适应性强

(1)能够在较大温度范围内正常工作。例如,温度为 -5 ~ +50℃时,在没有空调的房间能可靠正常运行。

(2)较大的允许工作电压范围,如 AC 380V/220V×(1±25)%,特别适用于电网电压不稳定的电化区段。

(3)电磁兼容性好,不影响其他电子设备的正常使用。

3. 可维护性好

(1)能够进行故障定位,显示故障信息。

(2)除集中液晶显示外,所有电源模块均设有电压、电流、频率、相位数字显示装置。

(3)电源模块可实现热机插拔,在线维护简单、快捷。

(4)输入配电和输出配电采用抽屉式插框的方式,维护方便。

4. 自我保护功能完善

(1)输入过/欠压保护。

(2)输出过压/限流/短路保护。

(3)完善的雷击防护措施。

(4)模块过温保护。

5. 绿色环保

(1)工作效率高:单个电源模块效率大于90%,整机系统效率大于80%。

(2)高功率因数:所有电源模块功率因数超过0.9,尽量减少前级供电系统的无功损耗,减少投资费用,降低运营成本。

(3)低噪声:采用新的电子技术或产品,避免工频噪声和风扇运转噪声。

(4)无污染:避免模块内部高次谐波对外电网的污染,电磁兼容性好。

二 信号电源屏的应用

城市轨道交通应用的智能综合信号电源屏一般采用高频开关和有源功率因数校正技术。其提供的电源主要包括直流电和交流电,其中,交流电分为50Hz和25Hz两种。智能综合信号电源屏的应用分别通过信号电源屏的直流模块和交流模块来实现。

(一)直流模块

在实际工作中,1台直流电源往往不能满足系统要求,一般采用一定规格的模块电源,按照串联或并联方式,分别达到扩展输出电压、输出电流、输出功率的目的。

城市轨道交通信号电源系统的直流模块多采用 $N+M$ 均流并联冗余方案,即在1个UPS单机内部,采用 $N+M$ 个相同的电源模块并联组成UPS主机。其中 N 代表向负载提供额定电流的模块个数,M 表示冗余模块个数,M 值越大,系统工作可靠性越高,但是成本也相应增加。

(二)交流模块

在一些可靠性要求比较高的场合,可采用双机热备、3取2,2×2取2等系统冗余模式。

一旦系统故障,系统可自行恢复正常,并提示维护人员进行维修。

正常情况下,交流主、备模块同时工作,但只有交流模块(主)输出至负载。当交流模块(主)故障时,与相线(L)、中性线(N)相连的继电器接点断开,自动切换至交流模块(备),以保证交流输出模块正常供电。

(三)电源监控组网

为了有效实施对电源的监控,及时高效地进行电源维护,全线各站点的电源设备一般需进行集中组网监控。当前普遍采用的方式是通过通信专业传输网的时隙插入组网。这种方式相对简单,信号电源屏只需提供 RS-485/RS-422(实现不同厂家产品兼容的串行数据接口标准)接口,就可接入传输网的网络接点,是非常好的组网方式。

三 信号电源屏和信号电缆的接线

(一)信号电源屏的接口

两路外部输入三相四线制电源经信号电源屏的自动切换装置后提供给 UPS。信号电源屏与 UPS 监测单元采用 RS-232 串行接口通过屏蔽通信电缆连接,信号电源屏的监控单元实时采集或接收 UPS 的状态信息,通过信号电源屏集中组网对全线电源设备进行监控。UPS 的干接点信息通过信号电源屏接点集中转接,并与信号电源屏本身的干接点信息共同提供给信号系统的 ATS 系统。

(二)主接线结构分析

主接线结构连接各模块,构成一套完整的信号电源系统,是实现系统先进性、安全性和可靠性的关键技术,也是信号电源屏的设计方案框架。因此,研究和制造主接线结构时应严格按照标准和规范进行。

目前所使用的信号电源屏(系统)产品基本上使用以下几种主接线结构方式:

(1)二路输入电源引入后利用交流接触器相互切换的方式。

(2)二路输入电源经整流变换、合并母线实现零中断时间的方式。

(3)二路输入电源加前置 UPS 电池组,具有零中断时间的方式。

(4)输出电源设备按同类设备供电要求分束供电的方式。

(5)输出电源设备交、直流均分别供电,采用 $N+M$ 备用,实现均流 + 热备份的方式。

(6)输入、输出单元部分模块化的接线方式。

(7)输入、输出单元完全模块化的接线方式。

(8)辅助管理功能采用集中采集、集中监测的方式。

(三)常用的 3 种接线方式对比分析

常用的信号电源接线方式主要有 3 种,即普通电源屏主接线、H 形接线智能型电源屏主接线和综合 UPS 信号智能电源屏主接线。常用信号电源接线 3 种方式对比见表 5-1。

常用信号电源接线3种方式对比表 表5-1

主接线对比项目	普通电源屏主接线	H形接线智能型电源屏主接线	综合UPS信号智能电源屏主接线
工作方式	二路电源一主一备工作,由交流接触器控制切换供电	二路引入电源同时工作,稳压、整流后,变换器将直流/直流(DC/DC)变换为直流电负荷供电,经直流/交流(DC/AC)变换为交流电负荷供电	二路输入电源方式随意,前置UPS,直流、交流电源输出均可实现并联-均流冗余-热备份
结构对比	(1)元器件分置,部分电源单元模块化。 (2)采用电磁器件,吸收浪涌和抗冲击性能比较好	一路电源断电或模块故障不影响系统正常工作,但不同种类电源进行隔离	(1)前置UPS,可抑制二路供电电源谐波干扰。 (2)采用系统模拟盘显示方式
主要问题	(1)一套稳压设备,没有备用。 (2)主切备时,易造成供电中断。 (3)冷备用屏无法验证工作状态	输入电源若其中一路停电,易产生反向感应电动势,对设备产生冲击	成本相对较高

技术技能5-1 信号电源屏的维护与检修

1. 信号电源设备维修规范

信号电源设备维修规范见表5-2。

信号电源设备维修规范 表5-2

维修类型	维修内容	维修要求	建议周期
常规维护	查看信号电源屏、UPS外观	外观完好、加封加锁齐全	每季度不少于1次
	查看信号电源屏,UPS运行状态	设备运行状态正常,指示灯显示正确,开关或按钮位置状态正确,无异常	
	查看信号电源屏监测告警信息	运行状态正常,无异常告警	
	查看信号电源屏监测单元时钟	时钟正确	
	检查稳压柜工作状态	设备运行状态正常,指示灯显示正确,开关或按钮位置状态正确,无异常	
	检查防雷配电箱状态	防雷元件状态良好,开关或按钮位置正确,无异常	

续上表

维修类型	维修内容	维修要求	建议周期
常规维护	检查 UPS 电池	连接良好,无漏液,无膨胀	每年不少于 1 次
	检查地线安装是否牢固	地线齐全、接地良好	
	测试信号电源屏电源切换功能	符合设备设计要求	
	测试 UPS 正常工作与静态旁路相互切换功能	符合设备设计要求	
	测量信号电源屏输入、输出电气特性	符合设备设计要求	
	测试信号电源屏模块冗余功能	符合设备设计要求	
	测试 UPS 放电功能	符合设备设计要求	
	测试电池电气特性	符合设备设计要求	
中修	更换通风防尘部件	检查测试通风防尘部件,更换不良部件	5 年
	小型不间断继电器整机下线测试维护	对功率小于 5kV · A 的不间断电源进行整机下线测试维护,恢复设备性能	5 年
	不间断电源内部滤波电容测试更换	对功率 5kV · A 以上的不间断电源进行内部滤波电容测试,性能不良的予以更换,恢复设备性能	5 年
大修	小型不间断电源整机更换	功率小于 5kV · A 的不间断电源进行整机更换,选用原型号或能与系统兼容且性能更佳的设备	10 年
	大型不间断电源整机或部件更换	结合系统设备性能需求,选用原型号或能与系统兼容且性能更佳的设备	10 年
	蓄电池整组更换	结合系统设备性能需求,选用原型号或能与系统兼容且性能更佳的设备	10 年
	信号电源屏	结合系统设备性能需求,选用原型号或能与系统兼容且性能更佳的设备	10 年

2. 信号电源屏的检修标准

信号电源屏的检修标准见表 5-3。

信号电源屏的检修标准　　表 5-3

程序	项目	检修内容及质量标准
1	联系登记	按相关规定要求办理检修登记,经主管人员同意并签字后方可开始工作
2	信号电源屏背面的清扫检查	(1)内外清扫,各部清洁无灰尘。 (2)各种器材元件无异状、无过热。重点检查交流接触器、继电器。 (3)变压器、参数稳压器无过大噪声。 (4)配线排列整齐,无破损,各部分端子不松动,压紧螺母。 (5)垫圈齐全,线头无伤痕,焊点焊接良好,无毛刺、无混电可能。 (6)机壳保护地线接触良好
3	信号电源屏前面的清扫检查	(1)内外清扫,各部清洁无灰尘。 (2)手柄、闸刀、按钮、表示灯作用良好,接点不发热、不烧损,表示灯显示正确。 (3)线头焊接良好,配线无破皮,无混线可能。 (4)各部端子无松动,压紧螺母垫圈齐全。 (5)仪表完整无损,显示正确
4	试验	(1)调压屏:自动电压调整器作用良好,用手动方式按升压按钮,当输出电压增至(420±5)V时,过压保护装置应及时动作,切断升压回路,但不应造成停电。电机制动电路作用良好。 (2)交直流屏:主副屏倒机试验,输出电源的断电监视装置、各屏内表示和声光报警装置均应正常工作。 (3)转换屏:两路电源切换试验正常
5	测试记录	(1)交流输入电压。 (2)两路电源相序测试检查应一致。 (3)交流输入电流,以本屏仪表实际正常运用情况下读数为准。 (4)各种电源输出电压:直流220V应在210~240V范围内,直流24V应稳定在23.5~27.5V范围内。 (5)闪光电源的频率应在90~120次/min范围内。 (6)各回路对地绝缘电阻符合维护规定。 (7)填写测试记录
6	清扫检查电缆地沟	检查各种线缆无鼠咬、无破损,同时清扫干净,地沟盖板严密,引入引出孔堵塞良好
7	消记	检修结束,会同主管负责人员确认良好,按要求办理消记手续,经主管负责人员签字后方可离开

请完成实训5-1,见教材配套实训手册。

技术技能 5-2　信号电缆接续

一　信号电缆接续要求

电缆接续应 A 端与 B 端相接,相同的芯组内颜色相同的芯线相接。电缆芯线不得有任何损伤。室内架(柜)设备间的零层配线,宜采用配线电缆;架(柜)间的侧面端子配线,宜采用多股铜芯塑料绝缘软线。芯线上的端子必须固定、拧紧,每个配线端子不得超过 3 根芯线,芯线之间应放垫圈。屏蔽连接线、电缆芯线焊接时不得使用腐蚀性焊剂,严禁虚接、假焊、有毛刺。信号电缆引入箱盒时,其金属护套应与箱盒金属构件相绝缘。电缆金属护套应进行屏蔽连接。电缆引出端应有标明去向的铭牌。

二　信号电源和信号电缆接线时的主要注意事项

(1)为满足信号电源屏输入、输出,在短路、过流时,断路器应可靠断开,新增的电磁断路器必须根据现场设备实际用电负载进行选择,防止短路、过流时断路器不断,烧损信号设备或顶开上一级断路器,扩大故障范围。断路器选择必须满足的标准:输入电源设置的断路器(熔断器)应不大于实际负载电流的 2 倍,输出应不大于 1.5 倍。为此,在满足信号电源屏有关标准的同时,核对信号电源屏输入、输出配置的电磁断路器是否满足上述标准,对不符合标准的断路器进行更换,真正使信号电源屏输入、输出设置的断路器起到分级保护作用。

(2)三相交流输出电源应确保相序正确,若相序错误,应报警。例如,三相交流转辙机的供电是三相电源,其相序必须正确,一旦发生相序错误,将会造成转辙机反转,这是不允许的。所以,三相交流输出电源须设相序检查,一旦发生错相应报警。转辙机的三相交流电动机,当三相中缺任一项时,将引起电流增大,有可能烧坏电动机,使转辙机不能正常工作,所以还应有断相检查。

(3)改善信号设备供电质量,提高信号设备供电的可靠性和可维护性。智能信号电源屏必须具备输入电源过、欠压,电源模块故障、过温,输出电源过载,三相电源缺相、错相,稳压装置故障时的报警,及时准确地提示维修人员进行维护。

请完成实训 5-2,见教材配套实训手册。

复习检测

1. 信号电源屏的主要功能是向________、________、________,及试车线的所有的信号系统设备提供稳定可靠的电源。

2. 城市轨道交通中使用的信号电源屏的直流模块采用________均流并联方式,交流三相转辙机模块采用________热备。

3. 城市轨道交通信号电源系统的直流模块多采用________均流并联冗余方案。

4. 简述信号电缆接续要求。

任务 5.2　信号 UPS 维护与检修

理论知识

一　信号 UPS 的功能原理

(一) UPS 的应用要求

由于城市轨道交通线路运营的特殊性，其信号系统的 UPS 的应用要求如下：

(1) 可靠性高。能够在瞬间停电时或两路切换过程中，确保信号系统正常工作。

(2) 安全性高。能够保证信号系统设备在供电中断的情况下一定时间内稳定、可靠运行。

(3) 高效环保。电源质量优、整机效率高、能源消耗少，能够消除“电源污染”，提高电源质量，避免污染电力环境。

(4) 可扩展性。便于近、远端管理，有标准的通信接口及开放的通信协议。

(二) UPS 的工作方式

UPS 按照在市电与负载之间的工作方式可分为后备式 UPS、互动式 UPS 和双变换式 UPS 等 3 种。UPS 各工作方式的特点如图 5-2 所示。

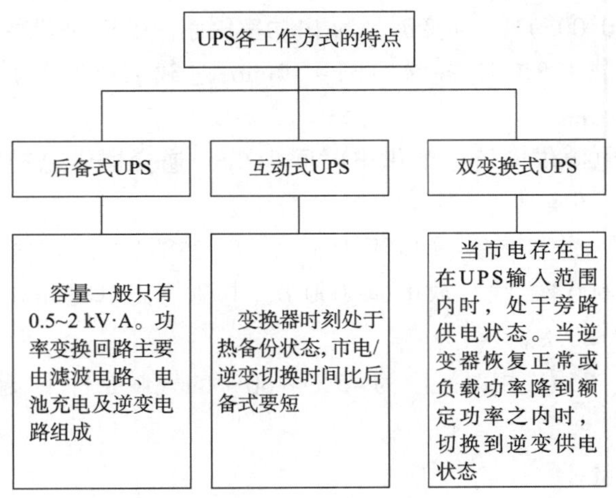

图 5-2　UPS 各工作方式的特点

1. 后备式 UPS 工作原理

当市电正常时，UPS 一方面通过滤波电路向用电设备供电，另一方面通过充电回路给电池充电，电池充满时充电回路停止工作。在这种情况下，UPS 的逆变电路不工作。当市电发生故障时，逆变电路开始工作，后备电池放电，在一定时间内维持 UPS 的输出。

2. 互动式 UPS 工作原理

在市电正常时直接由市电向负载供电，当市电偏低或偏高时，通过 UPS 内部稳压线路稳压后输出；当市电异常或停电时，通过转换开关转为电池逆变供电。其具有输入电压范围较大、噪声低、体积小等特点，但同样存在切换时间，与一般后备 UPS 相比，这种机型保护功能较强，逆变器输出电压波形较好，一般为正弦波。

3. 双变换式 UPS 工作原理

市电正常供电时，交流输入经交流（AC）/直流（DC）交换器转换成直流，一方面给蓄电池充电，另一方面给逆变器供电。逆变器自始至终都处于工作状态，将直流电压经 DC/AC 逆变成交流电压给用电设备供电。当市电中断或不能满足 UPS 的输入要求时，UPS 的输入 AC/DC 整流器将关闭，蓄电池将以无切换时间的方式向逆变器供电。当市电重新恢复供电时，蓄电池便停止向逆变器供电，此时机内充电器向蓄电池组补充消耗的电能，以备再次使用。

二 信号 UPS 的适用范围

（一）UPS 主要技术参数

（1）在安全性、电磁兼容性和机械保护等方面，应满足国际标准和我国相关标准。

（2）输入电压：三相五线交流 380V 或单相三线交流 220V，电压波动范围为 -20% ~ +15%，输入频率为 50 ×（1 ±0.01）Hz，三相电压不平衡度≤5%，输入功率因数 >0.9。

（3）输出电压：三相五线制交流 380 ×（1 ±0.01）V 或单相三线交流 220 ×（1 ±0.01）V，输出频率为 50 ×（1 ±0.005）Hz（逆变时），输出功率因素≥0.8，整机效率≥85%。

（4）过载能力：过载 125% 时，持续时间≥10min；过载 150% 时，持续时间≥1min；过载 1500% 时，持续时间 100ms。

（5）转换时间：主电源供电转电池供电时间为 0ms，逆变器供电转旁路供电转换时间≤2ms，旁路转主电源供电转换时间≤2ms。

（6）蓄电池连续浮充电工作寿命应不少于 15 年（25℃）。循环使用寿命应满足以下条件：80% 放电深度时≥600 次，浅充放电≥4000 次；电池再充电时间 8 ~ 10h，电池容量达到 90% 及以上；老化系数≤0.8。

（7）在温度为 15 ~ 35℃、相对湿度为 45% ~ 80% 的气候条件下，输入、输出对地正常绝缘电阻≥25MΩ。

（二）常用方案对比

常用的信号系统 UPS 配置方案主要包括两种：完全独立设置 UPS 和集中设置 UPS。这两种方案各有优缺点，其各自特点见表 5-4。

常用信号系统 UPS 配置方案比较　　表 5-4

进行比较配置方案	方案内容	优点	不足之处
完全独立设置 UPS	信号系统 UPS 完全独立,专为信号系统提供不间断电源	完全满足 UPS 高可用性、高可靠性的要求	单独招标,往往与其他系统的 UPS 产品型号不统一,不便于统一维护和管理
集中设置 UPS	各弱电系统的 UPS 有效整合,有利于电源系统的硬件整合和集中布置	结构紧凑,便于维护,降低成本,提高利用率	UPS 的容量大幅增加,必须通过冗余配置来提高系统可靠性

技术技能 5-3 UPS 检查及养护

一 UPS 主机的维护

UPS 主机是整个 UPS 的“心脏”,需要加强对 UPS 主机的功能维护,维护内容如下:

(1)定期检查各种自动报警和自动保护功能是否正常,定期检查设备工作和故障指示是否正常。

(2)定期进行 UPS 各项功能测试,检查其逆变器、整流器的启停,UPS 与市电的切换等是否工作正常。

(3)定期查看 UPS 主机内部的元器件的外观是否正常,发现异常现象应查明原因,及时处理。

(4)定期检查 UPS 各主要模块和风扇运行温度有无异常,保持机器清洁,定期清洁散热风口、风扇及滤网。

(5)定期检查主机、蓄电池组、配电部分引线及接线端子的接触情况,检查馈电母线、电缆及软接头等各连接部位的连接是否可靠,并测量其压降和温升是否符合要求。

二 UPS 蓄电池的维护

为提高利用率、降低维护成本、延长使用寿命,对蓄电池的维护检查是 UPS 维护的主要部分:

(1)定期检查蓄电池清洁、单体电池两端的电压、电池温度,电池之间连接处有无松动、腐蚀现象,压降是否符合要求;电池外壳是否完好,有无外壳变形和渗漏,极柱、安全阀周围是否有酸雾逸出。

(2)UPS 使用的阀控式密封蓄电池,长期处于浮充电状态,为延长蓄电池寿命,UPS 蓄电池应每季做一次核对性放电试验。放电时间可根据蓄电池的容量和负载大小确定,一般放出额定容量的 30% ~40%;对于单体 2V 的电池,每 3 年做一次容量试验;使用 6 年后,应每年做一次容量试验;对于单体 6V 及 12V 的电池,应每年做一次容量试验。一次全负荷放电完毕后,按规定再充电 8h 以上。

(3)如UPS可提供详尽数据,每季度进行蓄电池参数自检并记录,以此作为电池状态的定性参考依据。

请完成实训5-3,见教材配套实训手册。

1. 按照UPS在市电与负载之间的工作方式,UPS可分为________、________、________等3种。

2. 常用的UPS配置方案主要包括________和________两种。

3. 简述后备式UPS工作原理。

任务5.3 蓄电池设备维护与检修

理论知识

一 蓄电池的分类

蓄电池也称二次电池,是将所获得的电能以化学能的形式储存并可将化学能转化为电能的一种电学装置。

常用的蓄电池有铅酸蓄电池、镉镍蓄电池、金属氧化物蓄电池、铁镍蓄电池、锌银蓄电池、锌镍蓄电池、锂离子蓄电池等。不同类型蓄电池的优缺点见表5-5。

不同类型蓄电池的优缺点　　表5-5

种类	特点
铅酸蓄电池	铅酸蓄电池负极为铅,正极为二氧化铅,电解质为硫酸,主要有启动型、固定型、牵引型、动力型和便携型,多数为开口或防酸式,少量为胶体电解质蓄电池。近年来,密封铅酸和其他类型蓄电池产品在许多领域取代原来使用的铅酸蓄电池。铅酸蓄电池具有价格低廉的优点,适用于低温高倍率放电,被广泛应用。但铅酸蓄电池比能量低,生产过程有毒,污染环境,影响其使用范围
镉镍蓄电池	镉镍蓄电池负极为镉,正极为氧化镍,电解质为氢氧化钾水溶液,常见外形是方形、扣式和圆柱形,有开口、密封和全密封3种结构。镉镍蓄电池按极板制造方式又分有极板盒式、烧结式、压成式和拉浆式。镉镍蓄电池具有放电倍率高、低温性能好、循环寿命长等优点
金属氧化物镍蓄电池	金属氢化物镍蓄电池是20世纪80年代开发的产品,负极为吸氢稀土合金,正极为氧化镍,电解质为氢氧化钾、氢氧化锂水溶液,比镉镍蓄电池容量大1.5~2倍,可快速充电,具有优良的高倍率放电性能和低温放电性能,价格便宜,无污染,被称为绿色环保电池

续上表

种类	特点
铁镍蓄电池	铁镍蓄电池负极为铁粉,正极为氧化镍,电解质为氢氧化钾或氢氧化钠水溶液,具有结构坚固、耐用、寿命长等优点,比能量较低,多用于矿井运输车动力电源
锌银蓄电池	锌银蓄电池负极为锌,正极为氧化银,电解质为氢氧化钾水溶液,具有高比能量、优良的高倍率放电性能,但价格高,多用于军事工业及武器系统
锌镍蓄电池	锌镍蓄电池负极为锌,正极为氧化镍,电解质为氢氧化钾水溶液,具有高比能量,价格较低,但寿命较短。近年来锌镍蓄电池的循环寿命有了较大幅度提高,随着循环寿命的提高,锌镍蓄电池将获得更广泛的应用
锂离子蓄电池	锂离子蓄电池负极是碳(石墨),正极是氧化钴锂,采用有机电解质,具有电压高、比能量高、循环寿命长、安全无污染的优点,被称为绿色电源

二　蓄电池的相关特性

下面以通信系统中常用的2V蓄电池为例来说明蓄电池的相关特性。

(一)主要技术参数

(1)单体电池额定电压为2V。

(2)单体电池浮充电电压为2.23~2.27V。

(3)单体电池均衡充电电压为2.30~2.40V。

(4)单体电池放电终止电压为≥1.8V。

(5)电池容量为550A·h及以上(10h放电)。

(二)主要技术性能

(1)蓄电池结构应保证在使用寿命内不渗漏电解液。蓄电池间接线板、终端接头应选择导电性能优良的材料,并具有防腐蚀措施。蓄电池槽、盖、安全阀、极柱封口剂等材料应具有阻燃性。蓄电池必须采用全密封防泄漏结构,外壳无异常变形、裂纹及污迹,上盖及端子无损伤,正常工作时无酸雾溢出。

(2)当环境温度在-10~+45℃时,蓄电池性能指标应满足正常使用要求。当环境温度在20~25℃时,蓄电池的浮充电运行寿命应不低于18年。同一蓄电池组中任意两个电池的开路电压差,在环境温度为5~35℃的条件下完全充电后静置24h,对于2V单体电池不应超过30mV,对于12V单体电池不应超过60mV。

(3)蓄电池使用期间安全阀应能自动开启、闭合,闭阀压力应在1~10kPa范围内,开阀压力应在10~49kPa范围内。蓄电池除安全阀外,应能承受50kPa的正压或负压而不破裂、不开胶,压力释放后壳体无残余变形。

(4)蓄电池组的绝缘电阻:直流母线电压为220V的蓄电池组不小于200kΩ,电压为110V的蓄电池组不小于100kΩ。

(5)蓄电池可90°倒放使用,蓄电池自放电率每月不大于4%。

(6)蓄电池在 -30~65℃温度范围内,封口剂应无裂纹和溢流,密封性应符合规定要求。80%放电深度的循环寿命大于1200次。

(7)蓄电池在充电过程中,外部遇明火时,不应内部爆炸。制造厂提供的蓄电池内阻值应与实际测试的蓄电池内阻值一致,允许偏差范围为±10%。蓄电池组应考虑装设蓄电池管理单元的位置。

三 蓄电池使用注意事项

影响蓄电池使用寿命的因素主要有环境温度、过压充电、过度放电、长期浮充电等。因此,使用蓄电池时应注意以下问题。

(一)防止过放电

蓄电池放电到终止电压后,继续放电称为过放电。蓄电池放电到终止电压时内阻较大,电解液浓度非常小,特别是极板孔内及表面几乎处于中性状态;过放电时内阻有发热倾向,体积膨胀,放电电流较大时,明显发热(甚至出现发热变形),枝晶体短路的可能性增大,易形成不可逆硫酸盐化,将进一步增大内阻,充电恢复能力很差,甚至无法修复。蓄电池使用时应防止过放电,采取“欠压保护”是很有效的措施。

(二)避免过充电

过充电会加大蓄电池的水损失,加速板栅腐蚀,使活性物质软化,增加蓄电池变形的概率,应尽量避免过充电的发生。不要将蓄电池置于过热环境中,特别是充电时应远离热源。蓄电池受热后要采取降温措施,待蓄电池温度恢复正常后方可进行充电。蓄电池的安装位置应尽可能保证良好散热,发现过热时应停止充电,应对充电器和蓄电池进行检查。

(三)防止接触不良

若接触不良,程度较轻,会发生导电不良,使其线路接触部位发热,线路损耗较大,输出电压偏低;若接线端子部件接触不良,端子会大量发热,易发生漏液现象。

(四)尽量避免新旧电池混用

当新旧电池串联在一起充电时,旧电池内阻大、分压较大,新电池内阻小、分压较小,容易使某些电池长时间处于过压充电或欠压充电的情况,进而导致蓄电池容量下降、寿命缩短。

四 蓄电池常见问题

(一)蓄电池寿命无法达到设计要求

在实际应用中,使用超过5年的蓄电池劣化程度非常严重,几乎很少能够达到标称容量。其中存在两个方面的问题:

(1)对于蓄电池的使用寿命,蓄电池厂家是在较为理想的状态下预测的。

(2)在蓄电池的使用中,管理及维护不到位,造成在劣化早期没有及时发现,致使劣化积累、加剧,导致蓄电池过早报废。

(二)对于蓄电池的运行情况不明

由于没有良好的管理手段,蓄电池的使用者对于蓄电池的运行情况缺乏足够的了解,特别是缺乏对于蓄电池历史数据的整理及分析,而这些数据的整理与分析需要较强的专业知识。

(三)对于蓄电池的性能状况不明

对于蓄电池性能状况,如蓄电池的阻抗、当前的剩余容量,无法清楚、及时地了解和判断。

(四)缺乏温度补偿

蓄电池的工作环境比较复杂,环境温度对于蓄电池使用寿命影响较大。在实际使用中,用户能够做到温度补偿的很少,这也是许多蓄电池无法达到设计寿命的原因之一。

(五)蓄电池的初检缺乏手段

在大多数地方,新电池采购后,对于蓄电池的检验,仅仅是根据电池厂家的说明进行蓄电池的初检。

五 蓄电池常见故障及维护措施

(一)蓄电池爬酸及极柱受腐蚀

(1)原因:对于成组使用的蓄电池,维护中时常发现有些蓄电池使用时间并不长,但爬酸现象较多。有的爬酸现象出现在蓄电池的盖与壳体的连接处,有的出现在极柱与盖的连接处,有的出现在蓄电池的阀体与盖的连接处。一些运行了3年以上的蓄电池的极柱受腐蚀现象也时有发生。产生爬酸现象的原因可能是:蓄电池盖与壳体、阀体与盖之间的热封或胶封不严、开裂,或是极柱与密封胶的黏接处受到腐蚀等;或是蓄电池生产时灌酸过多,开阀后气体将液体带出。产生极柱受腐蚀的主要原因包括:①电池质量不佳,如果电池质量不佳,使用过程中可能会产生酸液溢出,这些酸液会腐蚀极柱;②使用时间过长,电池使用时间过长后,内部酸液挥发,与极柱发生化学反应,导致腐蚀;③充电电流过大,充电电流过大导致电池内部酸液挥发,与极柱发生反应,从而引起腐蚀;④接线柱松动,接线柱松动会导致漏电,进而引起极柱腐蚀。

(2)维护措施:如果是热封或胶封不严、开裂引起的爬酸,一般需要更换;如果是灌酸过多引起的爬酸,随着蓄电池的使用,这种现象将逐渐消失。对于极柱受腐蚀,只要彻底清理被腐蚀极柱的表面,拧紧固定连接条的螺钉(用力不能过大,以免螺钉滥扣),再涂抹一些凡士林即可。

(二)蓄电池漏液

(1)原因:目前蓄电池外壳一般采用丙烯腈-丁二烯-苯乙烯共聚物(ABS)和聚丙烯(PP)两种材料,虽然ABS材料的强度较好,但也会因为材料本身不合格、电池搬运受磕碰、安装时基座坚硬物体损伤蓄电池底部等原因漏液。

(2)维护措施:发现漏液的蓄电池必须及早采取措施。如果壳体四周有轻微漏液,可以用与壳体材料相同的材料进行粘补，然后将此电池四周紧箍；如果壳体四周漏液较多或壳体底部漏液，必须及早更换。

（三）蓄电池壳体鼓肚

（1）原因：如果蓄电池端电压正常但轻微鼓肚，可能是因为蓄电池生产组装时采用紧装配；如果没有较大的变化，就属于正常现象。如果有些蓄电池的开阀压力过高，不能及时泄放壳内压力，必然造成蓄电池鼓肚。如果蓄电池生产企业选用的壳体厚度太薄，即使开阀压力在行业标准规定的范围内，也会出现蓄电池鼓肚现象；当蓄电池长时间使用后，硫酸铅化、极板增大，也会使蓄电池壳体鼓肚；发生热失控的蓄电池也会出现鼓肚现象。

（2）维护措施：对于鼓肚的蓄电池，必须进行全面的质量鉴定，测量其端电压，进行小容量的放电后采用浮充电压进行恒压补充电；观察鼓肚的变化情况，如果没有减轻，应立即对鼓肚的蓄电池进行更换。极板硫酸铅化增大以及热失控造成鼓肚的蓄电池，是无法修复的，只能进行更换。

技术技能5-4 蓄电池的安装和性能评估预判

一 蓄电池的安装

（一）安装方式

对于一些电源机房比较宽敞的场合，可以将电池分成单列、双列或几列排放在地面上连接安装；对于一些机房比较紧凑的场合，可采用电池柜安装；在既要减少电池占地空间，又要适应不同组合电压的安装排列的情况下，可采用电池架安装。

（二）安放位置

（1）放置蓄电池的地面应有足够的承载能力，当蓄电池布置在楼板上时，电气专业应向土木、建筑专业提供荷重要求；蓄电池可布置在单独的蓄电池室内，也可布置在交流或直流配电室内。

（2）蓄电池室应有必要的通风设施。蓄电池应避免阳光直射，不能置于有大量放射性红外线、紫外线、有机溶剂气体和腐蚀气体的环境中。蓄电池应离开热源和易产生火花的地方，且安全距离应大于1m。

（3）蓄电池室应有普通照明和事故照明，照明器具应布置在走道左侧。

（三）安装要求

1. 安装前要求

（1）搬运：禁止端子部位受力，防止端子损伤和密封部位开裂；避免蓄电池倒置、遭受摔掷或冲击；禁止使用钢绳等金属线类，防止蓄电池短路。

（2）检查：包装箱、蓄电池外观无损伤。

（3）点验：电池数量、配件齐全。

（4）参阅：说明书、安装图、注意事项。

2. 安装时要求

(1)应尽可能将蓄电池放在蓄电池室最低处。

(2)避免将蓄电池安装在靠近热源(如变压器)的地方。

(3)因为蓄电池储存时可能产生易燃气体,安装时应避免靠近产生火花的装置(如熔断丝)。

(4)连接前,擦亮蓄电池端子,使其呈现金属光亮。

(5)小心导电材料短接蓄电池正负端子。

(6)多个蓄电池共同使用时,首先是保证蓄电池间连接正确,再将蓄电池与充电器或负载连接。

(7)接线时注意连接牢固,但不可用力过大,以免损伤端子;每个连接螺母与螺栓一定要扭紧。

二　蓄电池的性能评估

蓄电池的使用寿命理论上为 15 ~ 20 年,厂家一般建议使用 8 ~ 10 年。但在实际使用中,由于蓄电池本身质量或维护的原因,部分蓄电池的使用寿命往往达不到 8 年。为了能够及时更换性能下降的蓄电池,应对蓄电池性能进行评估预判。

蓄电池的评估预判应包括运行记录分析与现场测试评估。运行记录分析主要是对日常维护记录、充放电情况记录、蓄电池出现的问题记录及采取的措施记录等进行分析;从容量、内阻等方面进行运行性能参数与设计性能参数对比分析,提供支撑数据及性能预测结论。

现场测试评估是在蓄电池将要达到使用年限或预计性能无法满足使用需求时所进行的设备评估。现场测试评估主要包括外观检查、电压测量、容量测量、内阻测量 4 个方面。

(一)外观检查

蓄电池的外观检查主要是用目测的方法检查蓄电池壳体变形与裂纹情况,极柱周围、安全阀周围与电池壳与盖封合处有无漏液情况,连线与紧固螺钉的腐蚀情况。

(二)电压测量

电池电压可以在一定程度上反映电池性能的好坏。在放电状态下,测量蓄电池组各蓄电池的端电压。

(三)容量测量

蓄电池的容量是蓄电池在一定放电条件下所能供给的电量。蓄电池是保证不间断供电的关键设备,其容量必须满足负载所需最小容量要求,所以检测蓄电池的容量是非常重要的。可采用恒电流法测量蓄电池容量,即对蓄电池采用恒定电流放电到规定的终止电压。蓄电池组的容量受一组蓄电池中最差的一块蓄电池的容量影响,在放电过程中,一组蓄电池中只要有一块蓄电池已放到终止电压,就应该停止放电。

(四)内阻测量

单纯依靠测量电池的电压和容量两个指标无法准确反映蓄电池的真实状况,蓄电池的性能评估还应结合电池的内阻变化情况。大量研究与试验数据证明，在蓄电池寿命期内，蓄电池实际容量的单调下降总是会伴随内阻的单调上升。也就是说，在同一条件下测量比较蓄电池内阻的变化可以为评估蓄电池性能提供预判信息。因此，在蓄电池进行核对性放电的过程中，还需要定时对蓄电池进行内阻测量。

三 报废蓄电池的存储

废蓄电池存储时间不应超过一年。废蓄电池储存设施应符合以下要求：酸性铅酸蓄电池应与碱性镍镉蓄电池分区域存放；储存地点应防雨，必须远离其他水源和热源；储存点应有耐酸、耐碱地面隔离层，便于截留和收集废电解液；应有足够的废水收集系统，以便将溢出的溶液送到酸性电解液及碱性电解液的处理站；应只有一个出入口，一般情况下，应关闭此出入口，以避免灰尘扩散；应具有空气收集、排气系统，用于过滤空气中含金属的灰尘和更新空气；应设有适当的防火装置；作为危险品储存点，必须设立警示标志，只允许专门人员进入储存设施；储存点应有足够的空间存放废蓄电池；蓄电池应单层存放，需多层存放时应采用货架（货架不超过 3 层且总高不超过 1.5m）。

请完成实训 5-4，见教材配套实训手册。

复习检测

1. 蓄电池组的绝缘电阻，直流母线电压为 220V 的蓄电池组不小于________，电压为 110V 的蓄电池组不小于________。

2. 影响蓄电池使用寿命的因素主要有________、________、________、________等。

3. 对蓄电池进行现场测试评估，主要包括________、________、________、________4 个方面。

4. 简述蓄电池使用的注意事项。

项目6

CBTC 系统

学习目标

1. 了解 CBTC 系统结构和工作原理。
2. 掌握 CBTC 系统中各子系统的基本功能和结构。
3. 了解当前主流 CBTC 系统的应用情况。

任务描述

1. 工作对象

轨道列车 CBTC 系统，包括地面设备和车载设备等。

2. 工作内容

(1)了解 CBTC 系统的组成部分、结构和工作原理。

(2)认识地面设备各子系统，包括设备组成、工作原理、主要作用等内容。

(3)认识车载设备各子系统，包括设备组成、工作原理、主要作用等内容。

(4)分析当前主流 CBTC 系统的结构、工作原理和应用情况等。

(5)结合实际情况，掌握 CBTC 系统各设备的安装位置等。

3. 工作目标与要求

(1)在工作过程中，保障 CBTC 系统设备的正常运行。

(2)在工作过程中，确保 CBTC 系统中各子系统之间的通信联系。

项目思维导图

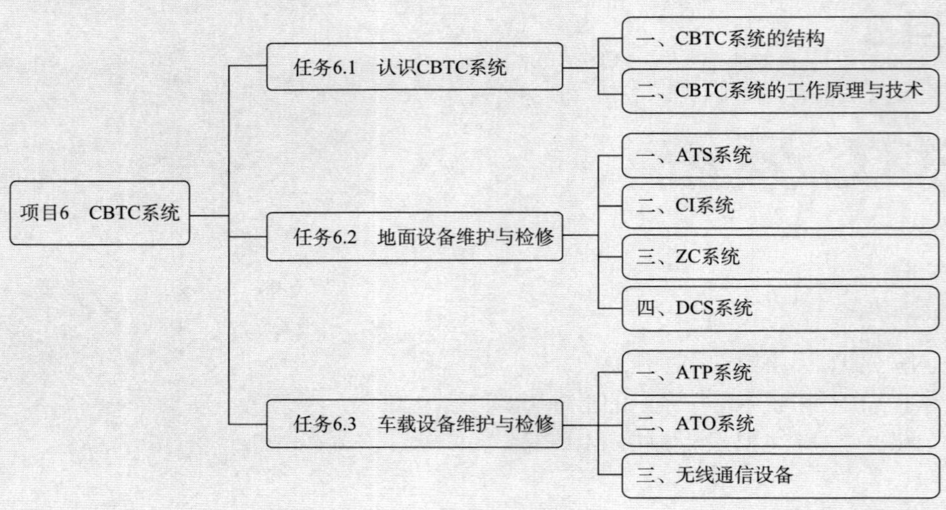

项目6 CBTC系统
任务6.1 认识CBTC系统
一、CBTC系统的结构
二、CBTC系统的工作原理与技术
任务6.2 地面设备维护与检修
一、ATS系统
二、CI系统
三、ZC系统
四、DCS系统
任务6.3 车载设备维护与检修
一、ATP系统
二、ATO系统
三、无线通信设备

任务 6.1 认识 CBTC 系统

理论知识

近年来,随着无线通信技术的飞速发展,CBTC 系统的移动闭塞系统克服了固定闭塞的种种缺点,并打破了固定闭塞对于追踪间隔的限制,大幅度缩短了列车的追踪间隔,加大了行车密度,从而提高了运输效率。

一 CBTC 系统的结构

CBTC 系统作为新一代的列车自动控制系统,具有 ATS、ATP 和 ATO 等功能。通常,CBTC 系统包括 ATS 系统、地面系统、车载系统及数据通信系统。CBTC 系统中的主要子系统结构如图 6-1 所示。

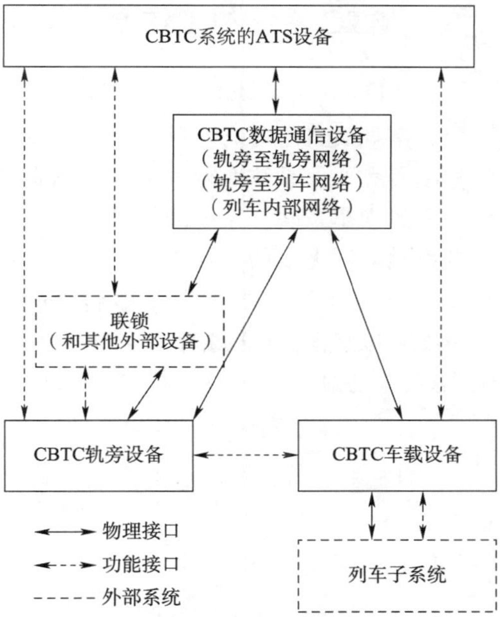

图 6-1 CBTC 系统中的主要子系统结构

(一)实际应用中的不同配置

在实际应用中,CBTC 系统可以允许如下不同配置:

(1)只具备 ATP 功能,而无 ATO、ATS 功能。

(2)具有 ATP 功能,根据具体需要具有部分 ATO 和 ATS 功能。

(3)作为列车控制系统的唯一系统,或与其他轨旁辅助系统一起使用。

(二)组成及功能

CBTC 系统主要组成及主要功能见表 6-1。

CBTC 系统主要组成及主要功能 表 6-1

CBTC 系统主要组成	主要功能	主要设备及分布
地面系统	(1)完成与 CBTC 系统相关的 ATP 功能,如移动授权的设置。 (2)提供列车绝对位置。 (3)其他 ATP、ATO 和 ATS 的功能。 ATS 系统功能: (1)实现列车的识别、跟踪、显示。 (2)人工/自动设置进路及列车运行调整等	在控制中心或轨旁的一个基于处理器的轨旁控制器网络

续上表

CBTC 系统主要组成	主要功能	主要设备及分布
车载系统	(1)完成列车定位、列车允许速度和移动授权的确定。 (2)实现车载 ATP、ATO 设备应实现的其他功能	智能控制器以及测速和定位传感器
数据通信系统	实现地面与地面、地面与列车及车载设备内部[各车载控制器(VOBC)间]的数据通信	分布在控制中心、轨旁及车上

二 CBTC 系统的工作原理与技术

(一)CBTC 系统的工作原理

为实现 CBTC 系统控制，将车辆行驶的线路划分成若干区域，在每个区域，利用区域内的控制器和通信系统实现本区域内信息的处理和控制，而区域内的信息主要是来自行驶在区域内的列车及联锁系统的信息。

信息采用无线的方式进行双向通信，即车载定位设备及地面辅助定位设备实时确定列车位置信息，通过无线通信系统将位置信息发送给 ZC；ZC 根据当前列车位置信息及前列车的速度和位置信息，通过对比 ATP/ATO 计算机中存储的轨道线路信息，计算当前列车的安全距离，并通过无线通信的方式将移动授权信息发送给列车控制系统，实现联锁。

(二)CBTC 系统的主要技术

CBTC 系统的关键技术主要包括移动闭塞技术、列车定位技术、车-地双向数据传输技术等。

1. 移动闭塞技术

移动闭塞技术是基于区间自动闭塞原理发展起来的一种新型闭塞技术，是 CBTC 系统的关键技术之一。

列车运行自动控制系统依靠控制列车运行速度的方式来保证列车按照空间间隔制动、运行。运行列车间必须保持的空间间隔。首先要满足制动距离的需要，同时要考虑适当的安全余量和确认信号时间内的运行距离。列车间的追踪运行间隔越小，运输能力就越强。

2. 列车定位技术

CBTC 系统中常用的列车定位方法主要有信标定位法、卫星定位系统、惯性定位系统、无线扩频定位等。

列车定位精度是计算列车运行间隔、线路通过能力的重要参数。传统的 ATC 系统建立在信号制式的基础上，主要依靠轨道电路、计轴、查询/应答等方法对列车进行定位，定位精度相对较低，对线路的通过能力、列车节能运行和乘客舒适度等产生影响。

3. 车-地双向数据传输技术

无线通信是 CBTC 系统的关键环节。CBTC 系统在减少地面设备的基础上，提高了车-

地双向信息传输容量及信息传输的安全性,实现了对更多列车的控制,从而缩短了列车运行间隔和列车的安全制动距离,提高了线路的利用率和行车安全性。基于 WLAN 的 CBTC 系统经过实践证明已趋于成熟,并被公认为城市轨道交通列车控制技术发展的主流。

技术技能 6-1 CBTC 系统设备状态的检查

CBTC 系统设备状态检查内容如下:

(1)检查车载机柜内部组件的机械位置和电气安装是否正确并记录。

(2)检查机柜内部线缆的机械和电气安装、配置是否正确并记录。

(3)检查车载机柜内部组件[ATP、ATO、车载单元、车载无线通信系统(Radio Communication System,RCS)、乘客信息系统(PIS)、风扇]、机框的机械安装是否牢固并记录。

(4)检查其他硬件[无线天线、应答器天线、测速电机(Odometer Pulse Generator,OPG)、雷达、人机接口(HMI)]的安装是否牢固并记录。

(5)检查线缆连接,包括无线与车载单元连接线缆、HMI 连接线缆、应答器天线连接线缆、OPG、雷达线缆、输入/输出插头与车辆的连接线缆以及各硬件电源线缆等。

(6)检查车载设备电源断路器的连接。

(7)检查车载设备(ATP、ATO、天线、HMI、雷达断路器开关等)供电是否正常。

(8)检查车载信号设备输入信号是否正常,包括驾驶室按钮输入信号、钥匙开关等。

(9)检查车载信号设备输出信号是否正常,包括列车两端车门释放、车门打开/关闭、紧急制动、模拟量输出、折返等。

请完成实训 6-1,见教材配套实训手册。

复习检测

1. CBTC 系统主要包括:________、________、________、________。

2. 基于无线信号的列车控制系统在减少地面设备的基础上,提高了车-地双向大容量信息传输的安全性,实现了________,从而缩短了________和________,提高线路的利用率和行车安全性。

3. (　　)是基于区间自动闭塞原理发展起来的一种新型闭塞技术,是实现 CBTC 的关键技术之一。

A. 自动闭塞　　B. 固定闭塞

C. 移动闭塞　　D. 准移动闭塞

任务 6.2　地面设备维护与检修

理论知识

一　ATS 系统

(一) ATS 系统组成

ATS 系统是一套集现代通信、计算机、网络和信号技术于一体的分布式实时监督控制系统。ATS 系统通过与 ATC 系统中其他子系统的协调配合，共同完成对城市轨道交通运营列车和信号设备的管理和控制。同时，ATS 系统与时钟系统连接，获取系统同步信息；与无线、乘客向导、综合监控、广播系统连接，为其提供信号和列车运行的相关数据。

ATS 系统由控制中心设备、备用控制中心设备、设备集中站设备、非设备集中站设备、停车场设备及车辆段设备等组成，如图 6-2 所示。

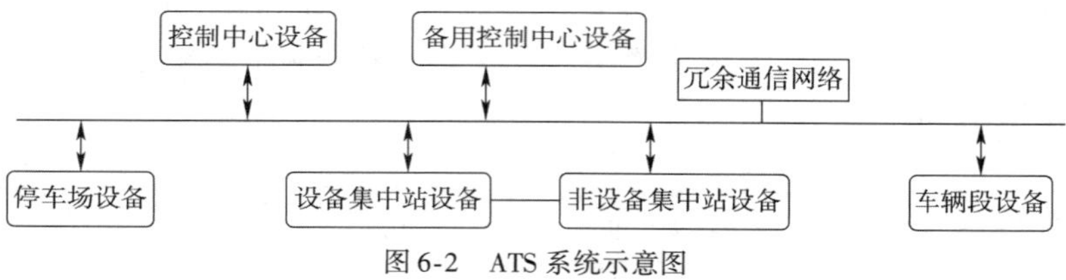

图 6-2　ATS 系统示意图

1. 控制中心 ATS 设备

控制中心 ATS 设备组成如图 6-3 所示，主要包括主计算机、数据处理计算机、接口计算机、各类工作站、大屏服务器、大屏显示系统、打印机。

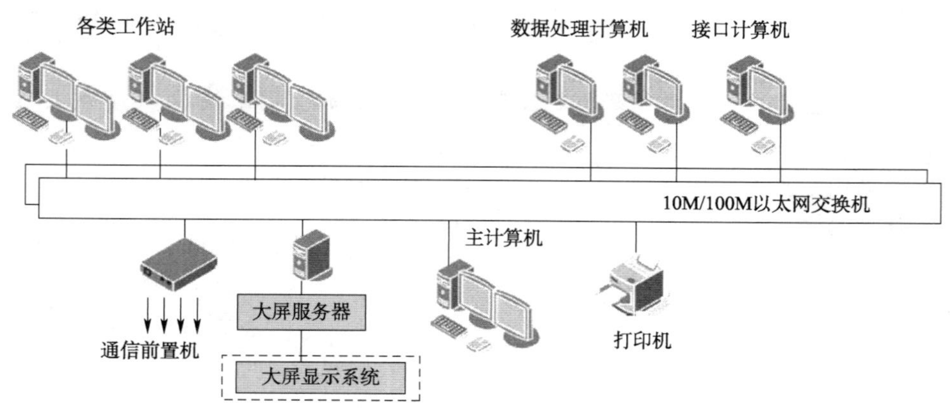

图 6-3　控制中心 ATS 设备组成示意图

2. 车站 ATS 设备

车站 ATS 设备如图 6-4 所示，主要包括车站 ATS 分机及终端、网关计算机、打印机、发车计时器及与其他系统接口设备。

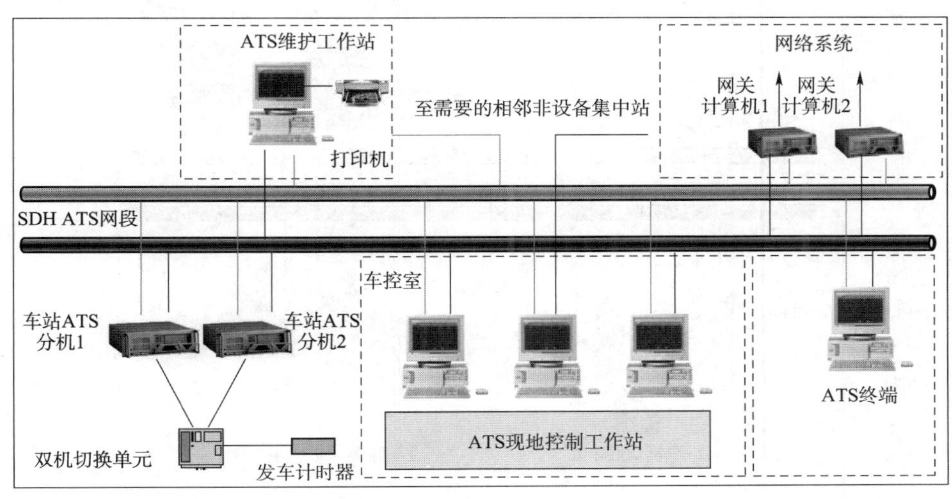

图 6-4　车站 ATS 设备的布置

3. 车辆段设备

车辆段设备布置如图 6-5 所示，包括 ATS 分机、现地工作站、网络通信设备与其他系统接口设备。

(二) ATS 系统主要功能

(1) 对正线列车运行进行监视，以及对系统设备状态进行监视、监测和报警。

系统根据现场 ATS 分机采集的信息在控制中心大显示屏上动态显示全线线路、车站、车辆段、折返线、道岔、信号机、进路以及在线列车运行的实际位置及各种状态。

(2) 列车识别跟踪、传递和显示功能。

ATS 系统实现全线正线、车辆基地的列车自动识别和追踪，并显示车次及列车进入、驶出管辖区的车次自动移位。

(3) 实现进路自动控制 (根据计划运行图自动生成进路控制命令，设置列车进路) 或人工控制。

ATS 系统与其他子系统相结合，可控制进路的办理和建立，具备调度中心自动控制、调度员人工控制和车站自动控制、现场人工控制的功能。

(4) 实现列车运行自动调整。

ATS 系统根据列车偏离当日计划 (实施) 运行时刻表的程度，对列车运行实现自动调整。

(5) 列车运行图及时刻表的人工辅助编制与管理。

通过列车运行图，工作站实现自动或手动编制系统运行需要的各种时刻表，并可以进行修改；编制后的时刻表在数据库服务器的磁盘中存储。

(6) 实现停车场/车辆段内列车运行监视和车组号追踪，进/出停车场、车辆段的列车信号机状态监视,并通过网络系统与控制中心、相关站/段(场)交换列车运行信息,车辆运营信息,乘务员管理等信息。

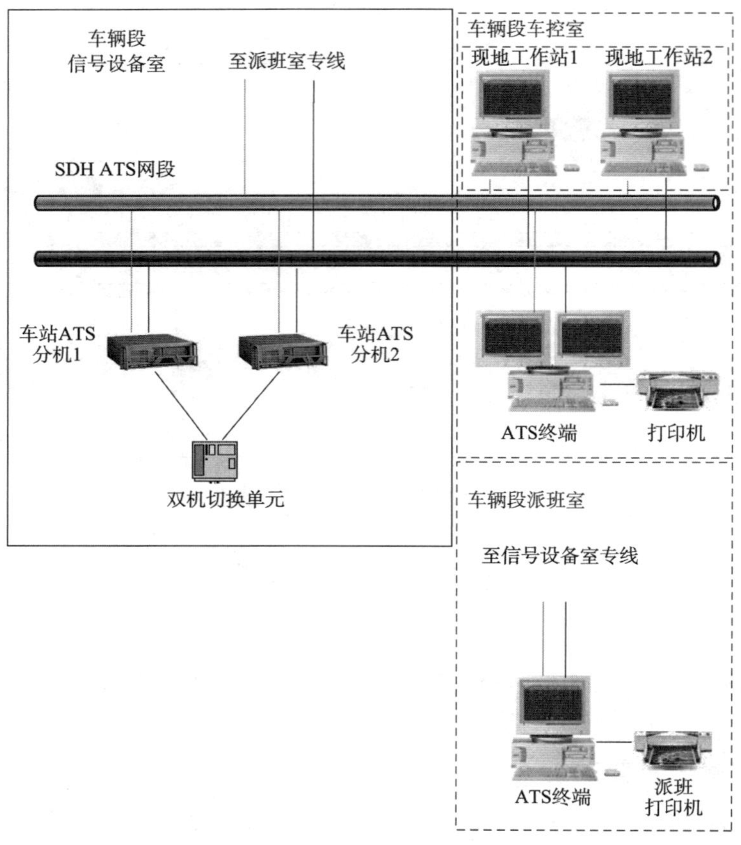

图6-5　车辆段设备布置

(7)根据在线列车的运行情况,在运行秩序紊乱及运行偏离时刻表时进行ATO运行等级和车站停车时间的调整。

(8)具备通过仿真测试验证系统的功能。

(9)具备调度员培训设备的列车运行模拟、操作动态模拟及仿真功能。

(10)具备列车运行报表统计、各种事件报警报表生成功能。

(11)具备各种状态信息、操作信息数据的记录及回放功能。支持历史数据的记录和回放,以便在出现问题时可以追溯历史。

(12)控制发车计时器,并向乘客导向系统提供信息。

(13)与CI设备、ATO系统、通信(含时钟、传输、广播及无线系统)系统、综合监控系统及信号维修中心交换信息。

(14)与各种CI设备、ATP系统、ATO系统和车-地通信系统可靠连接。

(15)全系统的时钟同步。

(16)中央专用设备提供模拟和演示功能,用于培训及参观。

二　CI系统

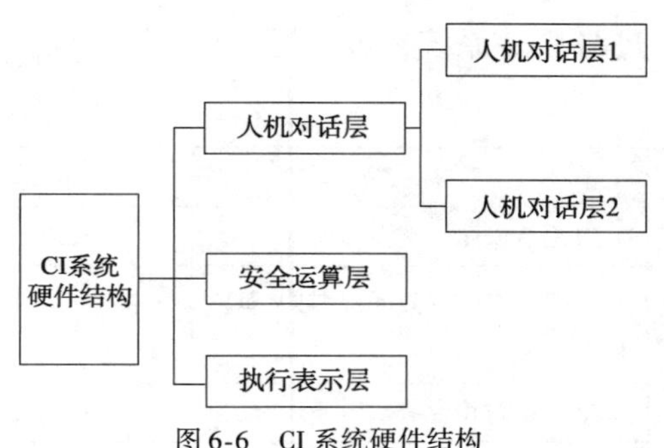

图6-6　CI系统硬件结构

CI系统主要处理ZC的授权信息，通过对区段内的道岔和信号进行控制，建立或解锁进路，实现正确的联锁关系，确保列车的安全运行，提高车辆运行效率。其硬件结构如图6-6所示。

(一)一般要求

(1)保证进路行车安全，并具备处理大量信息和联网的能力。

(2)应满足24h不间断运行的要求。

(3)监控容量应满足正线车站、车辆段/停车场的建设规模和运输作业的需要，应具有与ATS系统校核时钟的能力。

(4)可与ATS系统配合，实现站控/遥控的转换。

(5)在CBTC模式下，CI系统允许多列车运行到同一条进路，按照移动闭塞行车；在降级模式下，CI系统只允许一列列车运行到该进路，按照固定闭塞行车。

(二)CI设备环境条件

CI设备应安装于信号机械室内，其对环境的要求为：

(1)温度：0～40℃。

(2)相对湿度：不大于90%(室温：+25℃)。

(3)大气压力：74.8～106.2kPa。

(4)外电网引入电源屏的零地电位差：不大于1.0V。

(5)室内应采取防静电、防尘等措施。周围无腐蚀性和易引起爆炸的危险有害气体。

(三)性能要求

(1)可靠性要求：应采用高可靠性硬件和冗余结构，平均无故障间隔时间应不小于1×10^5h。

(2)可维护性要求：CI系统的平均恢复时间小于30min；CI系统应能与信号集中监测系统连接，并提供室内外联锁设备的状态及报警信息。

(3)安全性要求：

①CI系统应工作可靠并符合“故障-安全”原则。

②CI系统的安全完整性等级应达到SIL4级。

③有关电源、电磁环境、外部接口、人机接口(考虑操作失误)等环境条件和使用条件的设计，应采用与安全完整性等级相适应的设计方法。

④CI系统应具有一定的错误监测机制，监测到故障发生时及时采取措施，触发安全反应，不得引发或维持不安全状态。

(四)具体功能

CI系统可提供封锁区段、解封区段功能。区段封锁后，CI系统不应排列经过该区段的进路。CI 系统参数值见表 6-2。

CI 系统参数值 表 6-2

参数	取值范围	参数	取值范围
CI 系统安全完整性等级	SIL4	CI 系统平均恢复时间	小于 30min
CI 系统平均故障间隔时间(MTBF)	不小于 1×10^5h	CI 系统的处理周期	不大于 1s
CI 系统可用性	99.99%		

1. 信号机

(1)信号应不出现乱显示,即不符合规定的信号显示。当检测到信号机显示与预期结果不一致时,应控制该信号机显示禁止信号。

(2)CI 系统应能接收地面 ATP 系统提供给信号机的列车接近信息,控制进路始端信号机转换不同的显示。

(3)CI 系统可提供信号机封锁、信号机解封功能,可提供信号关闭功能。

(4)CI 系统应具备信号重复开放的功能。进路信号开放,应持续检查信号开放联锁条件是否满足。

2. 道岔

(1)CI 系统应具备道岔位置信息,包括道岔定位、道岔反位、道岔四开,并能提供道岔挤岔表示。

(2)CI 系统应能够通过进路锁闭、区段锁闭、人工单独锁闭、引导总锁或其他锁闭的方式对道岔进行锁闭。道岔一旦被锁闭,则不能操作道岔。

(3)CI 系统应具备单独锁闭和单独解锁的功能。

(4)CI 系统可提供道岔封锁、道岔解封功能。道岔封锁后,CI 系统不应排列经过该道岔的进路。

3. 进路

(1)CI 系统应具备列车进路、引导进路功能。

(2)CI 系统应能提供人工办理进路、ATS 系统自动办理进路的功能。

(3)CI 系统应具备进路锁闭和进路接近锁闭的功能。

(4)CI 系统应具备进路正常解锁的功能。

(5)CI 系统应具备区段故障解锁功能,办理区段故障解锁应人工确认。

(6)CI 系统应具备根据需要提供自动折返进路功能。

(7)CI 系统应具备引导进路功能,可提供引导总锁功能,引导总锁后 CI 系统控制范围内道岔锁闭。

三 ZC 系统

ZC 系统是 CBTC 系统中的一个安全计算机系统。它对系统的安全性和可靠性有着极高的要求,ZC 的工作稳定性直接影响列车运行效率和行车安全。

(一)ZC 系统的主要功能

1. 列车管理

ZC 系统管辖范围内的运行车辆有如下几种状态:列车预登录状态、列车进入 ZC 控制状态、ZC 正式控制列车状态、列车注销状态。

2. 移动授权生成

移动授权(Movement Authority,MA)的计算是 ZC 系统的核心功能。ZC 实时与数据存储单元(Data Storage Unit,DSU)、VOBC、CI 设备、ATS 系统等其他子系统进行交互,通过计算生成 MA,并通过数据通信系统向列车的 VOBC 发送。

3. 停车保证

当 ZC 系统收到联锁发送的取消进路信息,且 CBTC 等级列车的移动授权越过该进路的防护信号机时,ZC 向该 CBTC 等级列车发送停车保证请求,车载 ATP 设备回复是否可以在该移动授权终点前停车。

4. ZC 切换

ZC 的控制范围一般在 5km 内,一条线路有时需要不止一个 ZC,因此,列车从一个 ZC 驶向另一个 ZC 时,两个 ZC 需要进行控制权的交接。

(二)ZC 系统的工作原理

ZC 系统需要对所有在其管辖范围内的列车进行管理和控制。整个过程主要分为列车预登录、列车进入 ZC 控制、ZC 正式控制列车和列车注销 4 个阶段。其相关特点如图 6-7 所示。

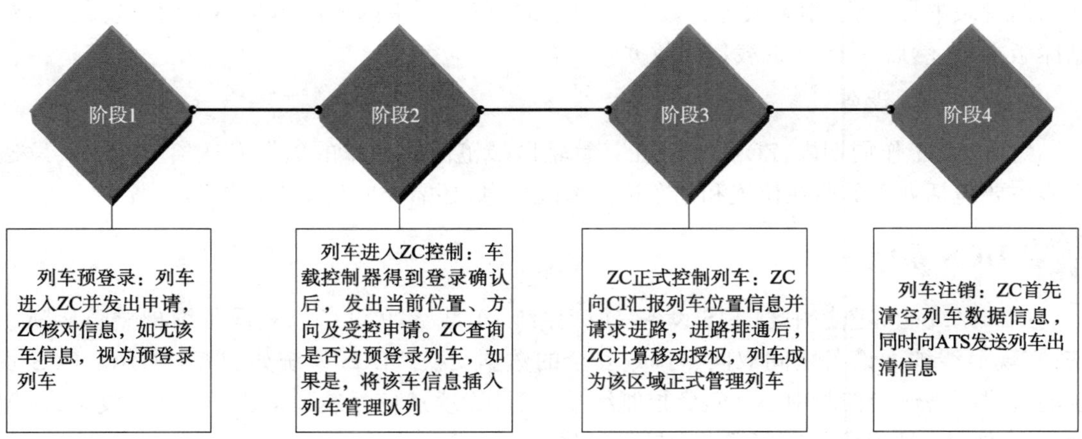

图 6-7 ZC 系统工作阶段

(三)ZC 系统与其他子系统的关系

ZC 系统需要根据从 VOBC、ATS 系统、CI 设备和 DSU 接收到的各种状态和数据信息,在已知障碍物位置和状态信息的情况下,计算在其管辖区域内所有列车的移动授权,并及时将移动授权以数据包的形式通过数据通信系统发往 VOBC，以控制列车的走行。ZC 系统与其他子系统之间的信息交互如图 6-8 所示。

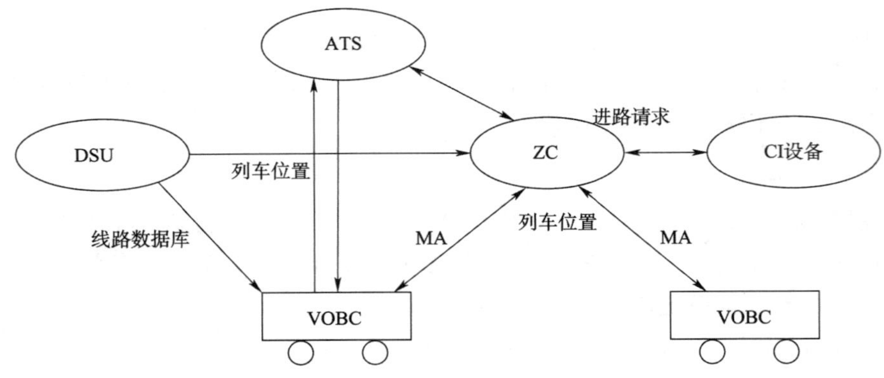

图 6-8　ZC 系统与其他子系统之间的交互结构

1. ZC 与 VOBC

当列车在 ZC 管辖范围内运行时，ZC 从 VOBC 得到列车当前位置和运行方向，结合障碍物状态信息，为 VOBC 计算 MA，计算结果以通信报文的形式发送给 VOBC。

2. ZC 与 ATS 系统

ZC 会实时、周期性地把列车当前位置和列车信息，以及周围障碍物的状态发送给 ATS 系统，ATS 系统会在线路显示屏上显示列车所处具体位置和线路状态。

3. ZC 与 DSU

ZC 每个工作周期前，要首先进行 ZC 的本地数据库版本号与 DSU 数据库版本号比较。如果两者版本号一致，则无须进行数据库内容的更新；如果两者版本号不一致，则要更新数据库版本号，然后从 DSU 下载新的数据库内容。

4. ZC 与 CI 设备

每个 ZC 工作周期内，ZC 都要将在其管辖区域范围内列车的信息发送给 CI 设备，发送内容主要包括列车的所在位置和列车进路情况信息，还需要向列车发送进路申请。

四　DCS 系统

DCS 系统能够监控中心 ATS 设备、轨旁系统、车载 ATP 设备以及设备维护故障诊断系统，实现沿线地面设备之间双向、可靠、安全的数据交换。DCS 系统如图 6-9 所示。DCS 系统的有线网络连接控制中心和轨旁控制终端，以及无线通信系统地面无线 AP 等设备，承担所有车-地、地-地通信的数据发送和转发工作。

（一）DCS 系统传输的信息内容

DCS 系统主要传输以下信息：

（1）VOBC 向 ZC 传递的列车状态信息和列车位置信息。

（2）VOBC 与线路数据库间的数据查询信息。

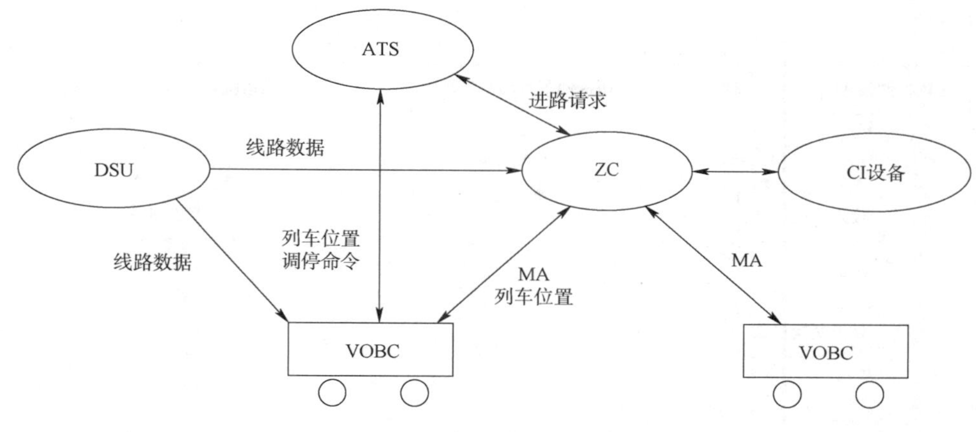

图 6-9 DCS 系统框图

(3)VOBC 向控制中心控制设备传递的列车运行状态和列车位置信息。

(4)ZC 向 VOBC 发送的控制信息。

(5)ZC 向控制中心传送的轨旁设备状态信息。

(6)ZC 与线路数据库间传递的信息。

(7)控制中心向 VOBC 和轨旁控制器发出的控制命令。

(8)联锁系统与 ZC 和控制中心间传递的信息。

(二)DCS 系统的主要功能

DCS 系统是 CBTC 系统的基础,如果该子系统出现问题,将直接造成轨道线路瘫痪。因此,在较强电子干扰、恶劣天气、维修损坏等不利条件下,该系统应具有很强的抗干扰、抗毁坏能力,可确保系统正常运行。除此之外,DCS 系统还应实现以下功能:

(1)实现 CBTC 系统中的各子系统之间的直接通信。

(2)单点到多点信息转发功能。

(3)无线数据通信接入功能。

(4)标准连接功能。DCS 系统应能够提供标准接口,实现现有设备的网络接入。

(三)DCS 系统的主要框架

DCS 系统按功能划分,由主干网络、轨旁数据接入网、车载网络和车-地无线通信网络等组成。DCS 系统示意如图 6-10 所示。

1. 主干网络

主干网络主要由设置在设备集中站信号设备室的骨干交换机及与交换机相连的单模光缆组成,形成环式拓扑结构。骨干交换机和单模光纤均采用物理上完全独立的双套配置,具有高效带宽利用和网络故障自愈功能。

2. 轨旁数据接入网

接入交换机安装在信号设备房内,设备采用 220V 交流供电,由信号专用电源屏提供单独电源。采用光接口交换机与无线 AP 连接,其他轨旁设备通过电接口交换机接入主干网。

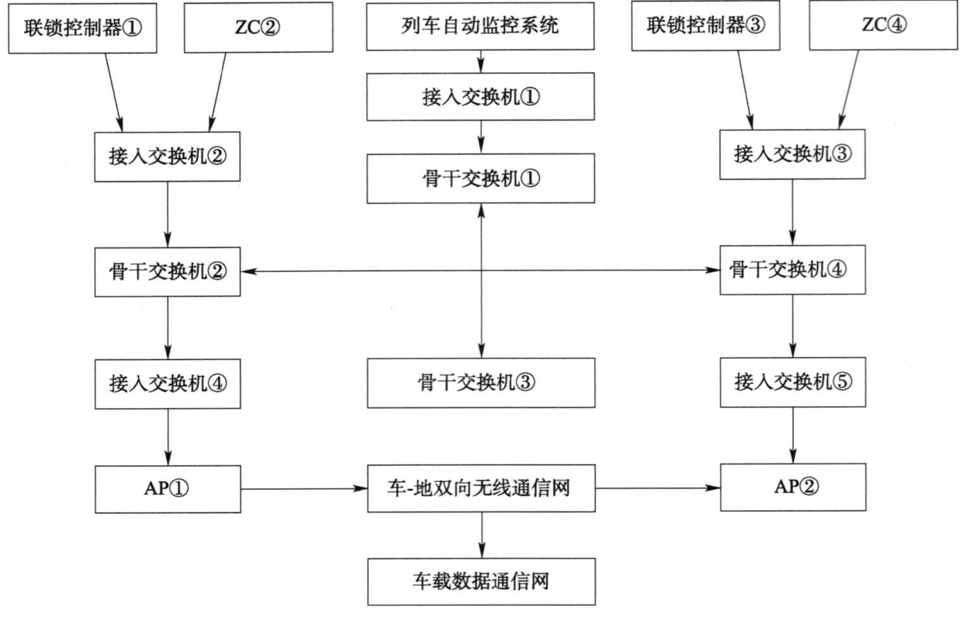

图 6-10　DCS 系统示意图

3. 车载网络

车载网络主要由车载无线单元和天线组成,车头、车尾冗余配置两套设备。车载网络主要实现各车载系统(ATP 系统、ATO 系统等)、车载操作显示设备(司机驾驶台、安全 I/O 控制器等)以及车载无线设备之间的信息交互的功能。

4. 车-地无线通信网络

车-地无线通信网络主要由沿轨道布置的无线 AP 设备和光电缆组成。轨旁 AP 冗余配置,每个无线 AP 配置两个无线单元。无线通信系统结构如图 6-11 所示。

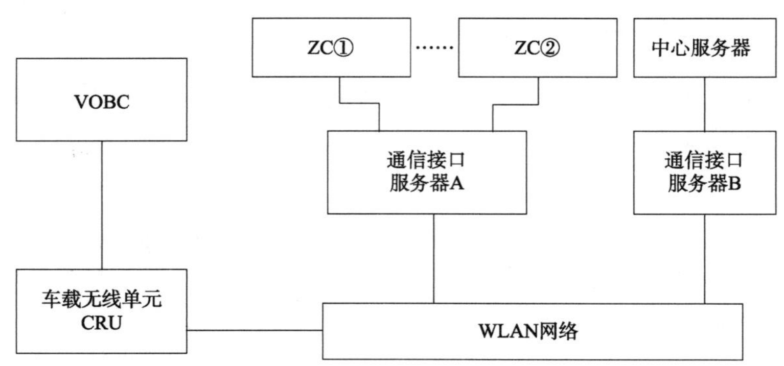

图 6-11　无线通信系统结构

技术技能 6-2 车站 ATS 系统设备的检修

车站 ATS 设备巡视内容包括：

(1)检查设备运行状况，检查背投表示盘及工作站的显示清晰度。

(2)查看报告、报警记录。

(3)查看机房内各种设备工作状态及显示。

(4)查看 UPS 各种工作状态指示灯及表头显示是否正常，要求设备工作正常、无异味，如发现设备异常报相关部门。

(5)记录机房、电源间、表示盘背面温度，要求保持在 5 ~ 30℃。

(6)车站内的列车发车计时器(TDT)显示正常，字体清晰、完整，显示屏干净、无灰尘。

请完成实训 6-2，见教材配套实训手册。

技术技能 6-3 地面设备维护

一 ATP 设备维护

ATP 设备维护见表 6-3。

ATP 设备维护 表 6-3

设备类型	维护内容	维护要求	建议周期
常规维护	查看计算机机柜外观	外观完好、加封加锁齐全	每季度不少于 1 次
	查看计算机运行状态	设备运行状态正常，指示灯显示正确，开关或按钮位置状态正确，风扇无异常	
	查看计算机报警信息、设备连接状态等信息	运行状态正常，无异常报警	
	检查计算机板卡、插接器等部件	部件安装牢固	
	分析计算机系统报警日志	记录异常结果	
	分析计算机设备运行状态	记录异常结果	
	清扫计算机机柜防尘网、过滤组件	完好、清洁	
	检查计算机机柜接地	地线齐全、接地良好	
	测量计算机电气特性	符合设备设计要求	
	测量计算机冗余功能	符合设备设计要求	
	测试计算机自检功能	符合设备设计要求	

二 ATS 设备维护

ATS 设备维护见表 6-4。

ATS 设备维护 表 6-4

设备类型	维护内容	维护要求	建议周期
常规维护	查看计算机报警信息、设备连接状态等信息	运行状态正常，无异常报警	每季度不少于1次
	查看计算机时钟	时钟正确	
	分析计算机系统报警日志	记录异常结果	
	查看计算机机柜外观	外观完好、加封加锁齐全	
	查看计算机运行状态	设备运行状态正常，指示灯显示正确，开关或按钮位置状态正确，风扇无异常	
	检查计算机板卡、插接器等部件	部件安装牢固	
	分析计算机设备运行状态	记录异常结果	
	清理系统磁盘垃圾文件	符合设备设计要求，记录异常结果	
	备份系统日志、数据	符合设备设计要求，记录异常结果	
	清扫计算机机柜防尘网、过滤组件	完好、清洁	
	检查计算机机柜接地	地线齐全、接地良好	
	测量计算机电气特性	符合设备设计要求	
	测量计算机冗余功能	符合设备设计要求	
	测试计算机自检功能	符合设备设计要求	
	测试联锁计算机自检功能	符合设备设计要求	

三 DCS 设备维护

DCS 设备维护见表 6-5。

DCS 设备维护 表 6-5

设备类型	维护内容	维护要求	建议周期
常规维护	查看网络报警信息、设备连接状态等信息	运行状态正常，无异常报警	每季度不少于1次
	查看时钟	时钟准确	
	查看计算机机柜外观	外观完好、加封加锁齐全	
	查看计算机运行状态	设备运行状态正常，指示灯显示正确，开关或按钮位置状态正确，风扇无异常	
	检查计算机板卡、插接器等部件	部件安装牢固	

续上表

设备类型	维护内容	维护要求	建议周期
常规维护	分析系统报警日志	记录异常结果	每季度不少于1次
	分析设备运行状态	记录异常结果	
	清理系统磁盘垃圾文件	符合设备设计要求,记录异常结果	
	备份系统日志、数据	符合设备设计要求,记录异常结果	
	检查计算机机柜接地	地线齐全、接地良好	
	测量计算机电气特性	符合设备设计要求	
	测量计算机冗余功能	符合设备设计要求	
	测试计算机自检功能	符合设备设计要求	
中修	更换通风防尘部件	检查测试通风防尘部件,更换不良部件	5年
	备用通道误码率和光功率测试	测试结果见《城市轨道交通通信工程质量验收规范》(GB 50382—2016)中的规定	5年

复习检测

1.(　　)属于ATS系统,是ATC系统的核心。

A. 车辆段信号设备

B. 控制中心设备

C. 车载ATC设备

D. 车站及轨旁设备

2. ATC系统按结构不同可分为(　　)。

A. 自动ATC系统和手动ATC系统

B. 间断式ATC系统和连续式ATC系统

C. 间断式ATC系统和点式ATC系统

D. 点式ATC系统和连续式ATC系统

3. 调度员可通过(　　)控制联锁设备,还可借助显示器上的对话框和鼠标来输入联锁指令,然后传送到联锁设备。

A. 控制中心ATS设备

B. 时刻表系统

C. 速度码系统

D. 间隔码系统

4. 简述ATC系统的组成,以及各子系统的功能。

任务6.3 车载设备维护与检修[1+X]

理论知识

车载设备是CBTC系统的重要组成部分，其功能能否实现直接关系到CBTC系统能否顺利运行。车载设备主要包括DMI、天线系统、测速和定位传感器、车载控制器等部件。车载设备通过通信系统与轨旁设备、指挥控制中心设备通信进行车辆位置信息传输和信息共享，来辅助调度人员指挥运营。车载设备与其他各子系统都有连接，使得各子系统可以及时把信息传送给车载设备；车载设备对得来的信息进行计算来实现列车的ATP/ATO功能，并将自身的状态信息反馈给各子系统，保证整个CBTC系统正常运行。

一 ATP系统

目前，各大城市的地铁和轻轨行车间隔时间都设计得很短，有的只有90s。在如此短的时间内，为确保行车安全，必须采用高度可靠、连续不断的速度显示和行车监督、防护的多信息系统。ATP系统在城市轨道交通中承担这一重要功能，是ATC系统中最重要的一环。在评价ATP系统时，总把其安全性和可靠性放在第一位。

（一）工作原理

ATP的功能是由车载ATP系统和轨旁ATP系统共同实现的。车载ATP设备实物和轨旁ATP设备实物分别如图6-12和图6-13所示。

图6-12 车载ATP设备

图6-13 轨旁ATP设备

ATP计算机储存了必要的线路固定工程数据，如区间的线路布置、坡度、轨道电路长度、限速值等。ATP计算机根据已有的数据和当时的线路运行状况，按照一定的算法计算列车的最大允许速度。ATP 计算机工作原理如图 6-14所示。

对于列车 B 的 ATP 系统,首先,通过轨道电路获得线路的运行状况,主要是前行列车 A 的位置信息或者危险点;然后,ATP 计算机根据已有的数据及线路运行状况信息,实时计算列车的最大允许速度和到安全停车点的"速度-距离"关系。如果此时列车 B 的速度高于最大允许速度,则报警;如果列车 B 未能在规定时间内将速度降低到允许速度以下,则实施紧急制动。

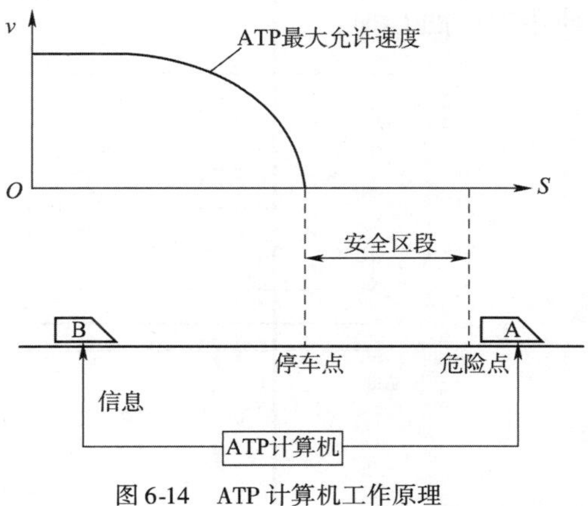

图 6-14 ATP 计算机工作原理

(二)功能

1. 安全停车点防护

安全停车点是保证列车运行不发生危险的基本红线。一般列车在运行过程中,相对于危险点而言存在一个安全区段,该区段的长度由列车的性能和运行状况决定。安全停车点为该安全区段的起始点。ATP 系统根据已有数据及线路运行状况计算出到安全停车点的"速度-距离"曲线,保证列车能够在安全区段内停车。

2. 速度监督和超速防护

在列车运行过程中,ATP 系统实时监督列车速度,预防列车超速产生危险。该监督主要包括两个方面:一是列车固定速度限制,如列车运行速度一般不允许超过 80km/h;二是临时速度限制,如根据安全停车点计算出来的最大允许速度等。如果列车超过了这些速度限制,ATP 系统首先报警,如在规定时间内速度未降到允许范围内,则实施紧急制动,并记录。

3. 测距与测速

实时测量列车的运行速度和行驶距离是列车安全运行的基本保障。ATP 系统主要通过轮轴上的速度传感器进行距离和速度测量;同时,可以利用轨道电路获得与前列列车的距离,实现信息同步。

4. 门控

列车的车门控制是重要的安全措施之一。车载 ATP 设备防止列车在站外开门和站内开错门;另外,防止列车在开门状态下启动。

以上是 ATP 系统的主要功能,它还具有一些其他功能,如紧急停车功能、列车异常情况控制功能、无人自动折返功能、通信功能等。

二 ATO 系统

(一)工作原理

ATO 系统也是由车载设备和轨旁设备组成的。其结构如图 6-15 所示。ATO 系统与 ATP 系统共用车载硬件设备。ATO 系统的软件安装在与 ATP 系统共用的车载计算机中,但使用独立的 CPU。

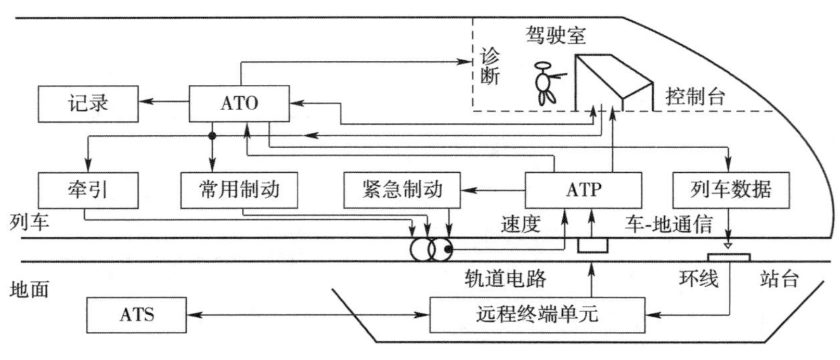

图 6-15　ATO 系统的结构

车载 ATO 设备为主备冗余，当主 ATO 单元发生故障时，自动从主 ATO 单元切换到备用 ATO 单元。主 ATO 单元和备用 ATO 单元运行同样的软件，得到相同的传感器输入和独立计算，但是在同一时间，只有一个 ATO 单元是主 ATO 单元，与其他子系统连接，而备用 ATO 单元不提供任何输出。

当符合发车安全条件时，ATO 系统给出启动显示，司机按下启动按钮，ATO 系统使列车从制动停车状态转为驱动状态。ATO 系统的 VOBC 通过比较列车实际运行速度及 ATP 设备给出的最大允许速度及目标速度自动控制列车的牵引及制动。ATO 系统控制列车的牵引制动设备，自动实现列车的启动、加速、巡航、滑行及制动等驾驶功能。在驾驶过程中，ATP 设备一直执行其速度监督和超速防护功能，负责列车的运行安全。

（二）功能

ATO 系统的主要功能是进行列车定位和速度控制，以实现精确停车、追踪间隔最小及节能。为适应不同的坡道，ATO 系统使用位置传感器、速度传感器和加速度传感器。

1. 站间自动驾驶

站间自动驾驶是 ATO 系统最主要的功能。ATO 系统可生成牵引和制动控制信号，使列车根据速度-距离曲线控制行车速度。ATO 系统根据站间距离和站间运行时间自动计算出速度-距离曲线。在高峰期，按照最大允许速度驾驶列车；在低峰期间，按照最节能的方式驾驶列车。

2. 调整管理

ATO 系统按照时刻表内的站间运行时间在站间控制列车运行。为了按照时刻表运行，ATO 系统可对较小的异常情况进行调整。列车按时刻表和最大可能的节能原则进行速度调整。

3. 程控停车

ATO 系统采用适当的制动率，使列车准确、平稳地停在规定的停车点上。ATO 系统通过列车定位系统，可使停车位置的误差达到 ±0.5m。

4. 打开车门

车门可以通过 ATO 系统实现自动控制（也可以通过手动控制）。当 ATP 系统检查车辆具备开门条件时，由 ATP 系统发出控制指令，ATO 系统作为执行机构，控制车门开启。

5. 自动折返

对于无人驾驶的列车，ATO 系统控制列车实现自动折返，即从站台线自动驶入折返线，换端后再自动驶入返回的站台线。ATO 系统在实现自动折返的过程中受到 ATP 系统的监督。

三 无线通信设备

机车综合无线通信设备（Cab Integrated Radio Communication Equipment，CIR）具有功能强大、标准化程度高、操作灵活的特点。CIR 由主机、操作显示终端、送受话器、扬声器、打印终端、天线及连接电缆等组成。CIR 构成原理如图 6-16 所示。CIR 设备如图 6-17 所示。

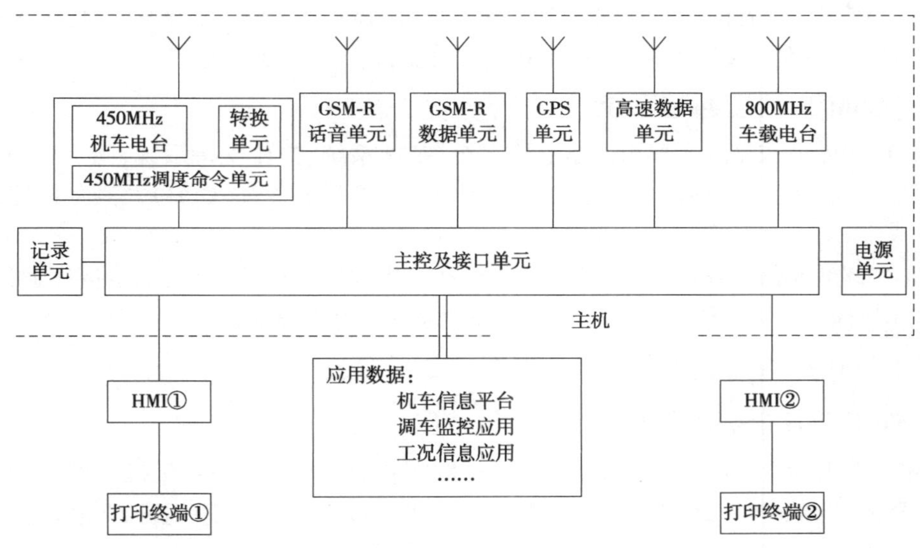

图 6-16 CIR 构成原理

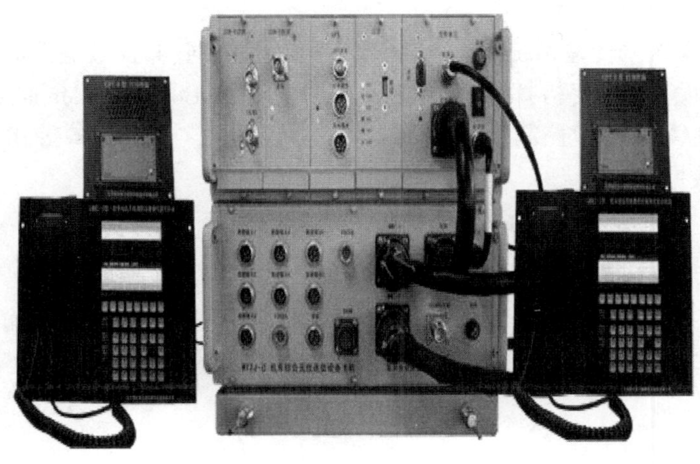

图 6-17 CIR 设备

根据实际运用需求，CIR 的功能覆盖450MHz 列车无线调度通信系统、800MHz 列车尾部和列车安全预警系统、GSM-R 调度通信系统、GSM-R 通用数据传输等。

（一）450MHz 列车无线调度通信系统

450MHz 列车无线调度通信系统包括调度总机、车站电台、机车电台、便携台以及区间设备、配套的检测设备等，可满足车站值班员、助理值班员、司机、车长、调度员之间的话音通信。另外，450MHz 列车无线调度通信系统还可以实现机车电台、车站电台和调度设备之间的双向数据传输和机车出入库自动检测功能。

（二）800MHz 列车尾部和列车安全预警系统

800MHz 列车尾部和列车安全预警系统由车载电台、道口预警设备、袖珍式预警器、便携式预警器、列车尾部安全防护装置（含列车尾部主机及列车尾部司机控制盒）和监控装置适配器构成。该系统具有记录和存储收发预警信息，广播列车车次、运行速度、位置及时间等列车运行信息，查询列车尾部风压、排风和接收欠压报警信息等功能。

（三）GSM-R 调度通信系统

GSM-R 调度通信系统主要由网络交换系统、基站系统、操作支持系统、固定用户接入交换机火灾自动报警系统（FAS）、调度台、车站台、CIR、作业手持台（OPH）及其他固定终端等构成。

GSM-R 调度通信系统业务包括列车调度通信、货运调度通信、牵引变电调度通信、其他调度及专用通信、站场通信、应急通信、施工养护通信和道口通信等。

（四）GSM-R 通用数据传输

1. GSM-R 调度命令无线传输

GSM-R 调度命令无线传输系统由 GSM-R 数字移动通信网、GSM-R 机车综合通信设备（含操作显示终端、打印终端）、DMIS 设备等组成。该系统采用通用分组无线服务技术（GPRS）方式传输数据。

2. GSM-R 无线车次号传输

GSM-R 无线车次号传输系统由 GSM-R 数字移动通信网、监控数据采集处理装置、GSM-R 机车综合通信设备、调度指挥管理信息系统（Dispatch Command Management Information System，DMIS）、连续式列车控制（Continuous Train Control，CTC）设备等组成，该系统采用 GPRS 方式传输数据。

3. GSM-R 列车尾部风压传输

GSM-R 列车尾部风压传输系统由 GSM-R 网络、安装在列车尾部的列尾装置主机和安装在机车上的 GSM-R 机车综合通信设备组成。该系统也采用 GPRS 方式传输数据。

GSM-R 机车无线综合平台主机整机框图如图 6-18 所示。

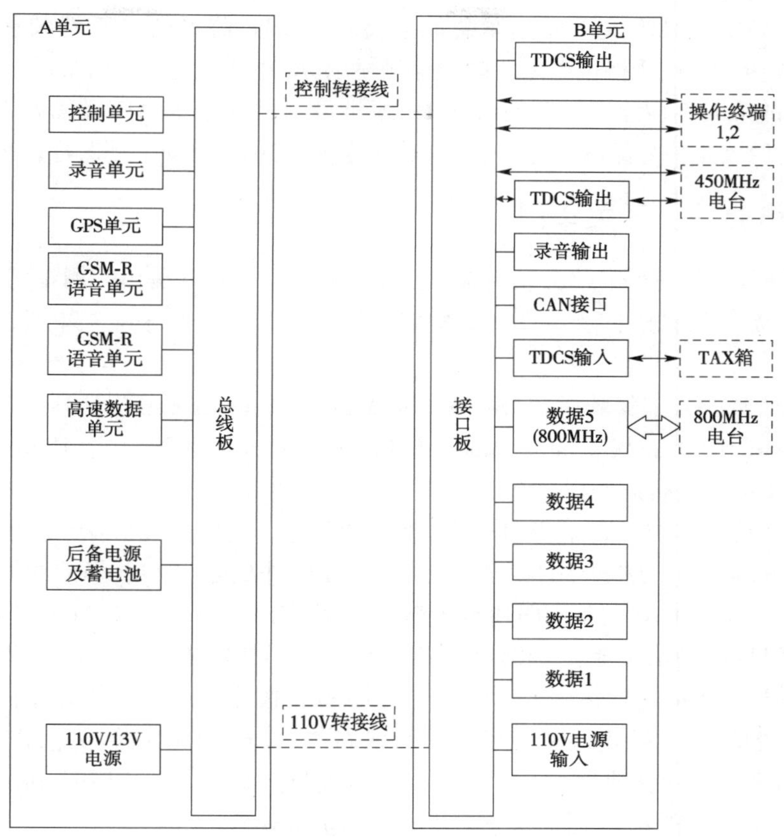

图 6-18 GSM-R 机车无线综合平台主机整机框图

技术技能 6-4 车载设备操作

列车各运行阶段操作规程如下。

一 列车出库

（1）列车整备完毕，状态符合正线服务要求后，向车场信号值班员报告列车整备完毕。

（2）确认出场信号开放，按该列车出车场时刻以限制人工驾驶模式（RM）驾驶列车出库，整列离开库门前限速 5km/h。列车运行到转换轨一度停车。

二 正线运行

（1）列车 ATO 驾驶模式下，司机应保持正确工作状态。列车运行期间，司机要注意观察列车显示屏信息、各指示灯和仪表显示、自动开关状态。司机要不间断瞭望前方进路状态，发现线路、弓网故障及其他轨旁设备损坏或超限时，及时采取紧急措施，并报告行车调度员。列车接近进站时，司机要密切观察站台乘客状况，遇乘客较多或有越出站台黄色安全线的乘客，应及早鸣笛示警，遇危及列车运行或人身安全状况时，立即采取紧急措施。

(2)列车 ATO 驾驶模式下发生紧急制动,需要"ATP 监督的人工驾驶模式(SM)"或"RM"模式运行时,司机严格遵循进路防护信号显示、ATP 允许速度及列车运行速度。

(3)列车故障或其他原因需临时停车时,司机可通过列车紧急广播或人工广播安抚乘客。列车本身原因或信号故障,造成列车未对标停车时,司机立即手动对标停车。

三　站台作业——开关车门

(1)ATO 模式下,列车进站自动对标停车后,列车显示屏出现相应侧车门释放信息,车门自动打开。无特殊情况下,乘务员须在规定时间内在驾驶室侧门旁立岗,监视站台乘客上下车情况。

(2)ATP 监督的人工驾驶模式(Supervised Manual Train Operating Mode,SM)、限制人工驾驶模式(Restricted Train Operating Mode,RM)、非限制人工驾驶模式(Unrestricted Manual Driving Mode,URM)及折返对标停车后,列车显示屏无相应侧车门释放信息,需人工打开时,必须严格执行"确认、呼唤、跨半步、开门"4 步作业程序。关门前观察发车表示器[Departure (Dwell) Time Indication, DTI]倒计时显示,对照运营时刻表发车时刻,提前约 10s 侧转身体,按下"关"按钮,回转身体,立正面向列车尾部瞭望,待车门全部关好,所有车门黄色指示灯和运行状态黄色灯灭,确认安全后(原则上不得使用重开门按钮来防止夹人),进入驾驶室,在启动客车之前通过侧望监视镜确认车门无夹人夹物后,按照规定程序启动列车。

(3)大客流情况下,司机注意气压表显示状态,超过 0.28MPa 时,关门作业加强"重开门"按钮的运用(防止夹人夹物),同时报告行车调度员。车门发生故障时,原则上运行方向前 3 节车组由司机负责处理,后 3 节车组由站台岗负责处理。

四　终点站折返

(1)到达列车进入终点站接近停车标处,显示屏出现折返图标,"AR"黄灯亮,列车停稳,左、右侧车门相继打开。列车司机按下"AR"按钮,显示屏上的折返图标由蓝色变为黄色背景,"AR"黄灯灭,关闭主控钥匙,锁好驾驶室侧门,折返上行端驾驶室。

(2)终点站有折返司机时,与其交接列车运行状态及行车安全事项等,完毕后在换乘亭等候转为下一趟折返司机;无折返司机时,本车司机应抓紧时间激活上行端驾驶室,确认列车状态良好。

(3)URM 模式下折返时,如无折返司机,本车司机应先开左侧门下客(右侧门不开),清客完毕关左侧门,折返上行端驾驶室激活操作台开左侧门上客。

五　列车进入车场

(1)运营列车结束服务到达终点站后,司机使用标准用语告知乘客,确认全部乘客下车后,按站务人员给的关门信号关门。司机完成驾驶室折返,步行至另一端驾驶室。

(2)司机确认进路防护信号开放正确后,以 ATO 模式或 RM 模式驾驶列车至转换轨一度停车。司机确认入场信号黄灯后驾驶列车入场,库门前一度停车或平交道口前一度停车。

(3)列车停稳后,司机清洁驾驶室卫生,检查灭火器、列车备品,确认是否齐全良好,与公里数一起填写在列车状态卡上。列车停在规定的位置后,司机将方向手柄回零,施加停车制动,空压机停止工作后,鸣笛降弓,关蓄电池,下车锁好驾驶室侧门。

技术技能6-5 车载设备维护

一 车载 ATP/ATO 设备维护

车载 ATP/ATO 设备维护见表 6-6。

车载 ATP/ATO 设备维护 表 6-6

<table>
<tr><th>维护类型</th><th>维护内容</th><th>维护要求</th><th>建议周期</th></tr>
<tr><td rowspan="20">车载 ATP/ATO 设备常规维护</td><td>查看外观</td><td>完好</td><td rowspan="11">每季度
不少于 1 次</td></tr>
<tr><td>查看标志标签</td><td>齐全,完好</td></tr>
<tr><td>查看车载初始化状态</td><td>符合设备设计要求</td></tr>
<tr><td>查看各板卡工作状态</td><td>符合设备设计要求</td></tr>
<tr><td>检查散热装置工作状态</td><td>运行状态良好</td></tr>
<tr><td>设备外观、防尘网及散热装置清洁</td><td>清洁</td></tr>
<tr><td>检查除尘、防鼠设施</td><td>完好</td></tr>
<tr><td>检查接插件、地线及各部螺栓</td><td>紧固,无锈蚀</td></tr>
<tr><td>检查设备地线、各部件插接线</td><td>紧固,完好</td></tr>
<tr><td>检查与车辆系统接口开关、按钮功能</td><td>符合设备设计要求</td></tr>
<tr><td>检查计算机通信功能</td><td>符合设备设计要求</td></tr>
<tr><td>设备、维护终端内部、防尘网及散热装置清洁(板卡级除外)</td><td>清洁</td><td rowspan="9">每年
不少于 1 次</td></tr>
<tr><td>冗余功能测试</td><td>符合设备设计要求</td></tr>
<tr><td>ATP 人工限制模式功能测试</td><td>符合设备设计要求</td></tr>
<tr><td>ATP 人工驾驶模式功能测试</td><td>符合设备设计要求</td></tr>
<tr><td>自动驾驶模式功能测试</td><td>符合设备设计要求</td></tr>
<tr><td>自动折返驾驶模式功能测试</td><td>符合设备设计要求</td></tr>
<tr><td>车辆驾驶模式切换功能测试</td><td>符合设备设计要求</td></tr>
<tr><td>停车精度测试</td><td>符合设备设计要求</td></tr>
<tr><td>检查系统测速与车辆系统测速误差</td><td>符合设备设计要求</td></tr>
<tr><td rowspan="3">车载设备中修</td><td>通风防尘整改</td><td>(1)检查测试通风部件,更换不良部件。
(2)更换防尘滤网、密封圈</td><td>5 年</td></tr>
<tr><td>接收/发送天线装置检查和性能测试</td><td>接收/发送天线装置进行性能测试,更换性能不良部件</td><td>5 年</td></tr>
<tr><td>紧固件检查整治</td><td>(1)对锈蚀、氧化部件进行更换,采取补强、防松、防脱落措施。
(2)检查螺栓、螺母紧固力矩是否符合标准</td><td>5 年</td></tr>
</table>

二　车载人机交互界面维护

车载人机交互界面维护见表6-7。

车载人机交互界面维护　　表6-7

维护类型	维护内容	维护要求	建议周期
常规维护	检查外观	显示屏完好、清晰	每季度不少于1次
	查看标志标签	齐全,完好	
	查看设备运行状态	符合设备设计要求	
	检查触摸功能	符合设备设计要求	
	设备外观清洁	清洁	
	接插件、地线及各部螺栓检查、紧固	紧固	
中修	更换通风防尘部件	检查测试通风防尘部件,更换不良部件	5年
	备用通道误码率和光功率测试	测试结果参见《城市轨道交通通信工程质量验收规范》(GB 50382—2016)中的规定	5年

三　车载接收/发送装置维护

车载接收/发送装置维护见表6-8。

车载接收/发送装置维护　　表6-8

维护类型	维护内容	维护要求	建议周期
常规维护	检查外观	安装紧固,部件齐全,无松脱或脱落现象	每季度不少于1次
	查看标志、标签	齐全,完好	
	设备外观清洁	清洁	
	检查接插件及各部件螺栓	紧固	
	检查连接电缆	紧固,无拉扯现象	
	检查减振装置	紧固,完好	
车载接收/发送天线装置大修	整机或部件更换	选用原型号,各项参数经过调试合格	10年

四　车载测速装置维护

车载测速装置维护见表6-9。

车载测速装置维护 表6-9

维护类型	维护内容	维护要求	建议周期
常规维护	检查外观	安装紧固,部件齐全,无松脱或脱落现象	每季度不少于1次
	查看标志、标签	齐全,完好	
	设备外观清洁	清洁	
	检查触摸功能	符合设备设计要求	
	检查接插件及各部件螺栓	紧固	
	检查连接电缆	紧固,无拉扯现象	
大修	整机或部件更换	选用原型号,各项参数经过调试合格	10年

请完成实训6-3,见教材配套实训手册。

复习检测

1. ATP 功能是由________和________共同实现的。

2. ATP 系统根据已有数据及线路运行状况计算出到安全________的________曲线,保证列车能够在安全区段内停车。

3. ATO 系统控制列车的牵引制定设备,自动实现列车的________、________、________、________及制动等驾驶功能。

4. 在驾驶过程中,________设备一直执行列车速度监督和超速防护功能,负责保证列车的运行安全。

A. ATS　　B. ATP　　C. CI　　D. ZC

知识拓展

典型 CBTC 系统介绍

一 西门子公司的 CBTC 系统

西门子公司是较早开展基于无线通信列车控制系统研究的公司之一。目前我国推荐实施的基于无线的列车控制系统移动闭塞信号系统的无线部分采用西门子公司的 Railcomwireless 无线局域网系统。系统硬件由符合工业标准的通用无线局域网设备组成,采用 IEEE802. llb① 无线局域网标准的直接扩频技术(Direct Sequence Spreed Spectrum,DSSS)。

① IEEE 是电气电子工程师学会,IEEE802. llb 是通信协议版本号。

无线系统设计在列车运行速度不大于250km/h、满足列车控制无线传输的同时，通过增加和调整系统配置，还可实现列车和地面之间视频、语音及地面集群无线（Terrestrial Trunked Radio，TETRA）的应用。西门子CBTC系统结构如图6-19所示。

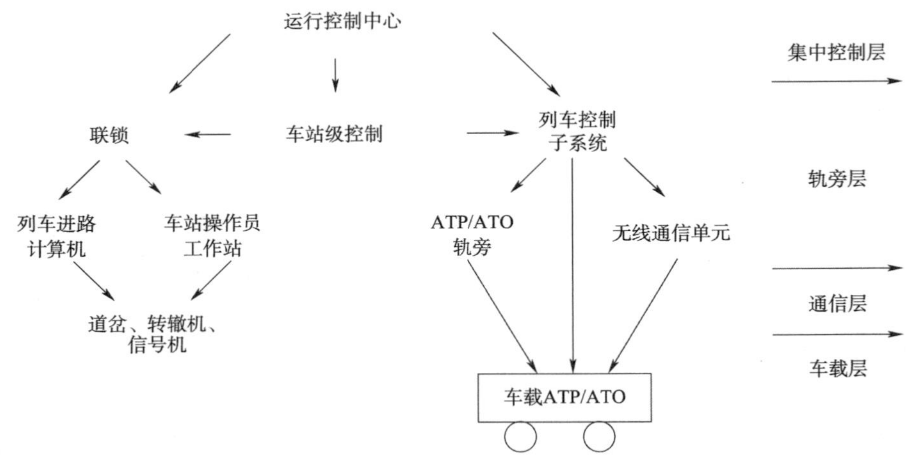

图6-19　西门子CBTC系统结构

西门子公司的CBTC系统已经应用在纽约的NYCT、德国纽伦堡的RUBIN和巴黎地铁14号线项目中。北京地铁10号线项目采用该系统，于2008年7月19日开始以移动闭塞的全功能投入载客运营。广州地铁4号线、5号线也分别于2009年3月和5月投入移动闭塞的全功能载客运营。

二　庞巴迪公司的CBTC系统

庞巴迪公司的CITYFLO 650 CBTC系统是一套先进的列车控制系统。该系统可实现有人值守的无人驾驶（Driverless Train Operation，DTO）模式或无人值守驾驶（Unmanned Train Operation，UTO）模式，并采用先进的无线电技术实现车-地双向通信。该系统从功能上可基本分为4层：

（1）基于通信的列车控制系统仍然有ATS系统。

（2）轨旁列车自动控制系统：列车自动防护和列车自动驾驶功能。

（3）通信层。

（4）车载列车自动控制系统：车载列车自动防护和车载列车自动驾驶功能。

该系统解决方案已在多条线路上运营或在建，如旧金山国际机场、中国台湾木扎地铁延伸线、西班牙马德里地铁1号线和6号线等。我国天津地铁3号线也采用该系统，3号线设置3个ATC区域，各子系统RATP（轨旁ATP设备）、VATP（车载ATP设备）、CI设备采用2×2取2冗余结构且满足安全完整性等级（SIL）的安全级别，非安全子系统轨旁ATO、ATS在安全子系统的控制下完成自己的功能，且是热备双机冗余结构，以保障系统在故障情况下不影响正常模式的行车；底层CBI系统和计轴系统为系统提供传统的固定闭塞方式，对列车进行跟踪，为后备的站间人工驾驶模式提供防护功能。

信标为系统提供列车准确行驶位置，计轴为系统提供次级列车位置检测，CBI 检测计轴状态、明确股道占用情况，并通过 DTS 发送给 RATP，RATP 据此发出列车移动授权。道岔、信号机均由 CBI 和一体化控制器（OCS）系统进行控制，给出命令，并将状态、信息发送给 RATP，对列车进行控制。CBI 信号原理如图 6-20 所示。

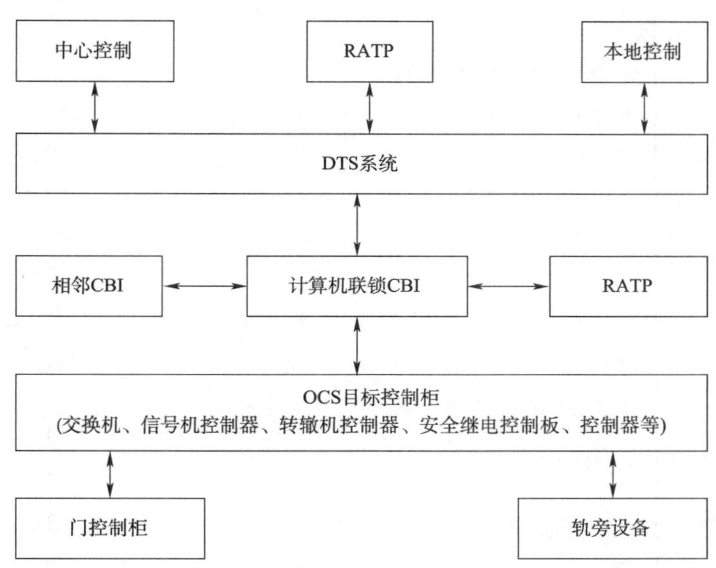

图 6-20 CBI 信号原理

三 阿尔斯通公司的 CBTC 系统

法国阿尔斯通公司 URBALISTM300 移动闭塞 CBTC 系统可以实现全线无人驾驶自动运行（DTO）模式。其无线通信采用 IEEE802.119 无线局域网标准，采用正交频分复用（OFDM）扩频方法，无线发射网络由若干连接到无源耦合器件的漏泄波导管组成。系统利用波导管同时传输 CBTC 信息和多媒体信息，实时、高质量地将车辆视频监控系统的信息传输到控制中心，将乘客信息系统等图像信息传输至各车厢。系统在线路沿线设置信标，车载 ATP/ATO 计算机实时计算列车的走行距离，并通过读取沿线信标的位置信息来校正其位置误差，进行列车精确定位。车辆测速系统设备采用编码里程计，区间定位误差小于 2%，站台定点停车误差 ±15cm。

阿尔斯通公司的 URBALIS 信号系统是基于尖端无线通信技术的列车控制系统，是当今全球非常先进和成熟的城市轨道交通信号控制系统之一，能在保障列车行驶安全的同时，有效缩短行车间隔并提高运营效率。目前，北京地铁 2 号线和机场快轨，上海地铁 3 号线、4 号线和 10 号线均采用了该信号系统。

四 卡斯柯的 CBTC 系统

iCMTC 系统是卡斯柯信号有限公司通过引进国外技术，经消化吸收再自主创新研发，且日趋成熟的基于车-地双向无线通信的移动闭塞控制系统。该系统主要由 ZC/线路中心单元 ZC/车站控制（LC）、DSU、CI 设备、中心及车站 ATS 设备、车载控制器（CC①）、LEU 等轨旁设备构成。

该系统的特点如下：

（1）后车的地址终端可以是前车的尾部，不用划分虚拟区段，真正实现了移动闭塞。

（2）只需要 2 条网线即可实现车载设备首尾热备，简化了接口，降低了维护成本。

（3）其 ATS 系统在国内城市轨道交通已广泛应用，且与各厂家进行接口，拥有更贴近用户习惯的操作界面。

（4）适用空间波和波导等多种方式的车-地通信方式，并支持这两种方式在同一线路上的混合配置。

卡斯柯建成或参与建设的主要项目包括：上海地铁 10 号、12 号、13 号线信号系统，上海地铁 1 号线车辆 6 改 8 项目车载信号系统，北京城铁 13 号线 CTC 系统，北京地铁八通线 CTC 系统，广州地铁 6 号线信号系统，宁波地铁 1 号线一期工程，等等。

五 交控科技的 CBTC 系统

LCF-300 型 CBTC 系统是北京交控科技股份有限公司依托北京交通大学、轨道交通控制与安全国家重点实验室、轨道交通运行控制国家工程研究中心自主创新研发的。其主要组成为轨旁 ATP/ATO 系统 ZC、车载 ATP/ATO 系统 VOBC、DCS、其他厂商配套的 ATS 系统和计算机联锁系统。

LCF-300 型 CBTC 系统是一个基于无线的移动闭塞系统，其主要特点是：实现了工程化的拼图式产品体系，且轨旁设备少、体积小、价格低；根据列车自主定位，通过计算后续列车的位置，给出最佳制动曲线，切实提高了区间的通过能力；通过与车辆的配合，实现了开门状态下的折返，节省了折返换端时间，提高了系统的折返能力；具有完整的驾驶台 HMI 和完备的数据记录故障诊断功能。

LCF-300 型 CBTC 系统已于 2010 年 5 月底获得了由英国劳氏总部批准颁发的一般产品安全证书，其主要安全功能满足 SIL4 级要求。该系统已经应用于北京地铁亦庄线和昌平线，亦庄线在 2011 年已开通 CBTC 级运行。

① CC 是国内信号厂家对车载控制器的称呼之一，具体叫法可能因厂家不同有所差异。

项目7

信号与运营

学习目标

1. 了解城市轨道交通主要行车组织设备。
2. 能够描述城市轨道交通行车组织机构。
3. 能够绘制列车运行图。

任务描述

1. 工作对象

行车组织设施设备:线路、车站、车辆段、列车和列车信号。

2. 工作内容

(1)正确识别指挥中心和列车运行控制中心的区别,分辨各单元的功能结构。

(2)熟读各基础设备的操作流程,反复确认各操作的执行命令。

(3)从线路、车站、车辆段开始,熟悉行车组织涉及的各部分单元。

(4)检查、记录各部分的状态。

3. 工作目标与要求

(1)培养高度的安全意识。

(2)了解各设备的特性、工作原理及作用。

(3)能按规范的步骤,完成对各设备的操作。

(4)在工作结束后,保持工作环境整洁。

项目思维导图

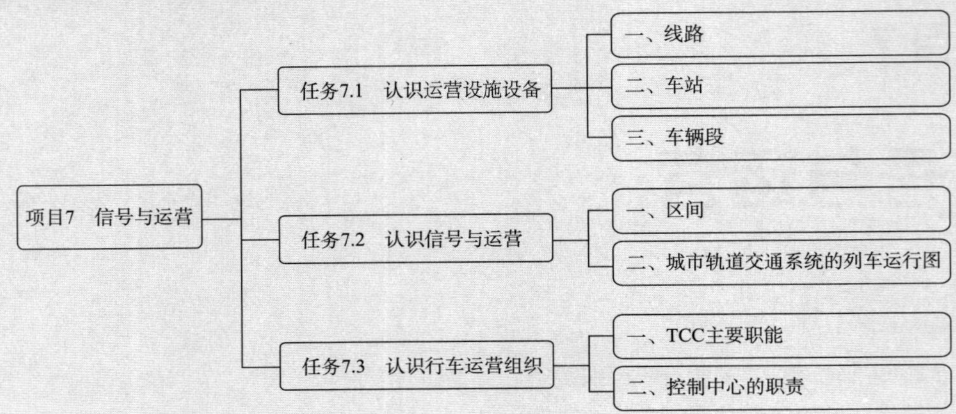
项目7　信号与运营
任务7.1　认识运营设施设备
一、线路
二、车站
三、车辆段
任务7.2　认识信号与运营
一、区间
二、城市轨道交通系统的列车运行图
任务7.3　认识行车运营组织
一、TCC主要职能
二、控制中心的职责

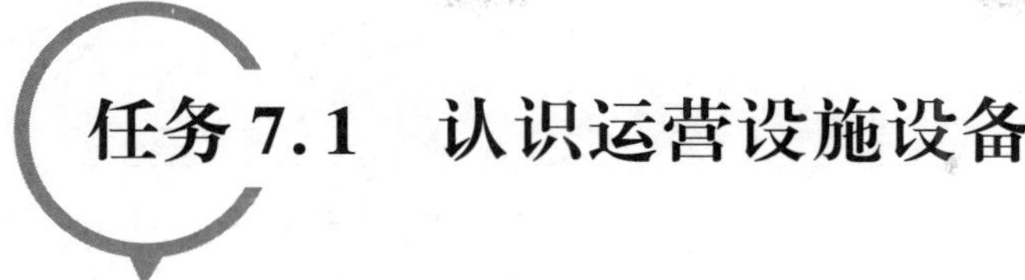

任务7.1　认识运营设施设备

理论知识

城市轨道交通运营系统是由多个分别完成不同功能的子系统所构成的，包括线路、车辆、车站三大基础设施和电气、通信等控制系统。城市轨道交通运营系统示意图如图7-1所示。

- 城市轨道交通运营系统
  - 基础设施
    - 车辆
    - 线路
    - 车站
  - 控制系统
    - 电气
    - 通信
    - 信号
    - 运营组织
    - 客运组织

图7-1　城市轨道交通运营系统示意图

一　线路

(一)线路的含义

线路是列车运行的基础，它是由路基、桥隧建筑物和轨道组成的一个整体工程，是所有行车线路的总称。轨道起着列车运行的导向作用，直接承受车轮传来的压力，并把它传给路基或桥隧建筑物。

线路

线路按照使用功能可分为到发线、正线、站线、专用线、岔线、渡线、联络线等。

到发线：供列车在车站到达、发出时使用的线路。

正线：连接车站并贯穿或直股伸入车站的线路。

站线：车站内正线及指定其他用途的线路，如转折线、停车线、库线。

专用线：在区间或站(段)接轨，通向城市轨道交通以外单位的线路，且该线路未设有车站。城市轨道交通的专用线一般为单线双向行车制。

岔线：由车站或区间分出去的有其他用途的线路。

渡线：由两个单开道岔组成的连接两条平行线路的连接线路。

联络线：连接两条独立运营的线路或正线与车辆段间的线路。

(二)线路形式与编号

城市轨道交通线路的形式各异，线路折返通常有站前折返和站后折返两种基本类型。

列车折返方式是指当列车按照运行图的要求行驶至终点站或折返站后，列车通过进路改变和道岔转换，经由车站的一条线路进入另一条线路，开始下一次运营的方式。城市轨道交通线路上只有中间个别车站、始发站和终点站才具有折返能力。

1. 站前折返

站前折返是指列车由站前渡线折返，即到站停车前完成折返过程。如图7-2所示，站前折返列车空车走行距离少，乘客能够同时上下车。

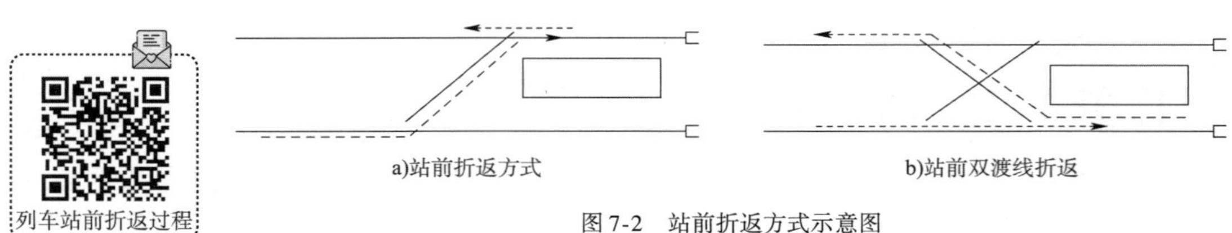

图 7-2　站前折返方式示意图

2. 站后折返

站后折返是指列车停站下客后利用站后尽端折返线折返,也可以采用站后环线折返。站后折返时先下客,后折返,再上客。常见的站后折返类型有站后单线折返线、站后双折返线、站后双渡线 3 种,如图 7-3 所示。

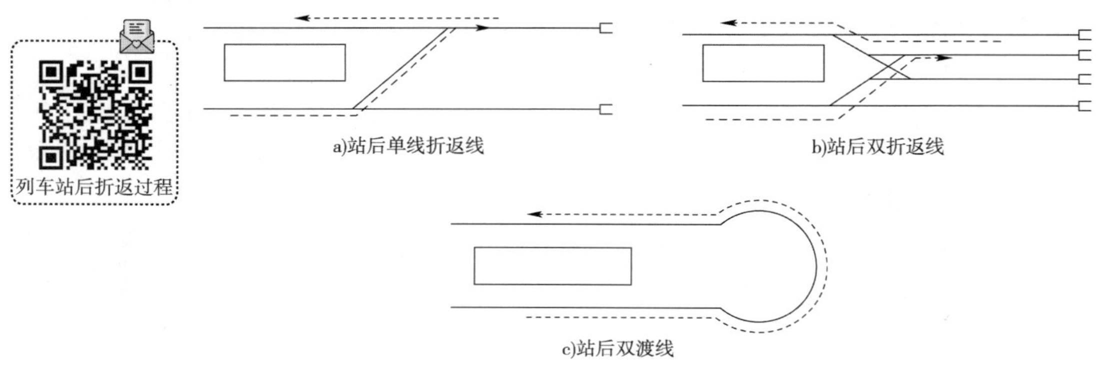

图 7-3　站后折返方式示意图

参考《地铁设计规范》(GB 50157—2013)规定,地铁线路每隔 3 ~ 5 座车站设置临时停车线。车站线路从正线起顺序编号,上行为双号、下行为单号;到发线设在正线之间时,一般编号应大于正线;折返线靠近上行正线者为双号,靠近下行正线者为单号,一般编号大于到发线。道岔编号原则:从列车到达方向起,由正线开始顺序编号,上行为双号、下行为单号;尽头式线路,向线路终点方向顺序编号;对称式折返线,以上行列车到达方向为主顺序编为双号,另一侧编为单号,其号码与上行一侧相对应。

3. 列车交路的种类

列车交路有长交路、短交路和长短交路 3 种,如图 7-4 所示。

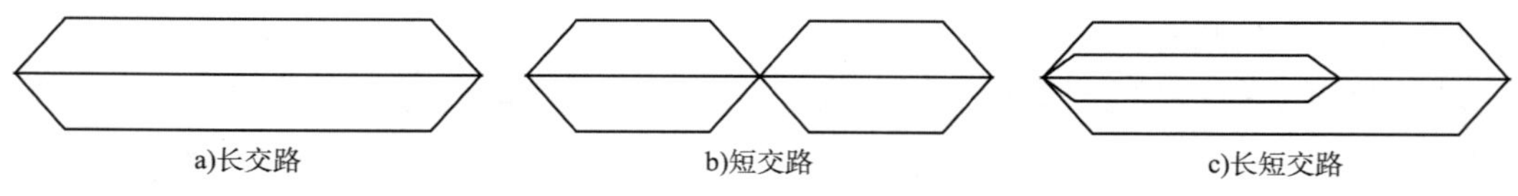

图 7-4　列车交路的种类

(1)长交路(常规交路)是指列车在全线各站间运行,为全线提供运输服务,列车到达折返线/折返站后返回。

(2)短交路(衔接交路)是指列车在某一区段内运行,在指定车站折返,它可以为某一区段乘客提供服务。

(3)长短交路(混合交路)是指线路上长短交路并存。长短交路列车在线路的部分区段共线运行,长交路列车到达线路终点站后折返,短交路列车在指定的中间站单向折返。

二 车站

车站是城市轨道交通运输工作的基层单位,是供乘客乘降列车的处所,也是城市轨道交通内部各工种进行各项作业的汇合点。车站是城市轨道交通线路的电气设备、信号设备、控制设备等集中的场所,也是运营、管理人员工作的场所。其分类如下。

(一)按车站与地面的相对位置分类

按车站与地面的相对位置分类,车站可分为地面车站、地下车站和高架车站3类,如图7-5所示。

a)地面车站

b)地下车站

c)高架车站

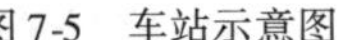

图7-5 车站示意图

(二)按车站作业性质分类

按车站作业性质,车站可分为始发站、终到站、中间站、换乘站和折返站等,见表7-1。

车站按作业性质分类一览表 表7-1

车站作业类别	始发(终到)站	中间站	换乘站	折返站
客运作业	乘客乘降	乘客乘降	乘客乘降、换乘	乘客乘降
行车作业	接、发车,列车折返,列车检修、整备,存车	接、发车	接、发车	接、发车,列车折返

(1)始发(终到)站:列车起始运行或终止运行的车站。

(2)中间站:办理正线接、发车及客运业务的车站,是列车运行途中经过的车站。

(3)换乘站:除办理中间站的接、发车,乘降作业外,也是乘客换乘不同线别列车的场所。

(4)折返站:除办理中间站的接、发车,乘降作业外,由于配有折返线、存车线,还可以办理列车折返线作业。

车辆段

三 车辆段

车辆段(图7-6)是车辆停放、检查、整备、运用和修理管理中心所在地。车辆段的主要业务如下:

图7-6 车辆段

(1)列车在段内调车、停放、日常检查、一般故障处理和清扫洗刷。

(2)车辆的技术检查、月修、定修、架修和临修试车等作业。

(3)列车回段折返,乘务员、司机换班。

(4)段内设备和机具的维修及调车机车的日常维修工作。

(5)紧急救援,抢修设备。

城市轨道交通车辆段主要担负一条或几条线路城市轨道交通车辆的停放、检查、维修、清洁整备等任务。车场内的常见设施设备包括线路、信号进路和控制设备,检修设备,列车存放库和其他辅助设备。车场可为正线运行列车提供各类运营保障服务,确保正常的运营秩序,为运营相关人员提供后勤保障、服务。车场是勤务人员的重要工作场所。

车辆段的主要设施包括停车场、检修库和洗车设备。停车场:车辆段应有足够的停车场地,以确保能够停放管辖线路的回段电动车辆和工程车辆。检修库:车辆段内需设检修库,包括架、定修库和月修库。列检作业在列检库或停车库(线)进行。洗车设备:在车辆段内一般安装自动洗车机,用于车辆自动清洗、喷淋、去污等洗车作业。

城市轨道交通车辆的类型

根据运营管理模式的要求,多数运营单位在段内设有相应的办公室,包括乘务队办公室、运转值班室、信号值班室、乘务员休息室等。

在车辆段内还有测试列车综合性能的试车线,存放内燃机车、工程车的车库,机关办公楼与其他服务设施等。

技术技能7-1 识别城市轨道交通列车、车站

车辆

一 城市轨道交通车辆

城市轨道交通车辆即完成城市轨道交通运输工作的工具,是行车组织工作的直接对象。车组:连接在一起、走向相同的两辆以上的车辆。列车:车组组成的动车组配上乘务员和列车标志就成为列车。轨道车:自重在8t以上,牵引动力在

69.87kW 以上的内燃机车。

二 列车编组

城市轨道交通车辆一般可按有无动力装置分为动车和拖车两类。动车按受电方式分为第三轨受流和受电弓。拖车按有无驾驶室分为:有驾驶室的拖车,以 Tc 表示;带受电设施的动车,以 Mp 表示;不带受电设施的动车,以 M 表示。例如,重庆地铁 1 号线的列车编组为 Tc-Mp-M-M-Mp-Tc。

表 7-2 为不同类型车辆常见定员举例。

不同类型车辆常见定员举例　　表 7-2

系统类型	Ⅰ级高运量地铁	Ⅱ级大运量地铁	Ⅲ级中运量轻轨	Ⅳ级次中运量轻轨	Ⅴ级低运量轻轨
适用车辆类型	A 型车	B 型车	C-Ⅰ、Ⅲ型车	C-Ⅱ型车	现代有轨电车
车辆定员（站 6 人/m^2）	310	240	220	220	104～202
最大轴重(t)	16	14	11	10	9

三 站台分类

按车站站台形式的不同分类,城市轨道交通车站站台可分为岛式站台、侧式站台和岛侧混合式站台(图 7-7)。

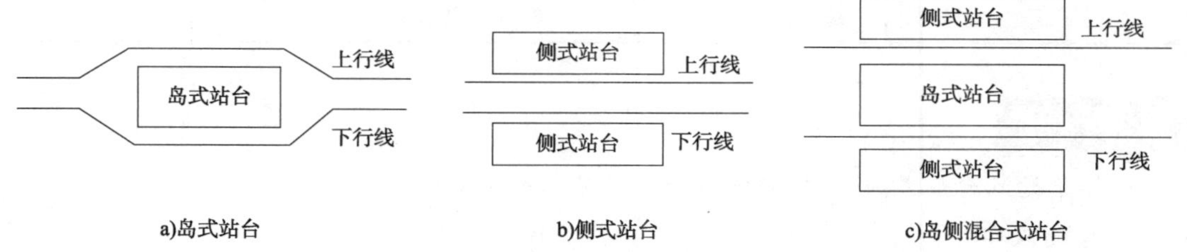

图 7-7　车站按站台类型分类示意图

岛式站台位于上、下行行车线路之间。岛式站台面积利用率高,能灵活调剂客流,方便乘客中途改变乘车方向,车站管理集中,站台空间宽阔,常用于客流量较大的车站。

侧式站台位于上、下行行车线路的两侧。侧式站台上、下行乘客可避免相互干扰;正线和站线间可不设喇叭口,造价低,改建容易。但侧式站台面积利用率低,不可调剂客流,多用于两个方向客流量较均匀(或流量不大)的地下车站及高架车站。

岛侧混合式站台是将岛式站台与侧式站台同设在一个车站内的站台。常见的岛侧混合式站台形式有一岛一侧式、一岛两侧式、两岛一侧式等。岛侧混合式站台主要用于两侧站台换乘或列车折返,并设有道岔和信号联锁等设备,行车组织上增加了灵活度,通过不同站台同步接、发列车,缩短了列车的行车间隔,提高了列车的运行效率。

请完成实训 7-1,见教材配套实训手册。

技术技能 7-2 线路数据库服务器设备维护

线路数据库服务器设备常规维护内容、要求及周期表见表 7-3。

线路数据库服务器设备常规维护内容、要求及周期表　　表 7-3

设备类型	维护内容	维护要求	建议周期
线路数据库服务器设备	查看计算机机柜外观	外观完好、加封加锁齐全	每季度不少于 1 次
	查看计算机运行状态	设备运行状态正常、指示灯显示正确、开关或按钮位置状态正确、风扇无异常	
	查看计算机报警信息，设备连接状态等信息	运行状态正常，无异常报警	
	检查计算机板卡、插接器等部件	部件安装牢固	
	分析计算机系统报警日志	记录异常结果	
	分析计算机设备运行状态	记录异常结果	
	清扫计算机机柜防尘网、过滤组件	完好、清洁	
	检查计算机机柜接地	地线齐全、接地良好	每年不少于 1 次
	测量计算机电气特性	符合设备设计要求	
	测量计算机冗余功能	符合设备设计要求	
	测试计算机自检功能	符合设备设计要求	

复习检测

1. 按车站站台形式分类，城市轨道交通车站站台可分为(　　)。
   A. 岛式站台　　　　B. 侧式站台
   C. 岛侧混合式站台　　　　D. 换乘车站
2. 城市轨道交通车辆一般可按有无动力装置分为动车和拖车两类。(　　)
   A. 对　　　　B. 错
3. 换乘站是指办理正线接发车及客运业务的车站，是列车运行图中经过的车站。(　　)
   A. 对　　　　B. 错
4. 线路按照使用功能可以分为哪几类？
5. 车辆段的主要业务是什么？

任务 7.2　认识信号与运营

理论知识

一　区间

两个车站之间的线路叫作区间。从运营管理的角度来说,习惯将车站以外的线路称作区间。对于轻轨、地铁等城市轨道交通而言,因站间距离短,车辆单一,行车规律性强,进站一般不设信号机,出站设有发车表示器。图 7-8 所示为站间的图形表示。

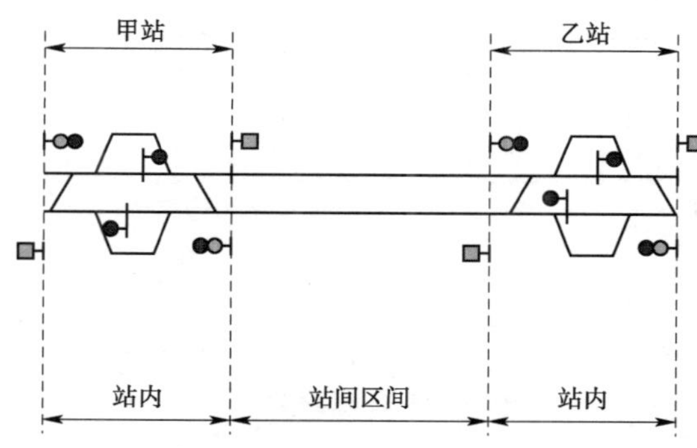

图 7-8　站间的图形表示

干线铁路信号系统的车站、区间有一个明确的分界点。车站由联锁系统控制,区间由闭塞系统控制,列车的进出站控制由联锁和闭塞的接口电路完成。城市轨道交通 ATC 系统中,列车运行间隔控制和列车运行进路控制由列车控制系统来完成。信号系统的分界点决定了向列车传送报文数据信息的内容。城市轨道交通 ATC 系统中,相邻联锁设备集中站分界线即联锁边界线。分界点也是相邻联锁设备站控制区域的分界线。

城市轨道交通对列车的定位停车要求很高,所以车载信号的距离信息尤为重要,列车通过接收的距离信息可以精确判断列车在车站区域还是在区间。

二　城市轨道交通系统的列车运行图

列车运行图是列车运行的时间与空间关系的图解,它规定了各次列车占用区间的次序,列车在区间的运行时间,在车站的到达、出发或通过时刻,在车站的停站时间和在折返站的折返时间,以及列车交路和列车出入车辆段时刻等。

(一)列车运行图的意义

列车运行图是列车运行的基础,它能直观显示列车在时间和空间上的关系,能直观显示列车在各区间的运行及在各车站停车或通过的状态。

城市轨道交通是由信号、车辆、通信、线路、机电等多个部门组成的技术密集型的交通系统,它要利用多种技术设备,要求多个部门和工种的协调配合才能完成日常运输任务。列车运行图对运营企业的生产效率和经济效益有着直接的、决定性的影响。

(二)列车运行图解原理及表示

列车运行图有两种格式:一种是以横坐标表示时间,以纵坐标表示距离。此时,列车运行图上的水平线表示分界点的中心线,水平线间的间距表示分界点间的距离,垂直线表示时间。另一种是以横坐标表示距离,以纵坐标表示时间。此时,列车运行图上的水平线表示时间,垂直线表示分界点中心线,垂直线间的间距表示分界点间的距离。我国通常采用第一种图解方式。在列车运行图上有横线、竖线和斜线 3 种线条,如图 7-9 所示。

列车运行图的类型

沙盘操作

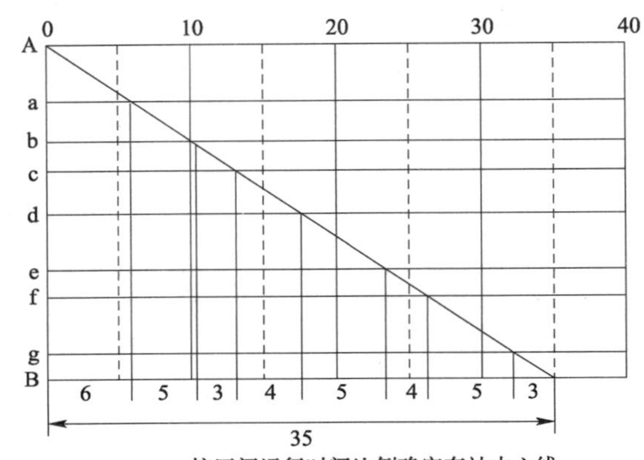

图 7-9　列车运行图原理

确定车站在运行图上的位置的方法

列车运行图上,下行列车的运行线由左上方向右下方倾斜,上行列车的运行线由左下方向右上方倾斜。

(1)横坐标:表示时间,用一定的比例进行时间划分。

(2)纵坐标:根据区间实际里程,采用规定的比例表示距离分割,以车站中心线所在位置进行距离定点。

(3)垂直线:一簇平行的等分线,表示时间等分段。

列车运行图中的符号

(4)水平线:一簇平行的不等分线,这些水平线将纵轴线按一定比例加以划分,代表车站的中心线。通过中间站的车站中心线以较细的线条表示,换乘站、折返站和终点站以较粗的线条表示各车站中心线所在的位置。

(5)斜线:列车运行轨迹的近似表示。

运行图的要素

(6)时刻:在列车运行图上,列车运行线与车站的交点即表示该列车到达、出发或通过的时刻。

(7)车次:不同车次采用不同的列车运行图。

列车运行图的格式包括二分格运行图、十分格运行图、小时格运行图。列车运行图的格式如图 7-10 所示。

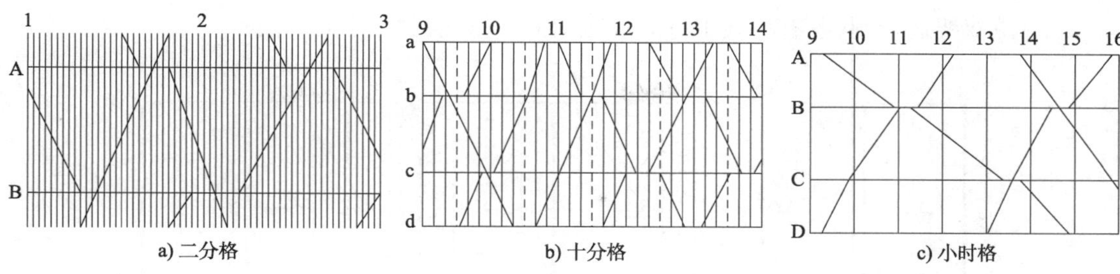

图 7-10 列车运行图的格式

技术技能 7-3 行车计划编制

一 列车运行图的划分

(一)按区间正线数目划分

列车运行图按区间正线数目划分为单线运行图、双线运行图、单双线运行图。

(1)单线运行图,即单线区段采用的运行图,如图 7-11 所示。

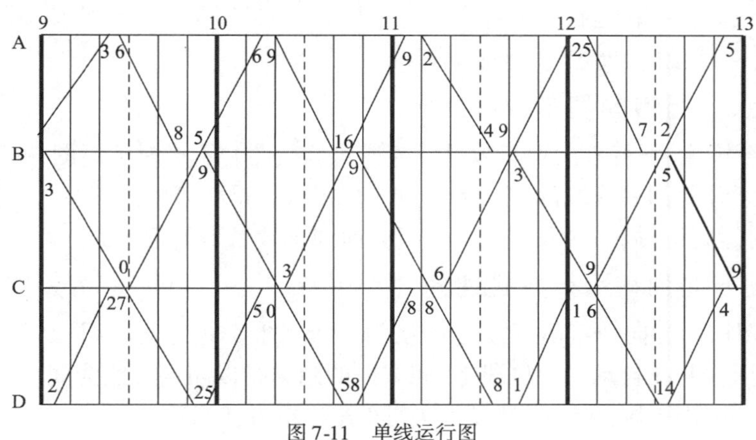

图 7-11 单线运行图

(2)双线运行图,即双线区段采用的运行图,如图 7-12 所示。

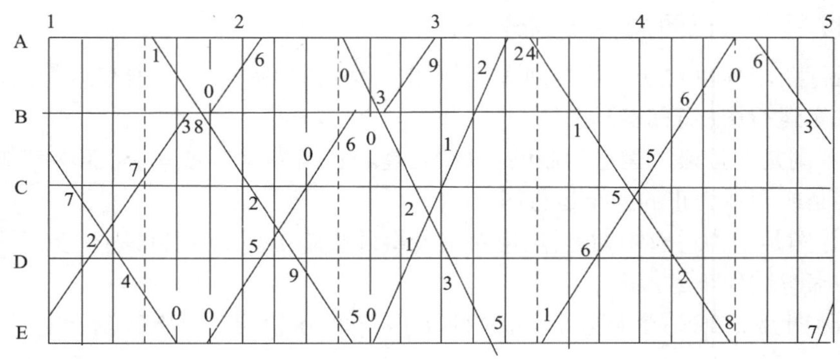

图 7-12 双线运行图

(3)单双线运行图,既有单线也有双线区间的运行图,如图7-13所示。

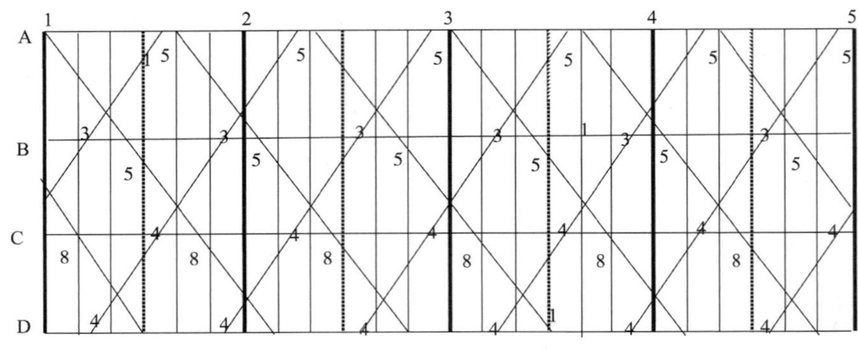

图7-13 单双线运行图

(二)按列车运行速度划分

列车运行图按列车运行速度划分为平行运行图和非平行运行图。

(1)平行运行图:在运行图上同一区间内,同方向列车的运行速度相同,因而列车运行线相互平行,且区段内无列车越行。

(2)非平行运行图:在运行图上铺有各种不同速度和不同种类的列车,因而部分列车运行线互不平行,在区段内可能产生列车越行。

(三)按上、下行方向列车数目划分

列车运行图按上、下行方向列车数目分为成对运行图和不成对运行图。

(1)成对运行图:同一区段内,上、下行方向列车数目是相等的。

(2)不成对运行图:同一区段内,上、下行方向列车数目是不相等的。

(四)按同方向列车运行方式划分

列车运行图按同方向列车运行方式分为追踪运行图、非追踪运行图。

(1)追踪运行图:在自动闭塞区段上,同方向的列车是以闭塞分区为间隔运行的,在这种运行图上,一个站间区间内允许同时有几列列车按追踪方式运行。

(2)非追踪运行图:同方向列车是以站间区间为间隔的,即在非自动闭塞区段采用的运行图。

(五)按列车运行图的性质划分

列车运行图按其性质分为基本列车运行图(简称基本图)、分号列车运行图(简称分号图)、实际列车运行图(简称实际图)。

(1)基本图是指按最大运量编制的运行图,是经过重新编制或调整,正在实施并持续到下次重新编制或调整为止的列车运行图。

(2)分号图是指为适应短期运输、应对突发事件或施工等,短时间实行,实行完毕又恢复到基本图的临时性列车运行图。

(3)实际图是记载一个调度区段内列车运行实际情况,以及列车运行有关事项的图表。

列车运行图是城市轨道交通行车计划的基础，但在实际运行中，当列车实际运行状态与预先制定的计划出现偏差时，需要对列车运行计划进行调整。列车运行调整计划是实现列车运行图、列车编组计划、运输方案和日版计划的具体行动计划，由列车调度员和车站值班员共同负责编制和实施，通常按阶段阶段进行编制，分为3h阶段计划和4h阶段计划。

二 列车运行图的编制原则

(1)按等级调整和合理会让，使晚点列车恢复正点，实现按图行车。

(2)根据实际情况确定工作方法，使计划留有余地。

(3)保证高峰期计划任务完成。

(4)在保证安全的前提下，尽量提高效率。

请完成实训7-2，见教材配套实训手册。

复习检测

1. 两个车站之间的线路叫作区间。从运营管理的角度来说，习惯将车站以外的线路称作区间。(　　)

A. 对　　　　B. 错

2. 列车运行图上，下行列车的运行线由左下方向右上方倾斜，上行列车的运行线由左上方向右下方倾斜。(　　)

A. 对　　　　B. 错

3. 城市轨道交通ATC系统中，相邻联锁设备集中站分界线即联锁边界线。分界点实际也是相邻联锁设备站控制区域的分界线。(　　)

A. 对　　　　B. 错

4. 我国常用列车运行图解表示的含义是什么？

5. 列车运行图的编制原则是什么？

任务7.3 认识行车运营组织

理论知识

城市轨道交通建设和运营的目的是为市民提供安全、快速、准时、舒适、便利的运输服务。信号系统是城市轨道交通运输的基础设施之一，与运营管理密切相关。城市轨道交通中常用的行车调度控制方式主要有调度集中和行车指挥自动化。采用何种行车调度控制方式与采用的行车调度设备类型有关。

根据工作性质，城市轨道交通行车运营组织可以分为4类：车站服务组织、行车组织、车辆驾驶和运营设备维护检修。表7-4为城市轨道交通运营工作及岗位群。

城市轨道交通运营工作及岗位群　　表7-4

工作	岗位群
车站服务组织	站务员、客运综控员（客运值班员）、信号楼值班员
行车组织	综控员（行车值班员）、调度员
车辆驾驶	电动列车司机、内燃机车司机
运营设备维护检修	车辆维检修、线路维检修、通信信号维检修、供电维检修、综合机电维检修、土建设施维检修

行车组织是城市轨道交通运营组织最核心的组成部分，是综合运用各种运输技术设备，组织协调客运活动的技术业务。行车组织主要内容有正常情况下的行车组织、非正常情况下的行车组织、调车作业、列车运行图、行车调度、车站行车工作细则、行车事故处理等。

一　TCC主要职能

随着通信信息技术的发展，行车组织的方式由最初的分线组织行车，逐步向网络化运行模式发展，有些城市（如北京市）成立了城市轨道交通指挥中心（Traffic Control Center，TCC），对城市轨道交通线路进行统筹协调。其主要职能（图7-14）包括：

（1）组织研究制订线网运力配置计划，并监督执行。

（2）组织研究制定线网调度规则。

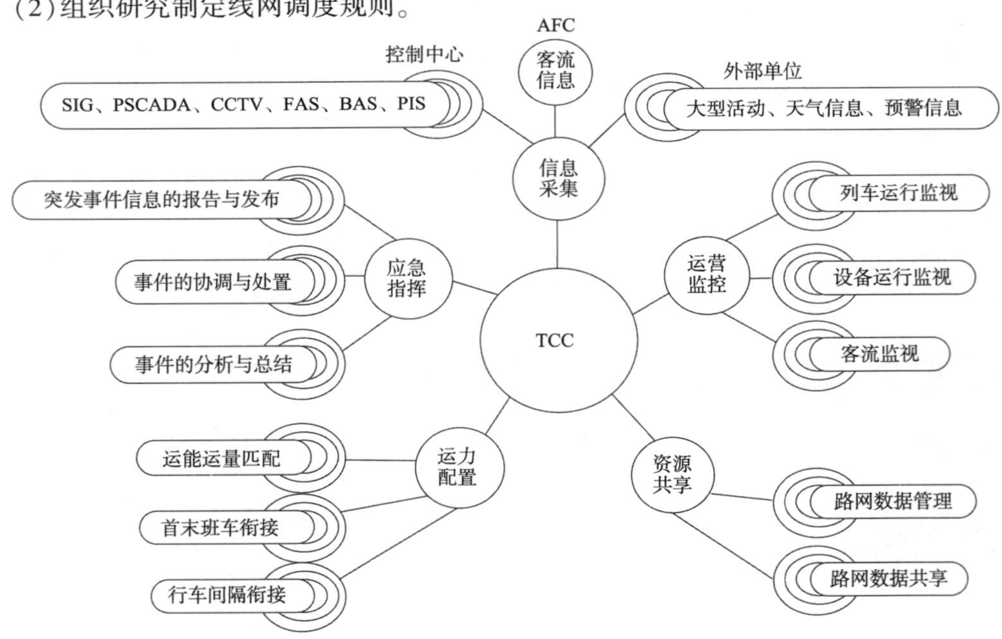

图7-14　TCC职能

(3)负责审查各运营商突发事件应急处置预案,组织制定线网各运营商间突发事件应急处置配合预案。

(4)协调指挥线网突发事件的应急处置。

(5)向市政府应急指挥中心及政府相关部门报送突发事件应急处置工作信息。

(6)组织制定轨道交通线网乘客信息的发布规则等。

二 控制中心的职责

控制中心通常是城市轨道交通的指挥执行机构,其调度指挥与乘务的列车驾驶和车站场的接、发列车构成行车组织的核心,负责组织列车按列车运行图运行,在列车秩序紊乱时及时采取列车调整措施,恢复正常列车运行秩序。城市轨道交通行车组织必须坚持安全生产的方针,贯彻高度集中、统一指挥、逐级负责的原则。行车组织机构如图 7-15 所示。

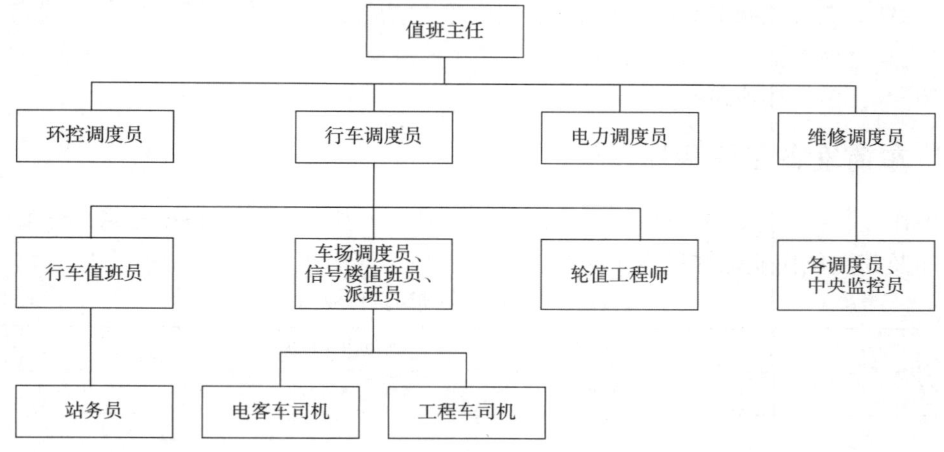

图 7-15 行车组织机构

某条线路的控制中心一般由 4 个调度班组人员轮值,实行四班两运转制度。每班组设置 1 名值班主任、2 名行车调度员、1 名环控调度员、1 名电力调度员、1 名维修调度员。

控制中心的基本职责:运营行车调度指挥,供电、环控监控,行车信息发布,施工管理,行车业务。许多线路的运营管理采用了站区制行政管理制度,一条线路分成若干站区,一般一个站区 3 ~5 个车站,实行站长负责管理的制度。

城市轨道交通车站是城市轨道交通运营生产的第一现场,是行车组织的基层管理单元。车站的岗位设置一般有站长、值班站长、值班员(有时称综合控制员、督导员)、站务员、安全检查员和安保人员及其他助理人员等。

技术技能 7-4 行车岗位职责认知

一 车站的组织架构

车站的岗位设置如图 7-16 所示。

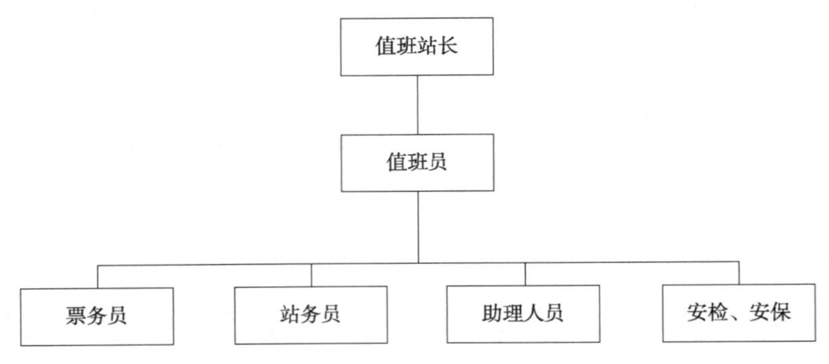

图 7-16　车站的岗位设置

与行车有关的岗位，包括值班站长、站务员等。其中，值班站长和综合控制员主要在控制室值守；外勤综合控制员有时需要到站台接、发和指挥列车。车站的有关行车设备（如行车控制台、紧急后备盘、行车备品等）主要布置在控制室。在车辆段与行车有关的岗位主要有车场调度员、信号楼值班员等。

二 行车前准备工作程序

首项作业须在行车前1h进行，所有准备工作须在开始运营前30min完成。行车前准备工作程序及其岗位作业标准见表7-5。

行车前准备工作程序及其岗位作业标准　　表7-5

程序项目	岗位作业标准		
	行车调度员	车站督导员	站务员
1. 线路巡道和施工线路出清	查阅上线施工许可登记簿，确认施工均已注销	查阅入站、入轨施工登记簿，确认区间、车站（包括站台）范围内施工负责人已作线路出清的汇报和注销	巡视站台，检查站台接触网、轨道有无影响行车和服务的情况。若有，及时通知督导员进行处理
2. 行车备品准备与检查	确认各终端设备及通信设备能够正常使用，准备列车编配表	行车备品准备与检查	行车备品准备与检查
3. 通信测试	接受各车站的通信测试	（1）与邻站进行通信测试。 （2）与站台站务员进行通信测试。 （3）与行车调度员进行通信测试	与督导员进行通信测试

续上表

程序项目	岗位作业标准		
	行车调度员	车站督导员	站务员
4. 准备工作就绪汇报	逐站听取督导员的行车准备工作就绪、线路出清并进行对时;向值班调度主管汇报,并接受开始行车作业程序的授权。此作业须按控制中心手册规定,在行车前30min完成	向行车调度员汇报"×时×分×站,线路已出清,设备状态良好,具备行车作业条件;督导员×××"	
5. 信号设备测试	(1)确认调度终端设备及大屏幕显示正常,将全线转为中心控制;检查全线各站的进路模式及终点站的折返模式是否正确,并记录在调度日志上。 (2)在调度终端上,对道岔的定/反位置进行转换测试,确定定/反位显示正确,将道岔固定在正确位置。 (3)中间出岔的道岔封锁于定位	(1)确认车站控制计算机(Station Control Computer,SCC)各种显示正常(即使非正常,也能满足使用要求)。 (2)将控制权转为中心控制	
6. 接触网供电(夜间接触网有停电情况)	确认有关区段线路出清,具备通电条件后,授权电力调度员供电,并接受其"供电良好"的汇报		
7. 时刻表的选择	根据当天运营需要选择时刻表,由值班调度主管确认		

复习检测

1. 根据工作性质,城市轨道交通行车运营组织可以分为4类,包括________、________、________、________。

2. 车站的岗位设置一般有(　　)。

A. 站长　　B. 值班站长　　C. 综合控制员　　D. 站务员

3. TCC 的主要职能是什么?

4. 控制中心的基本职责是什么?

请完成实训7-3,见教材配套实训手册。

项目8

信号与列车驾驶

学习目标

1. 了解城市轨道交通闭塞技术。
2. 掌握闭塞技术的基本原理。
3. 了解轨道列车驾驶模式。

任务描述

1. 工作对象

模拟驾驶用轨道列车。

2. 工作内容

(1)到指定位置待命,做好工作准备。

(2)检查车载各设备是否处于正常工作状态。

(3)熟悉列车驾驶技术规范,掌握列车驾驶操作技能。

(4)从列车运行规范开始,熟练掌握闭塞技术。

(5)按照规定顺序依次开启各设备,观察各指示灯是否显示正常。

(6)驾驶过程中,切换各类驾驶模式,记录各模式下的性能指标。

(7)检查、评价工作质量;整理工具,清洁工作场地。

3. 工作目标与要求

(1)具备高度的安全意识。

(2)能进行驾驶模式的模拟切换。

(3)能按规范的步骤,完成列车的模拟驾驶工作。

(4)在工作结束后,关闭相应设备,保持工作环境整洁。

项目思维导图

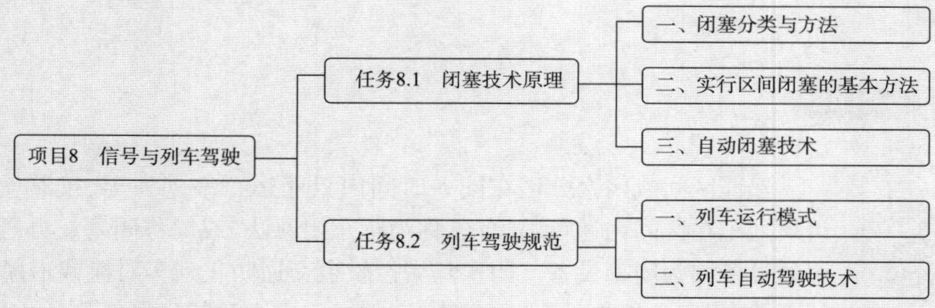
项目8　信号与列车驾驶
任务8.1　闭塞技术原理
一、闭塞分类与方法
二、实行区间闭塞的基本方法
三、自动闭塞技术
任务8.2　列车驾驶规范
一、列车运行模式
二、列车自动驾驶技术

任务 8.1 闭塞技术原理

理论知识

行车闭塞法概述

保证区间或闭塞分区在同一时间内只能运行一列列车，按照一定规律组织列车在区间内运行的方法，称为行车闭塞法，或简称闭塞。办理闭塞所用的设备称为闭塞设备。闭塞是城市轨道交通防止列车对撞或追撞（追尾）的方式，闭塞系统也是保证列车在区间运行安全的信号设备。

一 闭塞分类与方法

从技术发展角度，闭塞可以分为人工闭塞、半自动闭塞和自动闭塞。

（一）人工闭塞

人工闭塞是以人工记录列车的运行位置和控制色灯信号机的闭塞方法。在发车前，接、发车双方的车站或线路所共同确认闭塞区间是否处于空闲状态，然后发车的车站或线路所使用路签机、路牌、路票等记录本段区间已经被占用，并把占用信息通过电话、电报等手段通知接车的车站或线路所。接车的车站或线路所有责任在列车到达后检查车辆到达编组是否完整，是否有部分车厢滞留在区间未到达。在列车到达前，发车车站应阻止后续运行的列车进入这一区间，接车车站应阻止反向运行的列车进入这一区间。

（二）半自动闭塞

半自动闭塞是以人工确认区间空闲，发车后由轨道电路判断车辆进入区间后自动把区间设置为占用状态的闭塞方法。这种方法需人工办理闭塞手续，列车凭出站信号机显示发车，但列车出发后，出站信号机能自动关闭，所以叫作半自动闭塞。车辆进入区间后，轨道电路会联锁控制色灯信号机，把占用信息发送给双方车站。车辆到达后，仍需要人工检查车辆到达编组是否完整，由人工把区间状态复原为空闲状态。

（三）自动闭塞

自动闭塞是以计轴设备自动计算进入该区间的车轴数目和离开该区间的车轴数目，从而自动判断区间空闲状态的闭塞方法。根据列车运行及闭塞分区的情况，色灯信号机可以自动变换显示，列车凭信号机的显示行车，这种闭塞方法完全是自动控制进行的，不需要人工操作。

二 实行区间闭塞的基本方法

（一）时间间隔法

时间间隔法是列车能够按照事先规定好的时间从车站发车，可以确保前行列车和追踪列车之间保持一定时间间隔的行车方法。19 世纪 40 年代以前,列车运行以时间间隔法来保证安全,即每趟列车发出以后,间隔一段时间才发出后一列车。但是采用这种方法在列车因晚点或故障停车导致运行时间与列车运行图相差较大时容易发生追尾事故。

(二)空间间隔法

空间间隔法是把线路划分成多个段落(区间或闭塞分区),并且在每一个线路内同一时间段只准许一辆列车运行,确保前行列车和追踪列车之间保持一定距离的行车方法。1842年英国发明的空间间隔法以两车之间相隔一段距离的方法来保证安全,可以视为现代闭塞技术的雏形。

三　自动闭塞技术

自动闭塞是城市轨道交通运营中常用的闭塞技术。自动闭塞按照列车定位技术的不同,分为固定式自动闭塞、准移动式自动闭塞和移动闭塞。

(一)固定式自动闭塞

固定式自动闭塞是根据列车运行及有关闭塞分区状态自动变换信号显示,而司机凭信号行车的闭塞方法。固定式自动闭塞将一个站间划分为若干个闭塞分区,运行列车间的空间间隔分为几个闭塞分区,其数量依划分的速度级别而定。

一般情况下,闭塞分区是用轨道电路或计轴装置来划分的,它具有列车定位和轨道占用检查的功能。固定式自动闭塞条件下,每个闭塞分区自动检测轨道情况,根据列车运行前方闭塞分区状态,自动发送与接收具有速差意义的信号码,信号机自动变换信号显示,给出“行车凭证”。信号机的显示具有速差意义,司机凭地面信号行车。三显示固定式自动闭塞原理示意图如图 8-1 所示。

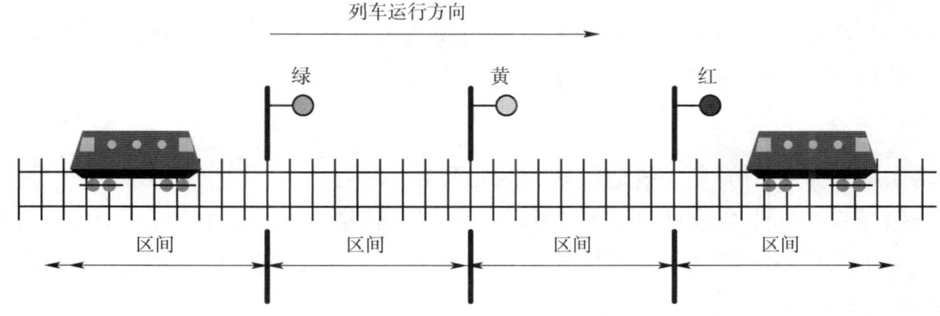

图 8-1　三显示固定式自动闭塞原理示意图

(二)准移动式自动闭塞

准移动式自动闭塞是在装有车载防护设备的前提下才能够使用的一种闭塞方法。准移动自动闭塞依然采用闭塞分区,可以采用计轴装置或轨道电路来划分,具有列车定位和轨道占用检查的功能。在准移动式自动闭塞的条件下,后续列车的追踪目标是前行列车所占用的闭塞分区的始端,须留有一定的安全距离,目标点也是相对固定的。

准移动式自动闭塞采用的是一次性的制动方式,根据目标的距离、目标的速度及列车自身的性能确定列车制动曲线。目标点固定,在同一个闭塞分区内不因前行列车的走行而发生变化,所以当前列车驶出闭塞分区时,曲线会发生跳变。该方式空间间隔的长度是不固定的,由于要与移动闭塞区分,故称为准移动式自动闭塞。

该方式下线路划分为固定位置、某一长度的闭塞分区。一个分区只能被一列列车占用;列车间隔是按后续列车在当前速度下所需的制动距离,加上安全余量计算和控制的,以确保不冒进前行列车占用的闭塞分区;制动的起点是动态的,重点是固定在某一分区的分界处。准移动式自动闭塞的原理示意图如图8-2所示。

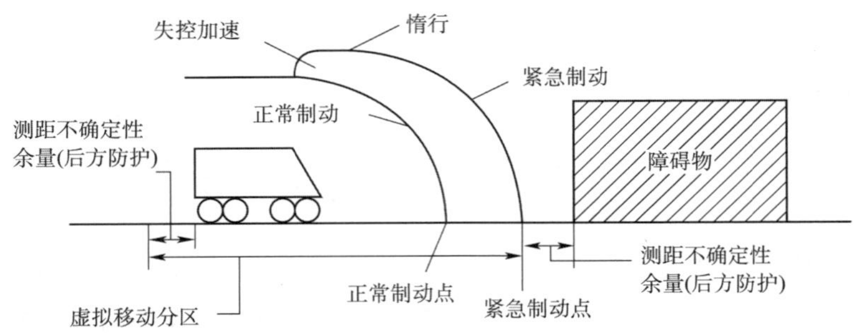

图8-2　准移动式自动闭塞的原理示意图

(三)移动闭塞

移动闭塞是根据区间闭塞的原理发展起来的一种新型的闭塞技术。移动闭塞根据实际的运行速度、列车制动曲线及进路上列车的位置,动态计算出相邻列车之间的安全距离。依据当前的列车运行速度,后续列车可以安全地靠近前一列车的尾部最后一次被证实的位置,直到两列车之间的距离最终不小于安全制动距离。由此可以看出,移动闭塞与固定式自动闭塞相比,最突出的特点就是取消了以信号机分隔的固定闭塞区间,这使得两列车之间最小的运行间隔距离是由列车在线路上的实际运行位置和运行状态所确定的。因此,闭塞区间随着列车的行进而不断地向前移动并做出相应的调整。

1. 实现方法

移动闭塞通常采用的是无线通信和无线定位技术。

传统信号系统的主要设计方法是:列车定位基于轨道电路,通过线路旁的信号机显示、车站停车显示及司机预警显示等来保证后续列车不会驶入已经被前一列车所占用的闭塞区间,从而进一步确保一定的列车安全间隔。

与此不同的是,移动闭塞系统独立于轨道电路,可以通过列车的精确定位来提高列车运行的安全性及列车运行密度,还可以通过地面和车载的安全设备之间快速、连续的双向数据通信来实现对列车运行的控制。图8-3所示为3种闭塞方法比较的效果图。

准移动式自动闭塞在控制列车的安全间隔上比固定式自动闭塞进了一步。但准移动式自动闭塞中后续列车的最大目标制动点仍须在先行列车占用分区外方,并没有完全突破轨道电路的限制。在移动闭塞技术中,闭塞区间仅仅是保证列车安全运行的逻辑间隔,与实际线路并无物理上的对应关系。

前后列车距离关系如图 8-4 所示。

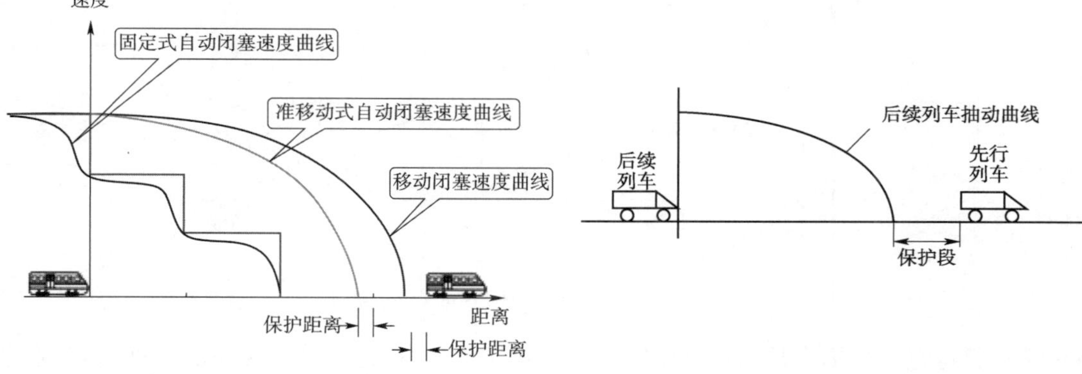

图 8-3　3 种闭塞方法比较的效果图　　图 8-4　前后列车距离关系

2. 技术原理

(1)列车定位。列车定位是移动闭塞技术的基础,由车载设备和地面设备共同完成。列车的轮轴上安装了车轮转速计,可以确定列车的走行方向和距离。要想实现闭塞区间的动态移动,首先必须实时、准确地掌握各列车的速度、位置信息,这样才能够确定列车之间的相对距离,系统才能够不断地将该距离和所要求的运行间隔距离进行比较,从而确保列车的安全运行。

但是,由于车载定位设备存在测量误差,特别是列车经过长距离运行后,这个误差会不断积累,直接影响列车定位的精度。因此,在线路上每间隔一段固定的距离,就需要安装 1 个地面定位的设备。当列车经过这些地面的定位设备时,可以通过车载传感设备检测到该定位点,获取列车的确切位置,从而进一步消除车载定位设备所产生的累积定位误差。

(2)安全距离。安全距离是基于列车安全制动模型计算得到的 1 个附加距离,保证追踪列车在最不利条件下能够安全地停止在前行列车的后方,不发生冲撞。所以,安全距离是移动闭塞系统中的关键,是整个系统设计的理论基础和安全依据。

如图 8-5 所示,假定追踪列车 T_1 在 A 点以线路允许的最高速度运行。此时前方列车 T_2 处于 E 点,正常情况下,追踪列车开始进行常用制动,沿制动曲线 d 停止在 B 点。但是如果此时追踪列车 T_1 发生故障,没有开始制动,反而以最大加速度加速,直至车载控制器检测到列车速度超出了容许范围(如曲线段 a),车载控制器启动列车紧急制动系统。在紧急制动力生效前,列车又沿曲线 b 运行了一段距离;然后制动力生效,列车沿曲线 c 紧急制动停止在 C 点。考虑到列车的定位误差、速度测量误差等不确定因素,列车停止的实际位置也有可能是 E 点,因此,将 BE 这段距离称作安全距离。

从图 8-5 中可以看出,安全距离是附加在列车常用制动距离上的一段安全富余量。列车行驶过程中,追踪列车和前行车始终保持 1 个常用制动距离再加上 1 个安全距离的移动闭塞间隔,确保在最不利条件下追踪列车和前行列车不发生碰撞。安全距离与线路状况、列车性能等因素有关。在系统设计阶段,通常规定了系统能使用的最小安全距离,同时在满足运营时间间隔的前提下，采用比理论计算值大的安全距离，以提高系统运行的安全性。

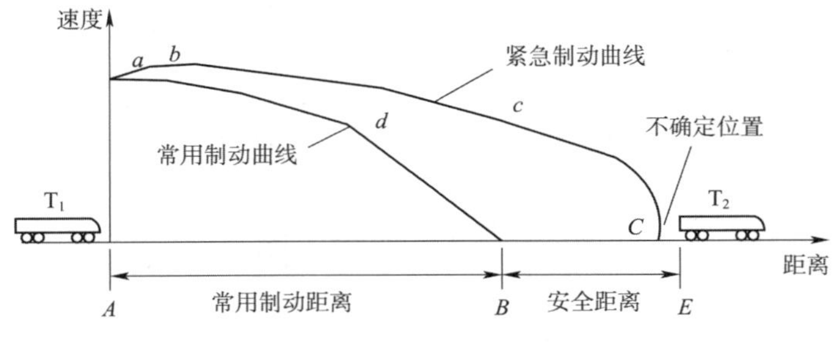

图 8-5　列车安全距离、线路状况等关系示意图

(3)目标点。目标点是列车移动的凭证，如同固定式自动闭塞系统中的允许信号，列车只有获得了目标点，才能够向前移动。目标点通常设在列车前方一定距离的某个位置，一旦设定，即表明列车可以安全运行至该点，但不能超过该点。移动闭塞系统正是通过不断前移列车的目标点，引导列车在线路上安全运行。

如图 8-6 所示，假如列车 T_1、T_2 运行在线路无岔区段上，那么追踪列车 T_1 的最远目标点可以设定在距离前行列车 T_2 尾部一个安全距离的地方。若前行列车停车，追踪列车的目标点 TPa 将停在该点。当列车 T_1 运行至距目标点 1 个常用制动距离时，若开始制动，可保证列车停止在目标点后方。如果前行列车 T_2 继续向前行驶，追踪列车 T_1 的目标点 TPa 也向前不断移动，从而在列车 T_1、T_2 之间形成一个移动的闭塞区间。

对于道岔区段，目标点的确定如图 8-7 所示。当列车 T_1 需要通过道岔 SW 前，若该道岔没有锁闭在规定位置，列车的目标点将停止在道岔前方 1 个安全距离的位置，如图 8-7 中的 TPb。等到道岔转换并锁闭到规定位置后，目标点就可以越过道岔区域，移至道岔后方 TPc 点，列车到该目标点后才可以行驶通过道岔。

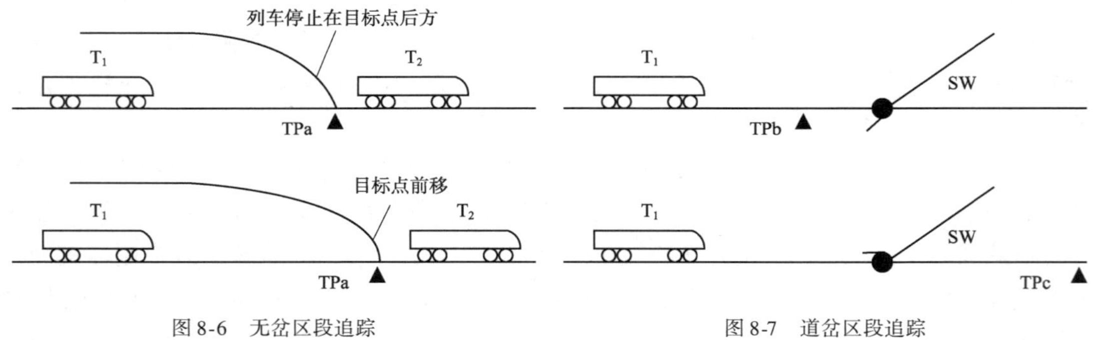

图 8-6　无岔区段追踪　　　　图 8-7　道岔区段追踪

SW 实现列车运行与道岔间的联锁，从而保证列车在道岔区域内的安全行驶。

技术技能 8-1　认识列车牵引制动曲线

列车在轨道上运行时，受不同方向和不同大小的外力和内力作用。列车牵引计算主要研究直接影响列车运行的作用力，即与列车运行方向平行的纵向外力与外力的分力，包括可由司机控制的牵引力、制动力及司机不能控制的阻力。牵引力与列车运行方向相反，是阻止列车运行的外力。列车牵引运行时，作用于列车的合力是牵引力减去阻力，通常称为加速力；列车惰行时，只有阻力构成减速力；而列车制动时，制动力加上阻力产生更大的减速力。

牵引力是由动力与传动装置引起并与列车运行方向相同的外力。牵引动力（机车或动力车）将电能（电力牵引时）或燃料的化学能（热力牵引时）转变为使动轮旋转的内力矩，最终通过轮轨黏着关系形成轮周牵引力的外机械功（非轮轨接触式的磁悬浮列车、气垫列车等除外），在每一层的转换中都有不同份额的能量损失。总的能量损失越小，机车（或动力车）的效率越高。轮周牵引力减去机车阻力就是直接牵引车列的车钩牵引力。

牵引动力最高负荷时的理想牵引特性曲线主体是一条恒功率线，即轮周牵引力与运行速度 v 呈等轴双曲线关系，但低速段受黏着条件限制（称为黏着牵引力）或启动电流或扭器转矩限制，高速时受最高速度（构造速度）的限制，如图 8-8 所示。此外，还有对应较低级位或手柄位或柴油机转速的部分负荷牵引力曲线族。实际上，机车（或动力车）的轮周牵引力随着运行速度的增加而减小，但只是呈近似双曲线关系，轮周牵引力可以用速度的高次多项式表示，并力求扩大近似恒功率的最大速度，使其与持续速度之比（称为恒功率速比）尽量接近最高速度与持续速度的比值。

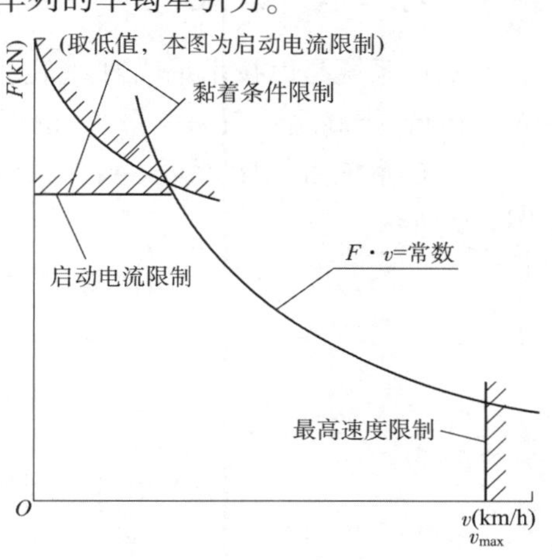

图 8-8　列车牵引制动曲线

请完成实训 8-1，见教材配套实训手册。

复习检测

1. 自动闭塞是以人工记录列车的运行位置和控制色灯信号机的闭塞方法。（　　）

A. 对　　　　B. 错

2. 要想实现闭塞区间的动态移动，首先必须实时、准确地掌握各列车的________、________，这样才能够确定列车之间的相对距离，系统才能够不断地将该距离和所要求的________进行比较。

3. ________是移动闭塞系统中的关键，是整个系统设计的理论基础和安全依据。

4. 什么是移动闭塞？

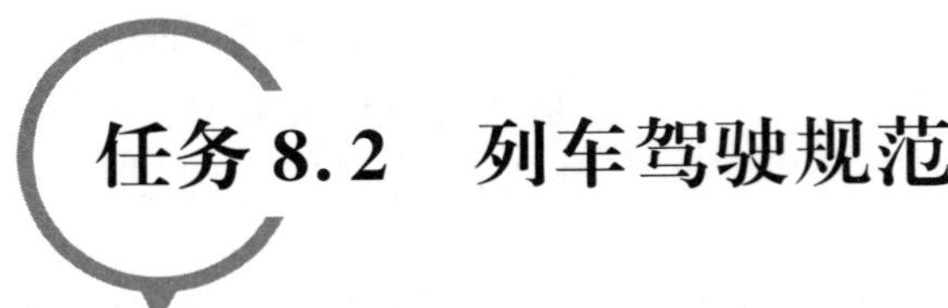

任务 8.2　列车驾驶规范

理论知识

一　列车运行模式

ATC 系统是以技术手段对列车运行方向、运行间隔和运行速度进行控制，保证列车能够安全运行、提高运行效率的系统，也简称列控系统。

ATC 系统由 ATP 系统、ATO 系统、ATS 系统和 CI 系统等组成。ATC 系统简易框图如图 8-9 所示。

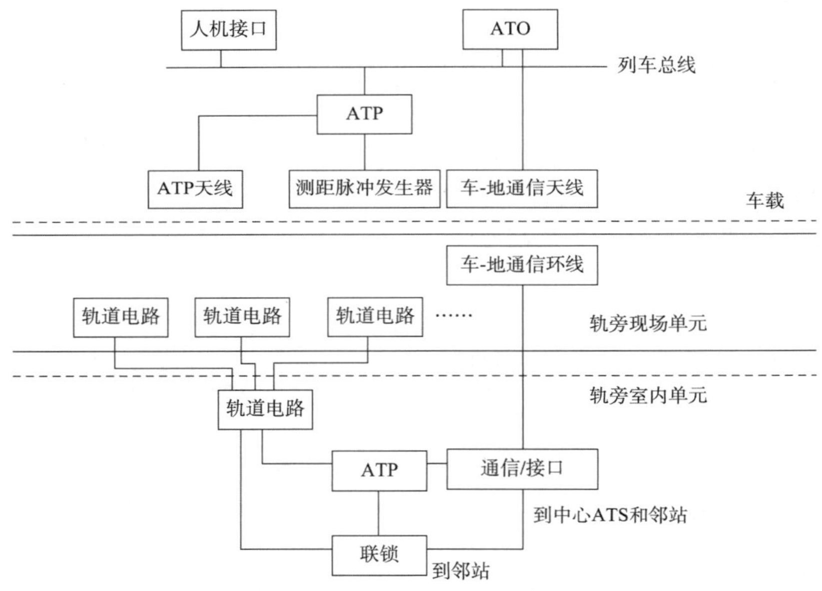

图 8-9　ATC 系统简易框图

ATC 系统自动控制列车行驶，确保列车安全和指挥列车驾驶。ATO 系统主要进行列车定位和速度控制，以实现精确停车、追踪间隔最小及节能。ATP 系统通过列车检测、列车间隔控制和联锁等，实现对列车相撞、超速和其他危险的“故障-安全”防护。ATS 系统监督列车，自动调整列车运行时刻表，提供调整服务的数据，以尽可能减少列车未正点运行造成的不便。CI 系统利用计算机对车站作业人员的操作命令及现场表示的信息进行逻辑运算，从而实现对信号机及道岔等的集中控制，使其达到相互制约的车站联锁设备，即计算机集中联锁。

系统配置的列车 ATC 车载设备应具有多种运行模式，以便司机能根据列车或信号设备的状况选用。以下为常见的列车运行模式。

模拟驾驶操作

(一)驾驶模式

1. 非限制人工驾驶模式

非限制人工驾驶(OFF)模式下,切除 ATC 设备,关断 ATC 系统紧急制动输出以及其他阻止列车运行的输出。列车运行不由车载设备控制,完全由人工驾驶,司机根据调度员命令和地面的信号驾驶列车。联锁设备、调度员、司机共同保证列车的运行安全。

不同的驾驶方式

OFF 模式的应用条件:当 CC 设备不工作时,列车将马上紧急制动。列车完全停止后,司机可在得到调度指挥后切除车载 ATC 系统,在 OFF 模式下驾驶列车。

2. 限制向前人工驾驶模式

限制向前人工驾驶(RMF)模式下,列车以不超过 25km/h 的速度运行,司机对列车的监控、运行、制动及开关车门进行操作,车载设备对列车进行超速防护(速度限定 25km/h),对列车完整性、车门的开关状态、列车倒溜等进行监控。

RMF 模式的应用条件:在正常运营模式下,用于对列车进行定位前、初始化后和列车在停车场的运行操作。

3. 限制向后人工驾驶模式

限制向后人工驾驶(RMR)模式下,允许列车以低于 5km/h 的速度反向运行一定距离,当反向运行达到规定距离或反向运行的速度超过 5km/h 时,ATP 设备会发出紧急制动信号,由车辆缓解紧急制动。

RMR 模式的应用条件:在列车超过精确停车位置(小于最大可退行距离)后,向后运行,以纠正列车停车位置(经调度员授权)。

4. ATP 设备监督的人工驾驶模式

ATP 设备监督的人工驾驶(ATPM)模式下,司机对列车的监控、运行、制动及开关车门和地下站屏蔽门的操作需要在车载 ATP 设备监督下进行。ATP 系统保证列车安全运行,司机根据车载信号显示器(DMI)及 DTI 显示的辅助驾驶信息驾驶列车,ATP 系统对列车的运行进行自动防护。车载信号显示器上显示所有有用的驾驶信息。

ATPM 模式的应用条件:在 CBTC 运营模式下应用 ATPM 驾驶模式时,需要 DCS、ZC、线路中心、CI 和 CC 全部可用;在后备模式(Backup Mode,BM)下应用 ATPM 模式时,需要 DCS 有线网络、CBI 和 CC 可用;在需要司机人工控制列车运行或 ATO 模式故障时,使用该模式。

5. ATO 模式

ATO 模式是在司机监视下的自动驾驶模式,在线列车的启动、加速、巡航、惰行、制动、精确停车均由 ATO 系统根据 ATS 指令自动控制(CBTC 模式下),除发车需要司机确认外,不需司机操作;列车的车门和地下站屏蔽门可自动控制,也可手动控制。

ATO 模式的应用条件:ATO 根据 ATS 的命令自动平滑调整列车运行,ATO 驾驶模式提供最佳的舒适性和调整功能。CBTC 模式下,当 DCS、ZC、LC、CBI 和 CC 都正常运行时,列车可以ATO驾驶模式在正线任何ZC控制区域内运行；BM模式下，当DCS有线网络、CBI、CC及CC与车辆牵引制动的接口正常运行时，ATO模式有效，司机可以在ATO模式下驾驶。

6. 各种驾驶模式之间的转换

驾驶模式间的转换应符合安全、高效、操作简单的原则，确保驾驶模式转换时列车运行的安全。

各驾驶模式之间可采用人工转换，在某种情况下也可自动转换。各驾驶模式间的转换见表8-1。

各驾驶模式间的转换 表8-1

原驾驶模式	转换后驾驶模式			
	ATO模式	ATPM模式	RMF、RMR模式	OFF模式
ATO模式	—	无论列车处于运行状态还是停车状态，司机均可使列车转换到该模式	列车正线运行时，需停车后人工转换；当速度低于25km/h时，在出入段/场线转换轨处，可不用停车进行转换	司机在确保列车停车后，切除ATC设备
ATPM模式	在满足一定条件时，列车处于运行状态或停车状态，司机均可在该模式下驾驶列车	—	列车正线运行时，需停车后人工转换；当速度低于25km/h时，在出入段/场线转换轨处，可不用停车进行转换	司机在确保列车停车后，切除ATC设备
RMF、RMR模式	—	列车获得定位并接收到正确的移动授权后，自动转换为该模式	—	司机确认列车停车后，使用ATC切除开关切除ATC设备
OFF模式	—	—	车载ATP设备可用时，列车停车后，司机将ATC切除开关恢复至ATC正常位置	—

（二）折返模式

列车折返模式分为站前折返模式和站后折返模式。站后折返模式又分为ATO模式下的无人自动折返模式、ATO模式下的有人自动折返模式、ATP设备监督的人工折返模式、限制人工折返模式和非限制人工折返模式。

（1）ATO 模式下的无人自动折返模式：折返所需进路由 ATS 自动处理。在站台区域将列车停稳，司机拨动转换手柄，将驾驶模式转换至自动折返模式，列车在 ATO 驾驶模式下运行至折返区域，在规定位置停车后自动换端，完成自动折返。

（2）ATO 模式下的有人自动折返模式：CBTC 模式下，司机在 ATO 模式下进行折返，ATS 将自动办理折返所需进路；司机须同时按下两个车载 ATO 设备启动按钮，列车自动进入折返线停车；司机换端后再次同时按下两个车载 ATO 设备启动按钮，列车自动驾驶至发车站站台停车。

（3）ATP 设备监督的人工折返模式：CBTC 模式下，司机在车载 ATP 设备监督下人工驾驶列车运行到折返线并停车；司机换端后，在 ATP 设备监督下人工驾驶列车进入发车股道并定位停车。司机按下开门按钮打开车门和地下站屏蔽门。

（4）限制人工折返模式：在此模式下，司机控制列车运行，司机人工驾驶列车运行到折返线并停车；司机换端后，人工驾驶列车进入发车股道并定位停车，司机人工控制车门和站台屏蔽门/安全门。整个折返过程中，车载 ATP 设备限制列车在某一固定的低速（如 25km/h）以下运行。

（5）非限制人工折返模式：在此模式下，根据调度命令和地面信号，司机人工驾驶列车运行到折返区域并停车；换端后，司机人工驾驶列车进入发车道并定位停车，人工控制车门和站台屏蔽门/安全门。

（三）运营模式

（1）CBTC 运营模式：正常运营在 CBTC 模式下进行，即列车可通过无线通信连续更新线路变量信息。

CBTC 模式下，列车驾驶模式可用 RMF 模式、RMR 模式、ATPM 模式和 ATO 模式。

（2）BM 运营模式：降级运营通常在 BM 运营模式下进行，即列车通过有源信标以点式方式来更新线路变量信息。当 CBI 和 CC 正常运行时，该模式可用。

（3）点式防护运营模式：列车驾驶模式可用 RMF 模式、RMR 模式、ATPM 模式和 ATO 模式。

（4）联锁控制级运营模式：联锁将通过控制信号机和道岔来确保列车的行车安全及行车间隔。当 CBI 正常运行时，该模式可用。

（四）特殊运行模式

1. 洗车运行模式

维持 3 ~ 4km/h（限速点）的速度运行，列车最大速度偏差应不超过限速点 0.5km/h。

2. 限速模式

当切除 ATP 设备时，电气牵引系统提供车辆限速功能，速度为 25km/h；司机可以选择是否采用车辆限速功能；列车最大速度偏差应不超过限速点 0.5km/h。

二　列车自动驾驶技术

列车自动驾驶系统是一种完整的闭环自动控制系统，即列车一方面检测自身的实际行车速度，另一方面不间断地获取系统允许的最大车速，经过计算机的解算，依据与行车有关的其他因素，如机车牵引特性、区间轨道坡度、轨道弯度等，求得最佳的行车速度，同时控制列车加速、减速或制动。ATO 模式下的速度与距离之间的变化关系，如图 8-10 所示。

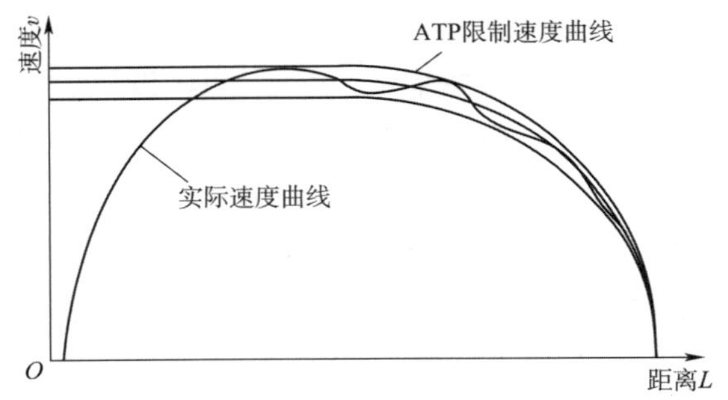

图 8-10　ATO 模式下的速度-距离曲线

在列车自动驾驶系统中，司机只起监督作用，因此要求获得列车自动驾驶系统最大允许车速的信道和求解最佳车速的计算机有更高的可靠性和安全性。目前列车自动操作系统已应用在地铁和两市之间直达的客运干线上。随着微型计算机技术的飞速发展，我国已经自主研发完成故障-安全型的列车自动操作系统。

技术技能 8-2　城市轨道交通电动列车司机安全操作规范

城市轨道交通电动列车是以能源外给式为特征，采用分布式电动机驱动的由多节厢体组成的在轨道上行驶的车辆。城市轨道交通电动列车司机是具备独立驾驶城市轨道交通电动列车作业资格并直接从事城市轨道交通电动列车操作的人员。城市轨道交通电动列车司机要在运营线路或非运营线路上从事城市轨道交通电动列车检查、试验、驾驶、应急故障及突发事件处置等作业。

一　一般要求

(1)运营列车应保证安全技术状态良好，设备正常。

(2)司机经培训考核合格并取得有关部门颁发的驾驶证后，方可上岗作业。

(3)司机应做到：

①按规定穿戴防护用品。

②严格执行各项规章制度。

③在操作时应精神集中，不间断瞭望，注意信号、仪表、监控显示器的显示和线路状态。

④在操作时，不违章行车，不臆测行车，不盲目抢点，不做影响行车安全的其他事情，操作列车平稳。

⑤列车在车站停车，应停于规定的停车位置。

⑥遇列车故障，经判明不影响行车安全时，应继续运行至有存车条件的处所。

⑦被迫停车时尽可能停在平直线路上。

⑧严禁开门行车。

⑨严禁超速。

⑩列车推进运行时，司机应在前端驾驶室负责指挥。

⑪在运营过程中遇到突发事件，司机应按照应急预案进行处置。

二 作业前要求

(一)检查

(1)进行列车巡检前，列车应处于断电状态。

(2)车辆限界内无人员、无异物侵入。

(3)列车机械走行部位、电器箱体及车体外观等无异状。

(4)驾驶室检查包括对两端驾驶室分别进行全面检查。确认蓄电池开关处于分断状态，各操作手柄、开关处于规定位置，各旁路开关、按钮处于规定位置，灭火器、随车工具等备品齐全、有效、作用良好。

(二)试验

(1)进行列车试验前，列车应处于送电状态，网压表数值显示正常。

(2)闭合蓄电池开关，发动列车。

(3)检查高压供电系统、辅助电源系统、风管路系统状态，应无异状。

(4)驾驶室试验包括对两端驾驶室分别进行试验。各仪表及监控显示器显示正常，前照灯、尾灯状态良好，制动系统可靠有效，牵引系统状态良好，车载信号系统状态良好，客室门、通信广播及空调、通风系统状态良好，各操作手柄、开关灵敏有效。

(三)确认

(1)当日有关的行车命令和安全注意事项。

(2)列车运行计划。

(3)车辆状况。

(4)司机在作业前检查过程中，操作应符合《用电安全导则》(GB/T 13869—2017)的规定。

三 作业中要求

(1)严格执行调度命令。

(2)严格按信号显示要求行车。

(3)运行中遇工作人员发出的紧急停车信号，应立即停车。

(4)在曲线弯道区段或道岔区段运行时，严格按该区段限制速度驾驶列车。

(5)坡道行驶时，司机应做到：

①下坡运行中严守速度，当列车接近限速前适当制动，将速度控制在规定范围之内。

②上坡时保持速度，保持列车恒速，以防坡停。

③列车在坡道上启动时，防止溜车。

(6)遇特殊天气时，司机应做到：

①控制运行速度。

②无法看清信号、道岔时，停车确认。

(7)到站停车时，司机应做到：

①停在规定的停车位置。

②将司机控制器手柄置于制动级位置。

③确认站台位置后，方可开启客室车门。

④关闭客室门后确认列车全部客室门关闭良好。

(8)出站发车时，司机应确认发车信号；发车信号开放时，平稳启动列车。

(9)有下述情况之一时，司机应果断采取停车措施：

①发现区间内有人员及影响行车的障碍物。

②发现线路有异状及其他异常情况。

③运行中发现车门指示灯显示异常。

④运行中遇危及人身安全的情况。

四 作业后要求

(1)操作手柄、开关置于规定位置。

(2)断开列车各种电源。

(3)按规定填报车辆状况及其他需要说明的事项。

(4)锁闭列车驾驶室门、窗。

技术技能 8-3 局域操作员工作站认知

一 局域操作员工作站简介

局域操作员工作站(Local Operator Workstation，LOW)是信号系统网络的区域终端设备，每个联锁站和设备站都有一套 LOW 设备，其由一台计算机和一台记录打印机组成。西门子 CI 系统 SICAS 的本地操作和表示是通过 LOW 来完成的。联锁等设备和行车状况在彩色显示器上以站场图形式显示，使用鼠标和键盘，在命令对话窗口上可以实现常规命令及安全相关命令的联锁操作。在 LOW 上，所有的操作及设备故障报警等信息将被记录存档。

二 LOW 的组成

LOW(台式计算机)由一台主机、一台显示器(可根据需要增加)、一台记录打印机、一个键盘、一只鼠标和一对音响组成。

三 显示器屏幕的组成

显示器屏幕由 3 个窗口组成，如图 8-11 所示，分别为基础窗口、主窗口和对话窗口，每个窗口的排列都是固定的。

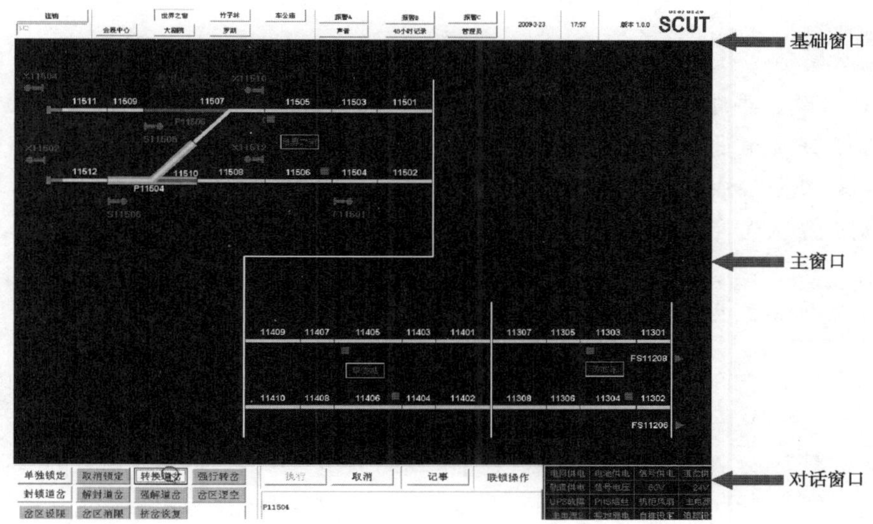

图 8-11　LOW 操作台显示器屏

(1)基础窗口主要显示操作窗的功能模块,用于区域的选择。

(2)主窗口可以显示整个电子联锁站场(图 8-12)及所有过程信息,还用于显示 A、B、C 类报警单或 48h 记录。

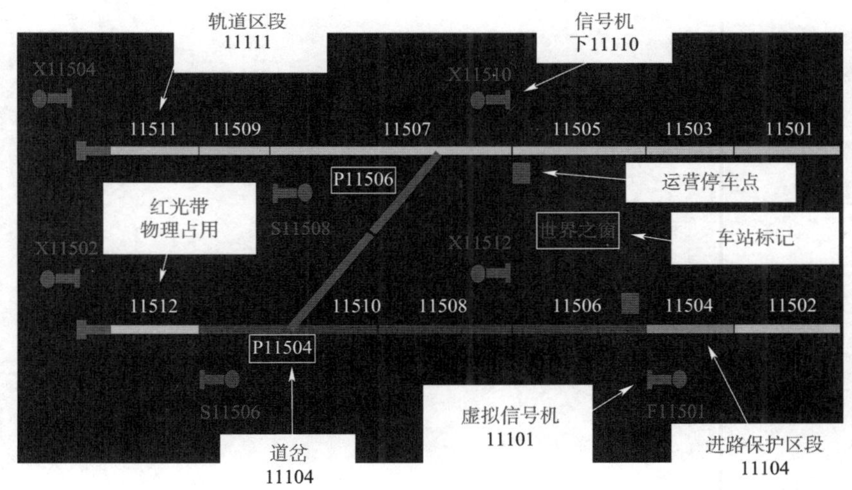

图 8-12　站场图

(3)对话窗口主要由命令按钮栏、操作信息反馈栏及综合信息栏组成,如图 8-13 所示。

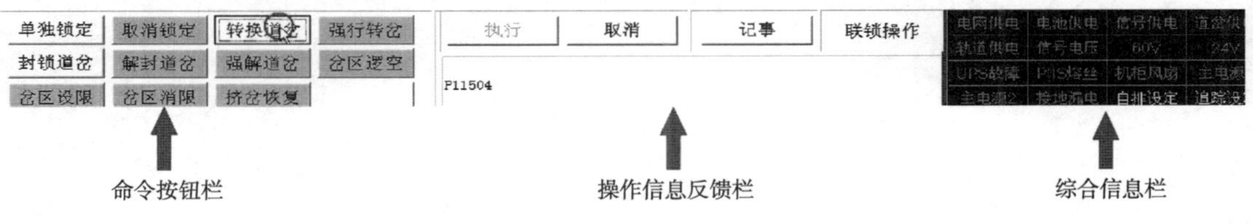

图 8-13　对话窗口

复习检测

1. ATO 系统主要进行________和________，以实现精确停车、追踪间隔最小及节能。

2. ATP 系统是通过列车检测、列车________和联锁等实现对列车________、超速和其他危险的“故障-安全”防护。

3. 分别介绍 ATC 系统中的子系统。

请完成实训 8-2，见教材配套实训手册。

附录1　专业术语中英对照表

缩写	英文全称	中文含义
A		
AM	Automatic Manual Train Operation (Train Operation Mode)	列车自动驾驶 (列车驾驶模式)
AP	Access Point	接入点
AR	Automatic Reversal Operation	自动折返
ARB	Always Reporting Block	报告闭塞分区,即正常闭塞分区
ARS	Automatic Route Setting	进路自动排列
AT	—	矮型特种断面尖轨
ATC	Automatic Train Control	列车自动控制
ATO	Automatic Train Operation	列车自动驾驶/列车自动运行
ATP	Automatic Train Protection	列车自动防护
ATR	Automatic Train Regulation	列车自动调整
ATS	Automatic Train Supervision	列车自动监控
B		
BA	Balise Antenna	应答器天线
BLOC	Block Based Train Control	点式级别
C		
CBTC	Communication Based Train Control	基于通信的列车控制
CCOV	Communication Controllor on Vechile	车载通信控制器
CI	Computer Interlocking	计算机联锁
CPU	Central Processing Unit	中央处理单元
CRU	Carborne Radio Unit	车载无线单元
CRC	Cyclic Redundant Code	循环冗余码
CT	Communication Train	通信列车
CTC	Continuous Train Control(Train Control Level)	连续式列车控制(列车控制等级)
CTCS	Chinese Train Control System	中国列车控制系统
D		
DCS	Data Communication System	数据通信系统

续上表

缩写	英文全称	中文含义
DMI	Driver Machine Interface	车载信号显示器/人机交互界面
DMIS	Dispatch Command Management Information System	调度指挥管理信息系统
DSU	Data Storage Unit	数据存储单元
DTI	Departure（Dwell）Time Indication	发车表示器
DTS	Data Transmission System	数据传输系统
	E	
EB	Emergency Brake	紧急制动
EOA	End of Authority	移动授权终点
EMC	Electromagnetic Compatibility	电磁兼容
EMCS	Environment Monitoring and Control System	环境监测和控制系统
EMP	Emergency Stop Plunger	紧急停车按钮
EN	European Standard	欧洲标准
EP	Electro Pneumatic Brake	电空制动
EPS	Emergency Power Supply ［Incl. Uninterrupted Power Supply（UPS）］	紧急电源(包括 UPS)
EUM	Emergency Unrestricted Train Operating Mode	非限制人工驾驶模式
	F	
FTA	Fault Tree Analysis	故障树分析
FTGS	—	德文缩写,F——远程供电,G——轨道电路, T——音频,S——西门子公司 遥供无绝缘音频轨道电路
	G	
GJZ	—	轨道电路交流电源正极
GJF	—	轨道电路交流电源负极
GJ	—	轨道继电器
GSM-R	Global System for Mobile Communications-railway	铁路数字移动通信系统
	H	
HW	Hardware	硬件
HMI	Human Machine Interface	人机接口
HUB	—	多端口转发器
	I	
IBP	Integrated Backup Panel	综合后备盘
IEEE	Institute of Electrical and Electronics Engineers	电气电子工程师学会
I/O	Input/Output	输入/输出

续上表

缩写	英文全称	中文含义
ID	Identifier	标识
IL	Interlocking	联锁控制级别
ITC	Intermittent Train Control(Train Control Level)	点式列车控制(一种列车控制级别)
	L	
LAN	Local Area Network	局域网
LCU	Loop Control Unit	环线控制单元
LEU	Lineside Electronic Unit	轨旁电子单元
LRU	Line Replaceable Unit	现场可更换单元
LC	Line Control	车站控制
	M	
MA	Movement Authority	移动授权
MB	Moving Block	移动闭塞
MR		车载移动电台
MTBF	Mean Time Between Failure	平均故障间隔时间
MTBRSF	Mean Time Between Right Side Failure	平均安全侧故障间隔时间
MTBSF	Mean Time Between Service Failure	平均运行故障间隔时间
MTBWSF	Mean Time Between Wrong Side Failure	平均危险侧故障间隔时间
MTTR	Mean Time to Repair	平均修复时间
MVB	Multifunction Vehicle Bus	多功能车辆总线
	O	
OCC	Operation Control Centre	控制中心
OPG	Odometer Pulse Generator	测速电机(里程脉冲发生器)
	P	
PIS	Passenger Information System (Onboard)	乘客信息系统(车载)
POP	Point of Protection/Danger Point	防护点 / 危险点
PSD	Platform Screen Doors	站台屏蔽门
	Q	
QA	Quality Assurance	质量保证
QM	Quality Management	质量管理
	R	
RAMS	Reliability, Availability, Maintainability and Safety	可靠性,可用性,可维护性和安全性
RM	Restricted Train Operating Mode	限制人工驾驶模式
RCS	Radio Communication System	车载无线通信系统

续上表

缩写	英文全称	中文含义
RD	—	熔断器
DQJ	—	调车驱动继电器
S		
S&D	Service and Diagnostic System	服务与诊断系统
SM	Supervised Manual Train Operating Mode	ATP 监督的人工驾驶模式
SCC	Station Control Computer	车站控制计算机
T		
TCB	Trackside Connection Box	轨旁接线箱
TCC	Traffic Control Center	轨道交通指挥中心
TDB	Track Database	线路数据库
TRQ	—	变压器
U		
UDP	User Datagram Protocol	用户数据报协议
UHF	Ultrahigh Frequency	特高频
UPS	Uninterrupted Power Supply	不间断电源
UT	Uncommunicated Train	非通信列车
URM	Unrestricted Manual Driving Mode	非限制人工驾驶模式
V		
VOBC	Vehicle on-board Controller	车载控制器
Ver	Version	版本
VLAN	Virtual Local Area Network	虚拟局域网
W		
WLAN	Wirelss Local Area Network	无线局域网
WXJ	—	减速机
Z		
ZC	Zone Controller	区域控制器

附录 2　信号机点灯电路图

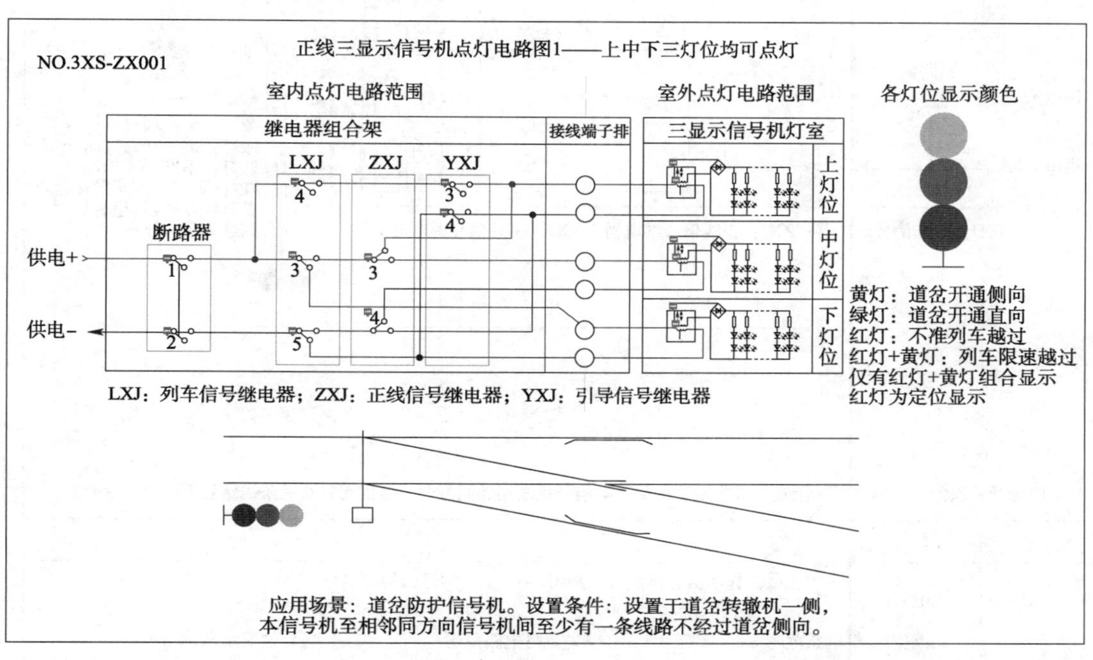

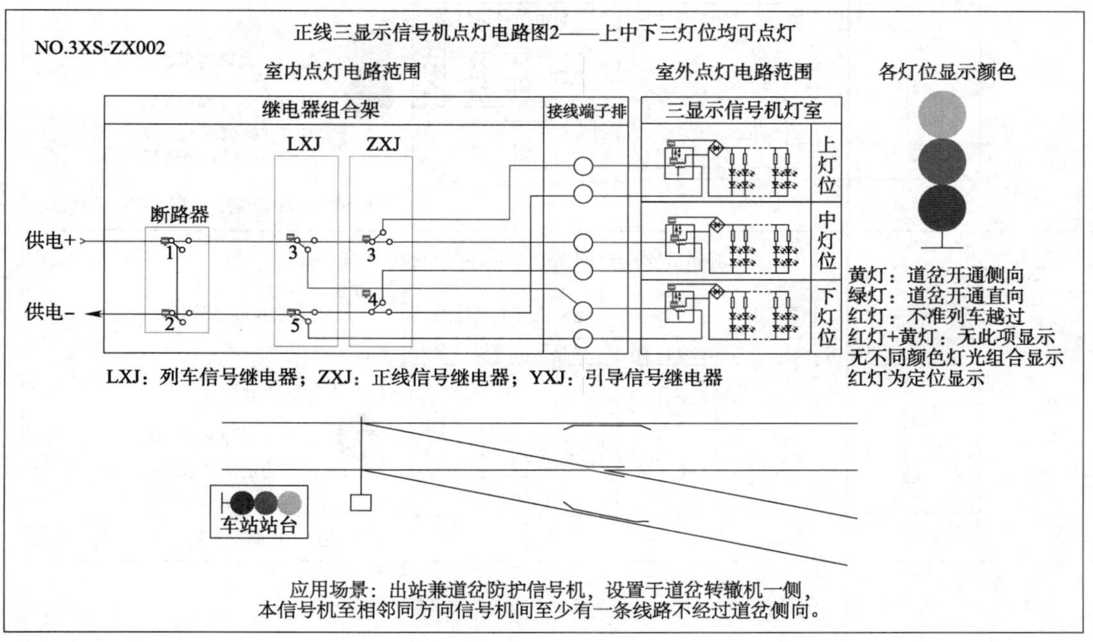

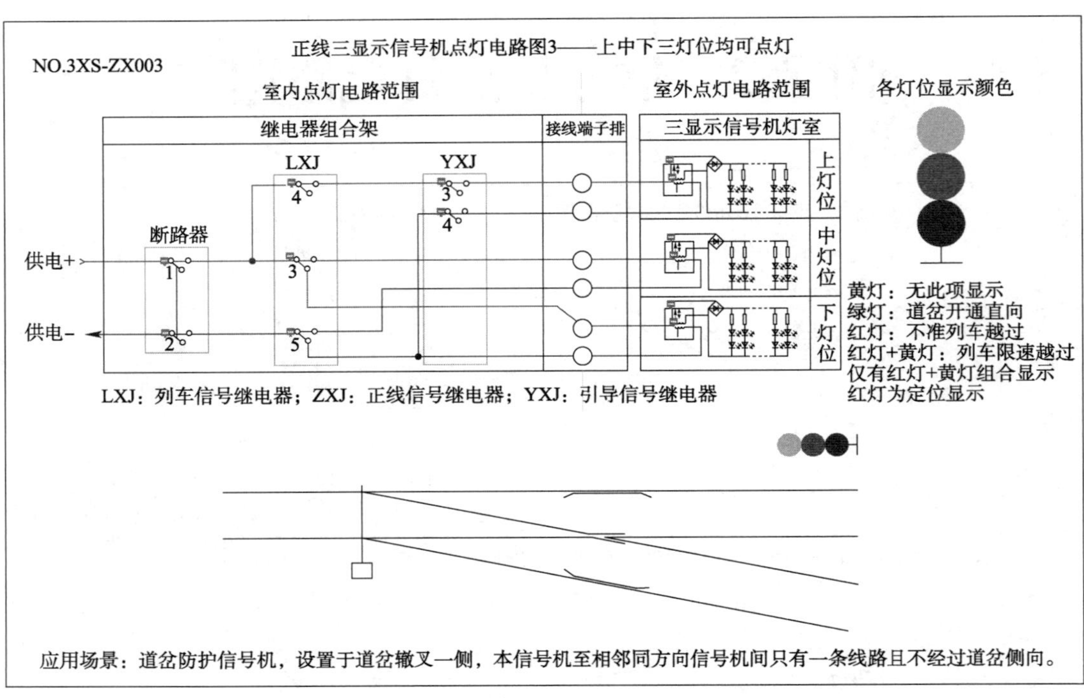
正线三显示信号机点灯电路图3——上中下三灯位均可点灯
NO.3XS-ZX003
室内点灯电路范围
室外点灯电路范围
各灯位显示颜色
继电器组合架
接线端子排
三显示信号机灯室
LXJ
YXJ
断路器
供电+
供电−
上灯位
中灯位
下灯位
黄灯：无此项显示
绿灯：道岔开通直向
红灯：不准列车越过
红灯+黄灯：列车限速越过
仅有红灯+黄灯组合显示
红灯为定位显示
LXJ：列车信号继电器；ZXJ：正线信号继电器；YXJ：引导信号继电器
应用场景：道岔防护信号机，设置于道岔辙叉一侧，本信号机至相邻同方向信号机间只有一条线路且不经过道岔侧向。

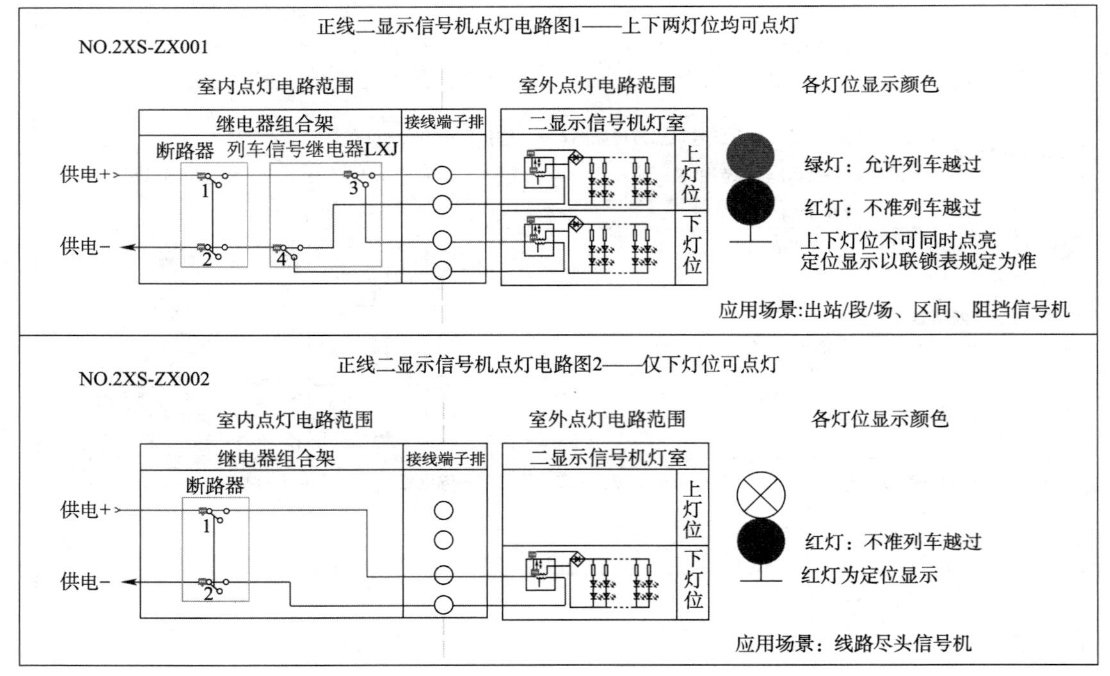
正线二显示信号机点灯电路图1——上下两灯位均可点灯
NO.2XS-ZX001
室内点灯电路范围
室外点灯电路范围
各灯位显示颜色
继电器组合架
接线端子排
二显示信号机灯室
断路器
列车信号继电器LXJ
供电+
供电−
上灯位
下灯位
绿灯：允许列车越过
红灯：不准列车越过
上下灯位不可同时点亮
定位显示以联锁表规定为准
应用场景:出站/段/场、区间、阻挡信号机
正线二显示信号机点灯电路图2——仅下灯位可点灯
NO.2XS-ZX002
室内点灯电路范围
室外点灯电路范围
各灯位显示颜色
继电器组合架
接线端子排
二显示信号机灯室
断路器
供电+
供电−
上灯位
下灯位
红灯：不准列车越过
红灯为定位显示
应用场景：线路尽头信号机

NO.3XS-DC001

段场三显示信号机点灯电路图1——上中下三灯位均可点灯

室内点灯电路范围　　室外点灯电路范围　　各灯位显示颜色

继电器组合架　接线端子排　三显示信号机灯室

LXJ　YXJ　断路器　上灯位　中灯位　下灯位

黄灯：无此项显示
绿灯：准许列车越过
红灯：不准列车越过
红灯+黄灯：列车限速越过
仅有红灯+黄灯组合显示
红灯为定位显示

LXJ：列车信号继电器；ZXJ：正线信号继电器；YXJ：引导信号继电器

应用场景：进入段场信号机，设置于段场管辖线路入口处，本信号机至相邻同方向信号机间线路不经过道岔。

NO.3XS-DC002

段场三显示信号机点灯电路图2——上中下三灯位均可点灯

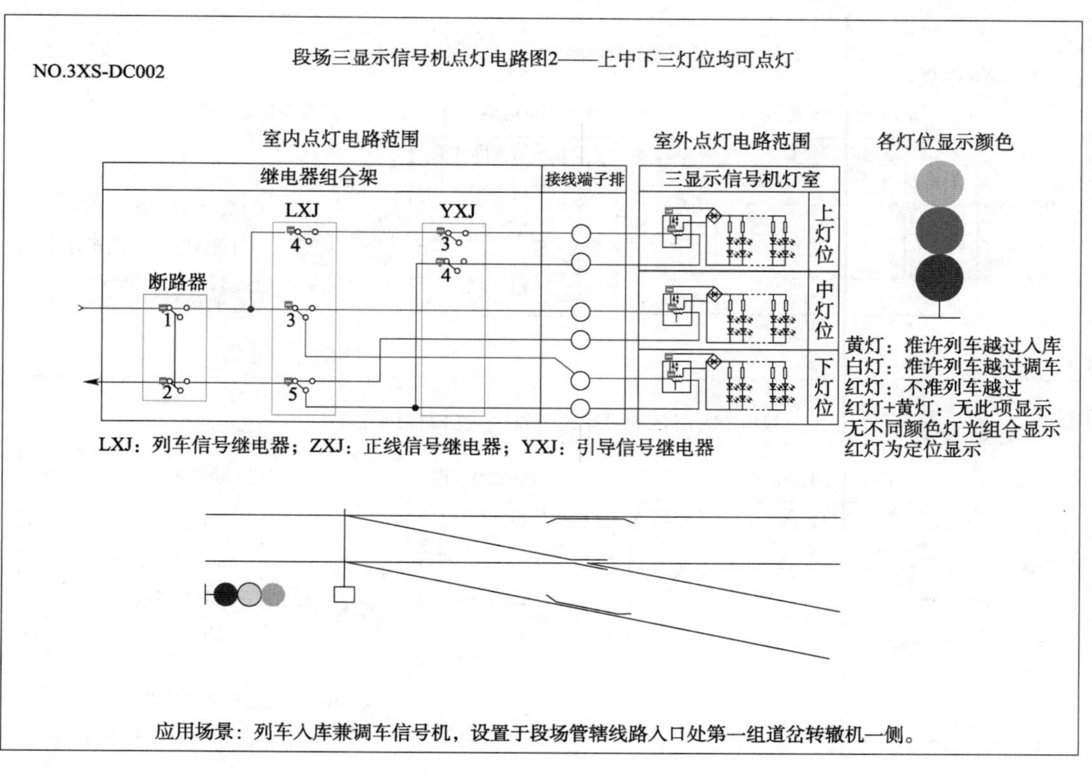

应用场景：列车入库兼调车信号机，设置于段场管辖线路入口处第一组道岔转辙机一侧。

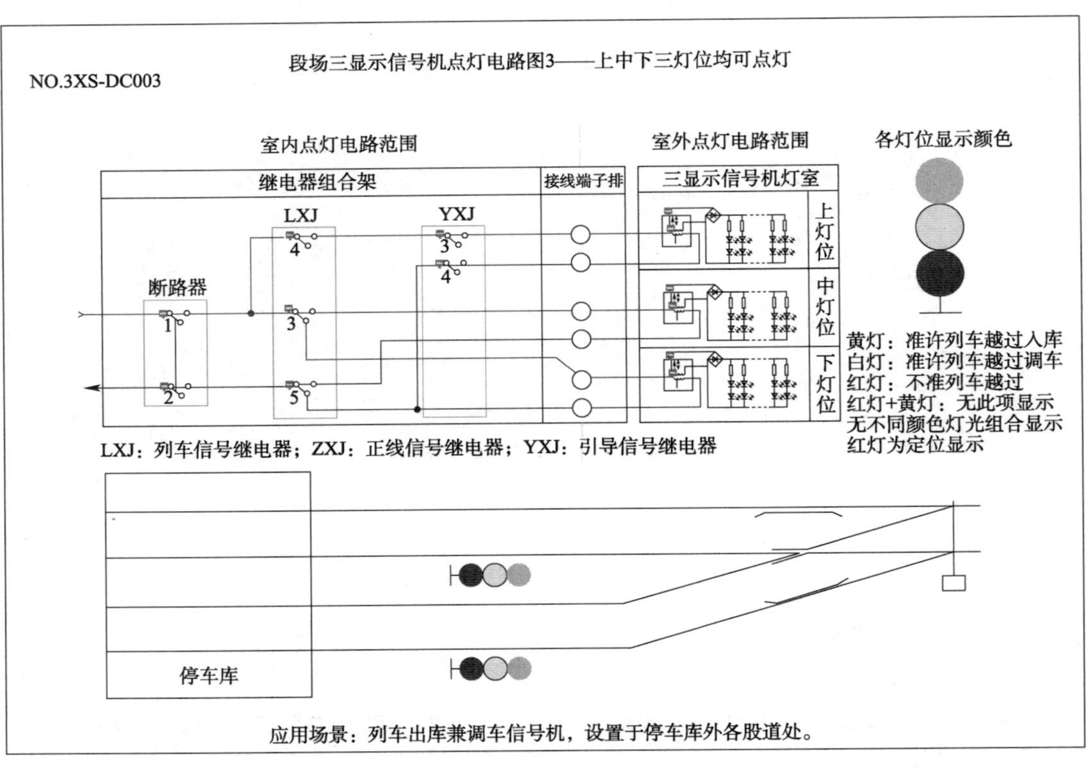

段场三显示信号机点灯电路图3——上中下三灯位均可点灯
NO.3XS-DC003
室内点灯电路范围
室外点灯电路范围
各灯位显示颜色
继电器组合架
接线端子排
三显示信号机灯室
LXJ
YXJ
断路器
上灯位
中灯位
下灯位
黄灯：准许列车越过入库
白灯：准许列车越过调车
红灯：不准列车越过
红灯+黄灯：无此项显示
无不同颜色灯光组合显示
红灯为定位显示
LXJ：列车信号继电器；ZXJ：正线信号继电器；YXJ：引导信号继电器
停车库
应用场景：列车出库兼调车信号机，设置于停车库外各股道处。

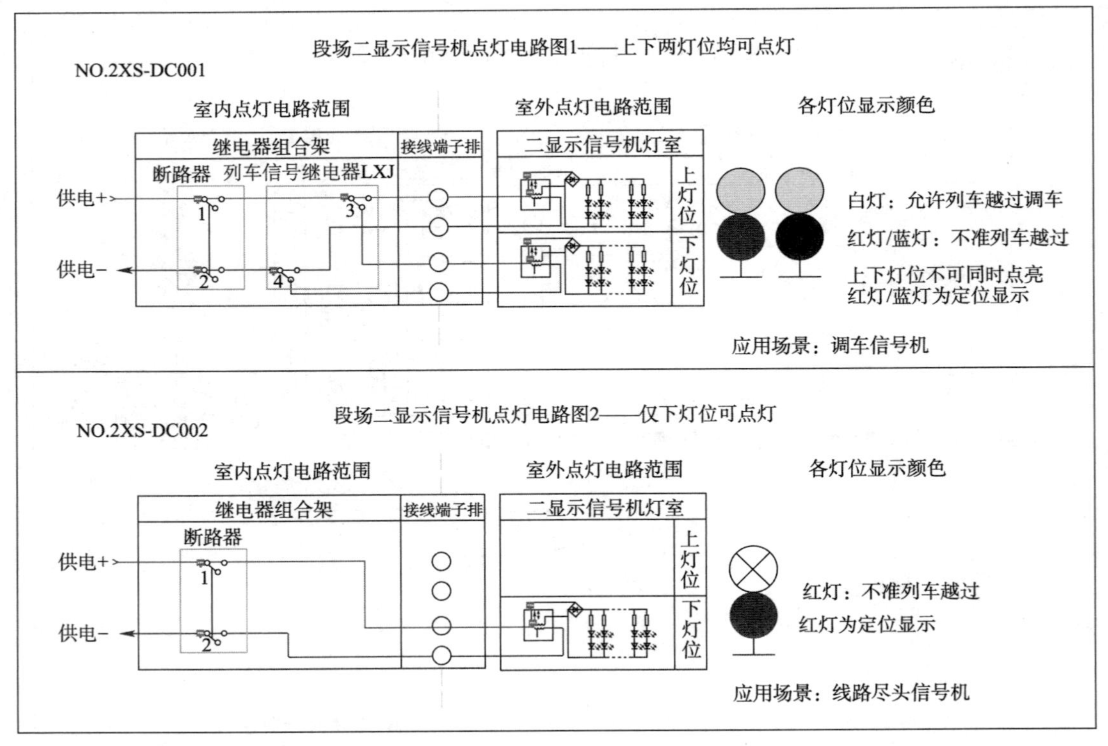

段场二显示信号机点灯电路图1——上下两灯位均可点灯
NO.2XS-DC001
室内点灯电路范围
室外点灯电路范围
各灯位显示颜色
继电器组合架
接线端子排
二显示信号机灯室
断路器
列车信号继电器LXJ
供电+
供电−
上灯位
下灯位
白灯：允许列车越过调车
红灯/蓝灯：不准列车越过
上下灯位不可同时点亮
红灯/蓝灯为定位显示
应用场景：调车信号机
段场二显示信号机点灯电路图2——仅下灯位可点灯
NO.2XS-DC002
室内点灯电路范围
室外点灯电路范围
各灯位显示颜色
继电器组合架
接线端子排
二显示信号机灯室
断路器
供电+
供电−
上灯位
下灯位
红灯：不准列车越过
红灯为定位显示
应用场景：线路尽头信号机

配套课程参考标准

课程名称:城市轨道交通信号基础设备维护。

适用专业:城市轨道交通通信信号技术(高职)、城市轨道交通运营管理(高职)、城市轨道车辆应用技术(高职),城市轨道交通信号维护(中职)、城市轨道交通运营服务(中职)、城市轨道交通车辆运用与检修(中职)。

一 前言

(一)课程定位

该课程是城市轨道交通专业基础性课程,也是城市轨道交通通信信号技术专业的一门核心课程。通过该课程的学习,学生掌握城市轨道交通信号系统的整体架构、信号基础设备、ATC 系统架构及其各部分子系统等,对城市轨道交通信号基础有一个全面的了解,为今后的学习和工作打下坚实的基础,提升理论与实践相结合的能力。

(二)课程目标

该课程要求学生了解城市轨道交通信号系统的发展以及城市轨道交通信号系统的基本组成,能初步掌握城市轨道交通信号系统的架构设计、各子系统的功能、每一项基础信号设备的养护等。

1. 知识能力

(1)了解城市轨道交通信号系统基本组织、系统架构。

(2)理解城市轨道交通信号基础核心设备的工作原理。

(3)掌握城市轨道交通信号基础核心设备的类型、组成以及日常维检修作业标准和流程。

2. 专业能力

(1)掌握城市轨道交通信号系统的基本架构组成、各子系统的工作职能以及各子系统之间的相互关系。

(2)重点掌握城市轨道交通信号基础设备,如信号机、转辙机、轨道电路等的识别与应用,为“信号实操”专业实训课程打下良好的基础。

(3)具备一定的城市轨道交通信号系统、信号基础设备、UPS 供电、CBTC 系统的架构、城市轨道交通通信网络等方面的专业操作能力。

3. 社会能力

通过该课程的学习,锻炼学生的发散思维,培养学生团结协作、吃苦耐劳、实事求是、诚信为本的品质,增强学生事故预防、安全防范意识,提高学生的职业素养和与人沟通、协调工作的能力。

(三)课程设计

1. 设计思路

紧扣城市轨道交通通信信号专业的人才培养方案,围绕“以企业需求为导向,以职业能力为核心”,由教师联合进行课程建设和教学设计,打破以知识传授为主要特征的传统学科课程模式,将职业素质培养、职业资格考证标准融入课程,力求突出岗位技能特色,满足岗位技能与鉴定考核的需求,发展学生的职业能力和职业素养。

在课程内容设计上,邀请教学专家、行业专家以及京港地铁、北京地铁的培训师对城市轨道交通信号基础所涉及的专业背景、涵盖的岗位群进行工作任务和职业能力分析,设计若干个项目,再将项目具体细化,划分为若干个子任务。

在课程教学方法和教学手段设计上,以项目组织教学,实施任务化和理实一体化教学,使学生“做中学,学中做”,并以此使学生形成自主探索知识的能力。

2. 课程的重点、难点及解决办法

课程重点:城市轨道交通信号系统的架构组成、CBTC 系统的组成以及各部分功能,信号系统基础设备、联锁设备、通信设备的认知及功能。

课程难点:信号系统基础设备、联锁设备、通信设备的结构原理。

解决办法:采用先进的项目任务式的教学方式,注重讲练结合;教师要注重理论结合实践,了解核心问题的本质,提炼学生的技能操作点,用案例和情境推动教学;在教学中搜集大量图片,制作视频资料、电子课件等,以提高教学场景的直观性、动态性,使学生便于理解掌握、融会贯通,部分课程建议在实训室完成。

二 教学条件

(一)教师团队及职业背景

教师团队由校内城市轨道交通专业教师以及具备现场实践经验的双师型教师和现场聘请的兼职教师组成。

(二)教学设施

除常规课堂教学设备外,为了加深学生对课堂教学内容的理解,可以在城市轨道交通专业实训室展开实践教学,在图书馆、电子阅览室查阅相关专业资料,同时安排真实现场环境的认知实习等。

三 实施建议

(一)教材选取

《城市轨道交通信号基础设备维护》(第 3 版),人民交通出版社股份有限公司出版,徐胜南、李坤妃主编。

(二)教学建议

贯彻“以学生为中心”的教学理念,实施行动导向教学方法。学生组成小组,在教师的引导下探索学习，以达到学习专业知识和训练专业技能的目的。教师要创设学习环境，建构教学任务，推动学生独立思考、勇于探索。教师要从知识传授者的角色转为学生学习过程的组织者、咨询者和指导者，使教学过程向学生自觉学习过程转变。每项工作完成后，各小组要提交一份成果报告。

（三）教学评价

由注重知识考核转向注重能力考核，采用形成性考核评价。

（1）课程结束考查占60%，八大项目考查占40%。

（2）项目评价采用教师评价和学生自评相结合的形式，即“组长系数制”。每一个项目完成后，由各小组提交一份成果报告，内容越丰富、越有内涵，全组加分越高；适时进行小组答辩，对项目实施提出新的观点及一些好的建议或相关案例的，适当加分。教师先给出各小组得分；组长再根据组员在工作完成中所起的作用和表现，初定组员系数（0.8～1.1）；再经教师和班干部、组长开“碰头会”对系数进行调整确认；最后用小组分乘以系数，得到各组员的得分。

（四）资源利用

（1）注重实训指导书和实训教材的开发和应用。

（2）注重课程资源和现代化教学资源的开发和利用，如多媒体教室的应用。这些资源有利于创设形象生动的工作情境，激发学生的学习兴趣，促进学生对知识的理解和掌握。同时，建议加强课程资源开发，建立多媒体课程资源数据库，努力实现跨学校多媒体资源共享，以提高课程资源利用效率。

（3）积极开发和利用网络课程资源，充分利用诸如电子书籍、电子期刊、数据库、数字图书馆、教育网站和电子论坛等网上信息资源，使教学从运用单一媒体向运用多种媒体转变，教学活动从信息的单向传递向双向交换转变，学生单独学习向合作学习转变。同时，应积极创造条件，搭建远程教学平台，扩大课程资源的交互空间。

（4）产学合作开发实训课程资源，充分利用校内外实训基地，进行产学合作，实现“工学”交替，满足学生实习、实训需求，同时为学生的就业创造机会。

（5）建立本专业开放式实训中心，使之具备现场教学、实训、职业技能证书考证的功能，实现教学与实训合一、教学与培训合一、教学与考证合一，满足学生综合职业能力培养的要求。

四　其他说明

该课程计划安排72学时，可以根据学生自身基础条件及学习能力做适当调整，可不断更新课程资源，课程内容应密切结合现场实际及时调整、更新。

参考文献

[1] 刘雪玉,王硕. 城市轨道交通通信信号概论[M]. 长沙:湖南大学出版社,2022.

[2] 赵加建. 地铁信号数据通信系统网络架构设计研究[J]. 现代城市轨道交通,2023(8):13-19.

[3] 陈通. 复杂条件下地铁 CBTC 信号系统接入既有线的解决方案[J]. 铁路通信信号工程技术,2024,21(3):69-72.

[4] 刘冬冬,唐陶. 基于地铁 CBTC 信号系统的延伸预留设计方案[J]. 铁路通信信号工程技术,2023,20(11):97-101.

[5] 姜丽. 地铁信号系统自动控制功能探讨[J]. 无线互联科技,2022,19(3):129-130.

[6] 安学武,王小可. 城市轨道交通全自动运行系统概论[M]. 成都:西南交通大学出版社,2022.

[7] 李桃,杨绚,高嘉蕾. 城市轨道交通 FAO 线路智能调度指挥体系分析与建议[J]. 现代城市轨道交通,2023(8):83-89.

[8] 刘斌,焦凤霞. FAO 信号系统测试方案的探讨与研究[J]. 铁路通信信号工程技术,2024,21(7):97-103.

[9] 范全永. 中国内地城市轨道交通全自动运行线路运营与建设统计分析[J]. 都市快轨交通,2023,36(4):1-5.

[10] 邹海平. 城市轨道交通全自动运行系统站台门与信号系统集成方案研究[J]. 城市轨道交通研究,2023,26(6):261-266.

[11] 刘智平,刘建,罗志刚. 都市圈轨道交通信号系统技术升级方案[J]. 城市轨道交通研究,2023,26(z2):107-111.

[12] 王凌莉. 探究城市轨道交通信号控制系统[J]. 中国设备工程,2023(8):117-119.

[13] 吴秋颜,吴勇国. 城市轨道交通信号智慧运维应用与实践[J]. 智慧轨道交通,2024,61(4):69-74,81.

[14] 李娇,高勇,姚羽发. ATC 系统车载设备安全参数自动验证软件开发[J]. 铁道通信信号,2022,58(4):83-88.

[15] 孙雨彤. 城市轨道交通信号控制系统研究[J]. 中国设备工程,2022(20):137-139.

[16] 赵虹,黄海霞,梁汝军. 基于车载 ATC 系统冗余切换的地铁车辆控制电路优化设计[J]. 城市轨道交通研究,2022,25(6):182-185,190.

[17] 杜文文,李鹏,李逸,等. 新一代信号系统优化方案研究与前瞻技术探索[J]. 现代城市轨道交通,2024(7):52-58.

[18] 叶都玮. 地铁车辆电磁继电器随机失效分析与寿命预测[J]. 机械制造,2024,62(5):

103-106,84.

[19] 李强. 地铁车辆继电器故障分析与控制优化[J]. 现代制造技术与装备,2023,59(3):189-192.

[20] 石卫师,黄祖宁,商晖. 城市轨道交通道岔转辙机智能运维系统研究[J]. 都市快轨交通,2024,37(3):69-74.

[21] 毛新德,李旭,宋丽丽. 基于智能感知的列控系统后备运行方案研究[J]. 自动化与仪表,2024,39(6):156-160.

[22] 谢毅松. 城市轨道交通通信与信号控制研究[J]. 交通科技与管理,2024,5(12):174-176.

[23] 陈佳. CBTC 与 TACS 系统道岔资源管理方式分析[J]. 城市轨道交通研究,2024,27(z1):129-132.

[24] 林业,陈志,卢昱昊,等. 城市轨道交通 ATO 与 TCMS 功能融合设计[J]. 城市轨道交通研究,2024,27(5):175-178,189.

[25] 郭弘倩,南迪. 基于云架构的城市轨道交通信号系统方案研究[J]. 铁路通信信号工程技术,2024,21(2):72-77,102.

[26] 全国城市轨道交通标准化技术委员会. 城市轨道交通信号系统通用技术条件:GB/T 12758—2023[S]. 北京:中国标准出版社,2024.

[27] 张翠红. 城市轨道交通信号 CBTC 系统的应用研究[J]. 数字通信世界,2023(8):145-147.

[28] 左辉. 城市轨道交通线路失表道岔处列车安全防护包络研究[J]. 城市轨道交通研究,2022,25(11):89-93.

[29] 余璞. 基于自锁电路的新型城市轨道交通限界检测方法研究[J]. 电气开关,2023,61(3):35-38,44.

[30] 王海强,董丹,李泰昌,等. 一种转辙机新型接点的研发与应用[J]. 铁道通信信号,2024,60(7):34-39.

[31] 张涛. 一种模拟直流道岔的实现方法[J]. 科学技术创新,2023(24):26-29.

[32] 史维利. ZD6 型转辙机接点反弹成因分析及解决对策[J]. 铁道通信信号,2023,59(5):87-90.

[33] 季靖钧. S700K 转辙机的原理与故障分析[J]. 价值工程,2023,42(9):146-148.

[34] 顾静波. 多区段计轴系统计轴板卡自动试验装置设计与实现[J]. 城市轨道交通研究,2024,27(z1):138-143.

[35] 杨菁,刘伊敏,张烨宇. 城市轨道交通信号电源系统的特点与发展趋势[J]. 电池,2024,54(2):295-296.

[36] 陈星,范礼乾,阴佳腾,等. 城市轨道交通智能调度技术及应用研究[J]. 智慧轨道交通,2024,61(4):48-51,57.

[37] 蒋晶,张波,陈兴劼. 地铁无人驾驶系统框架设计研究[J]. 城市轨道交通研究,2023,26(8):273-275.

[38] 刘鲁岳,李鹏,喻奇,等. 中运量城市轨道交通应用 TACS 信号系统研究[J]. 现代城市轨道交通,2024(5):66-70.

[39] 李桃. 智慧城轨 FAO 模式下的职业院校人才培养路径研究[J]. 中国现代教育装备,2024(3):167-169,181.

[40] 史坤. 城市轨道交通信号高技能人才培训基地建设研究[C]//中国城市科学研究会数字城市专业委员会轨道交通学组,中铁十六局集团有限公司,中城科数智慧城市规划设计研究中心. 智慧城市与轨道交通 2023. 北京:中国城市出版社,2023.

[41] 李中浩,ZHANG LIMAN. 我国城市轨道交通信号系统发展方向探讨[J]. 城市轨道交通研究,2024,27(2):前插 1,263.

[42] 景龙刚. 城市轨道交通信号系统高质量发展思路研究[J]. 中国高新科技,2024(24):38-40.

[43] 侯秀芳,冯晨,燕汉民,等. 2024 年中国内地城市轨道交通运营线路概况[J]. 都市快轨交通,2025,38(1):13-19.

城市轨道交通
信号基础设备维护
（第3版）
实 训 手 册

班级：______________________________

姓名：______________________________

学号：______________________________

人民交通出版社
北 京

目录

实训 1-1　调研城市轨道交通信号系统的构成

班级		姓名		学号	
学习小组		组长		日期	

任务描述	认真学习城市轨道交通信号系统的构成，以小组为单位，调研你所在的城市某条城市轨道交通线路的信号系统，完成以下实训任务
任务目标	1. 了解城市轨道交通信号系统的构成。 2. 掌握城市轨道交通信号系统主要设备。 3. 积极参与探索和讨论，增强学习主动性
任务准备	问题导引 1. 想一想：城市轨道交通信号系统通常由________组成，其包括的 4 个子系统分别是________、________、________和________。 2. 说一说：城市轨道交通信号系统设备所处的区域有哪些？ 3. 议一议：城市轨道交通控制中心、车站、现场都有哪些信号系统设备？

任务实施

1. 调研你所在城市某城市轨道交通线路信号系统的构成及功能，并做记录。

序号	信号系统构成	功能

2. 调研该城市轨道交通线路信号系统主要设备及作用，并做记录。

序号	主要设备	作用

续上表

任务实施

3. 现场所调研的设备分别属于信号系统的哪些子系统？请做记录

序号	设备名称	所属子系统

任务评价

一、组长评价

评价内容	A	B	C	D	E	得分
实训态度认真	30	18	15	12	未达标	
任务准备充分	30	18	15	12	未达标	
实训过程完整	20	17	15	12	未达标	
积极探索和讨论	20	17	15	12	未达标	
总分						

二、教师评价

评价内容	A	B	C	D	E	得分
知识学习水平	30	18	15	12	未达标	
调研计划合理	30	18	15	12	未达标	
调研结果完整	20	17	15	12	未达标	
学习主动性强	20	17	15	12	未达标	
总分						

三、自我评价

总结与反思：____________________

自我评定成绩：____________________

任务成绩

实训 2-1　识别继电器的类型及内部结构

班级		姓名		学号	
学习小组		组长		日期	

任务描述

以小组为单位进行实训，通过观察常见继电器及其插座，说出不同继电器的外观形状、名称及相关字母的含义，并判断继电器插座的触点编号

任务目标

1. 能够依据外观区分不同的继电器。
2. 掌握继电器名称中相关字母的含义。
3. 学会正确判断继电器插座的触点编号。
4. 提高分析和解决问题的能力

任务准备

一、问题导引

1. 想一想：继电器按照动作原理分为________和________，按照动作电流分为________和________，按照动作时间分为________和________，按照可靠程度分为________和________。

2. 写一写：继电器名称中有关字母的含义。

序号	代号	含义	序号	代号	含义
1	A		7	P	
2	C		8	Q	
3	D		9	W	
4	F		10	X	
5	H		11	Y	
6	J		12	Z	

3. 说一说：直流无极继电器的触电系统位置及编号。

二、实训设备

常见继电器及其插座

任务实施

1. 请识别下列继电器的类型。

1）　　2）　　3）

4）　　5）

1）：__________；2）：__________；3）：__________；4）：__________；5）：__________

续上表

<table>
<tr><td>任务实施</td><td>2. 指出 JWXC-H310 的含义。
3. 电磁继电器的结构如下图所示,其中 A 是________,B 是________,C 是________。它利用________对衔铁的吸放,代替开关来控制电路的通断
B C A</td></tr>
<tr><td>任务评价</td><td>一、组长评价
<table><tr><td>评价内容</td><td>A</td><td>B</td><td>C</td><td>D</td><td>E</td><td>得分</td></tr><tr><td>实训态度认真</td><td>30</td><td>18</td><td>15</td><td>12</td><td>未达标</td><td></td></tr><tr><td>任务准备充分</td><td>30</td><td>18</td><td>15</td><td>12</td><td>未达标</td><td></td></tr><tr><td>实训过程完整</td><td>20</td><td>17</td><td>15</td><td>12</td><td>未达标</td><td></td></tr><tr><td>问题分析精准</td><td>20</td><td>17</td><td>15</td><td>12</td><td>未达标</td><td></td></tr><tr><td colspan="6">总分</td><td></td></tr></table>二、教师评价
<table><tr><td>评价内容</td><td>A</td><td>B</td><td>C</td><td>D</td><td>E</td><td>得分</td></tr><tr><td>知识学习水平</td><td>30</td><td>18</td><td>15</td><td>12</td><td>未达标</td><td></td></tr><tr><td>实训场地整洁</td><td>30</td><td>18</td><td>15</td><td>12</td><td>未达标</td><td></td></tr><tr><td>实训结果完整</td><td>20</td><td>17</td><td>15</td><td>12</td><td>未达标</td><td></td></tr><tr><td>分析问题能力强</td><td>20</td><td>17</td><td>15</td><td>12</td><td>未达标</td><td></td></tr><tr><td colspan="6">总分</td><td></td></tr></table>三、自我评价
总结与反思:________________________
____
自我评定成绩:________________________
________________________</td></tr>
<tr><td>任务成绩</td><td></td></tr>
</table>

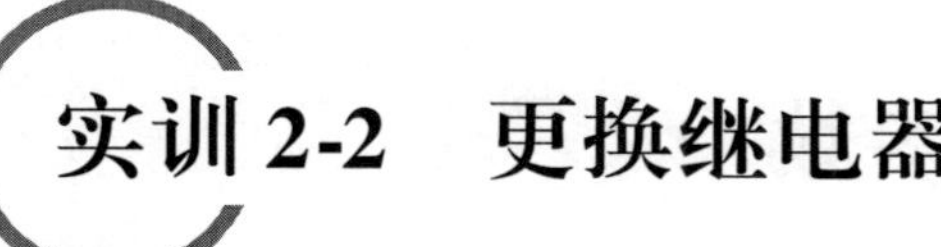

实训 2-2 更换继电器

班级		姓名		学号	
学习小组		组长		日期	
任务描述	以小组为单位进行实训，通过所提供的实训设备更换继电器				
任务目标	1. 掌握继电器更换前及更换过程中的检查内容。 2. 掌握继电器更换后的检查、测试内容。 3. 步骤完整、操作规范、熟练精准				
任务准备	一、问题导引 1. 说一说：城市轨道交通中继电器有哪些应用？ 2. 议一议：继电器常见的故障及排除方法是什么？什么情况下需要更换继电器？ 二、实训设备 常用继电器、导线、电烙铁、电源、灯泡、开关、焊锡等				

任务实施

利用工具将废弃的继电器换下，将新的继电器装上，注意不同型号的继电器采用的测试及安装方法的区别，写出更换操作流程

继电器型号	更换操作流程	注意事项

任务评价

一、组长评价

评价内容	A	B	C	D	E	得分
实训态度认真	30	18	15	12	未达标	
任务准备充分	30	18	15	12	未达标	
实训过程完整	20	17	15	12	未达标	
步骤完整正确	20	17	15	12	未达标	
总分						

二、教师评价

评价内容	A	B	C	D	E	得分
知识学习水平	30	18	15	12	未达标	
实训场地整洁	30	18	15	12	未达标	
实训结果完整	20	17	15	12	未达标	
操作熟练规范	20	17	15	12	未达标	
总分						

三、自我评价

总结与反思：________________________________

____

自我评定成绩：________________________________

____

任务成绩	

实训 2-3　测量继电器性能参数

<table>
<tr><td>班级</td><td></td><td>姓名</td><td></td><td>学号</td><td></td></tr>
<tr><td>学习小组</td><td></td><td>组长</td><td></td><td>日期</td><td></td></tr>
<tr><td>任务描述</td><td colspan="5">以小组为单位进行实训，通过所提供的实训设备制作继电器控制电路并测量继电器的性能参数</td></tr>
<tr><td>任务目标</td><td colspan="5">1. 掌握继电器开关电路原理。
2. 学会继电器性能参数的测试。
3. 能够做到细致认真、熟练精准</td></tr>
<tr><td>任务准备</td><td colspan="5">一、问题导引
1. 想一想：继电器是一种________开关，能以较小的________控制执行电路中的大功率设备，是实现________和________的重要设备。
2. 说一说：继电器电路中分别用什么符号表示继电器的吸起状态和落下状态？
3. 议一议：继电器的测试过程中需要进行哪些参数的测量？
二、实训设备
常用继电器、导线、电烙铁、电源、灯泡、开关、焊锡等</td></tr>
<tr><td>任务实施</td><td colspan="5">1. 根据所提供设备画出继电器电路，实现利用开关控制继电器。

2. 根据提供设备制作继电电路，实现利用继电器触点控制灯泡状态，并对制作过程进行记录</td></tr>
<tr><td>任务评价</td><td colspan="5">一、组长评价
<table>
<tr><td>评价内容</td><td>A</td><td>B</td><td>C</td><td>D</td><td>E</td><td>得分</td></tr>
<tr><td>实训态度认真</td><td>30</td><td>18</td><td>15</td><td>12</td><td>未达标</td><td></td></tr>
<tr><td>任务准备充分</td><td>30</td><td>18</td><td>15</td><td>12</td><td>未达标</td><td></td></tr>
<tr><td>实训过程完整</td><td>20</td><td>17</td><td>15</td><td>12</td><td>未达标</td><td></td></tr>
<tr><td>测量步骤准确</td><td>20</td><td>17</td><td>15</td><td>12</td><td>未达标</td><td></td></tr>
<tr><td colspan="6">总分</td><td></td></tr>
</table>
二、教师评价
<table>
<tr><td>评价内容</td><td>A</td><td>B</td><td>C</td><td>D</td><td>E</td><td>得分</td></tr>
<tr><td>知识学习水平</td><td>30</td><td>18</td><td>15</td><td>12</td><td>未达标</td><td></td></tr>
<tr><td>实训场地整洁</td><td>30</td><td>18</td><td>15</td><td>12</td><td>未达标</td><td></td></tr>
<tr><td>实训结果完整</td><td>20</td><td>17</td><td>15</td><td>12</td><td>未达标</td><td></td></tr>
<tr><td>测量结果精准</td><td>20</td><td>17</td><td>15</td><td>12</td><td>未达标</td><td></td></tr>
<tr><td colspan="6">总分</td><td></td></tr>
</table>
三、自我评价
总结与反思：________________________________
____
自我评定成绩：________________________________
________________________________</td></tr>
<tr><td>任务成绩</td><td colspan="5"></td></tr>
</table>

实训 2-4　相敏轨道电路设备检修

<table>
<tr><td>班级</td><td></td><td>姓名</td><td></td><td>学号</td><td></td></tr>
<tr><td>学习小组</td><td></td><td>组长</td><td></td><td>日期</td><td></td></tr>
<tr><td>任务描述</td><td colspan="5">以小组为单位进行实训，利用所提供的检测信号设备的专业工具进行相敏轨道电路设备的检修，包括轨道电路室外设备维护、箱盒外部维护、轨道绝缘维护和箱盒内部检查</td></tr>
<tr><td>任务目标</td><td colspan="5">1. 熟悉轨道电路室内外各部件组成。
2. 掌握相敏轨道电路设备检修方法。
3. 增强安全意识，善于发现隐患</td></tr>
<tr><td>任务准备</td><td colspan="5">一、问题引导
1. 想一想：轨道电路维护检修的主要设备有哪些？
2. 说一说：轨道电路室外设备维护、箱盒外部维护、轨道绝缘维护和箱盒内部检查的具体操作步骤。
二、实训设备
常用检测信号设备的专业工具</td></tr>
<tr><td>任务实施</td><td colspan="5">1. 按照如下步骤，进行轨道电路室外设备维护，并做好记录。
(1)轨道接续线应双套化，塞钉打入深度与轨腰平，露出部分高度不超过5mm，塞钉与塞钉孔紧密接触，并涂漆封闭。
(2)钢轨接续线应密贴在接头夹板(鱼尾板)上，线条不弯曲，外观要平、紧、直。
(3)焊接式接续线焊接牢固，焊接接头的上端端头应低于新轨轨面11mm，与接头夹板固定螺母竖向中心线的间距应不小于10mm。
(4)钢绞线应润滑无锈，断股应不超过1/5。
(5)道岔跨接线和箱盒引接线双套固定良好，润滑无锈蚀，断股应不超过1/5。
(6)道岔跨接线和箱盒引接线采用涂机油的方法来防锈。
(7)引接线与变压器箱、电缆盒应连接紧固，不得有松动现象。绝缘片、绝缘管应完整无破损，保证绝缘良好。引接线的裸线部分不得与箱、盒金属体接触。
(8)引接线距轨底应不小于30mm，不得有防爬器和轨距杆等可能造成短路的金属部件。
(9)检查道岔跨接线、钢轨引接线是否埋在沙土里，防止日久腐蚀、断线造成轨道电路故障。
2. 按照如下步骤进行箱盒外部维护，并做好记录。
(1)箱盒无破损、号码正确清楚、加锁装置良好。
(2)基础倾斜不超过10mm，箱盒底距地面不小于150mm，排水良好。
(3)对各部位螺栓进行油润、紧固。
(4)硬面化整洁、无杂物。
3. 按照如下步骤进行轨道绝缘维护，并做好记录。
(1)钢轨绝缘应做到钢轨、槽形绝缘、接头夹板相吻合，轨端绝缘应与钢轨接头保持平直；塞钉、扣件不得接触接头夹板。
(2)装有钢轨绝缘处的轨缝应保持在6～10mm范围内，两钢轨头保持水平，高差不大于2mm，在钢轨绝缘处的轨枕保持紧固，高强度螺栓扭力达标。
(3)进行转辙机安装装置绝缘、轨距杆绝缘、尖端杆绝缘的外观检查，要求安装良好，清洁、无破损，各部螺栓紧固。</td></tr>
</table>

续上表

<table>
<tr><td>任务实施</td><td>(4)钢轨绝缘电阻值不小于1000Ω,安装装置绝缘电阻值不小于200Ω,站内轨距杆绝缘电阻值不小于200Ω,站外轨距杆绝缘电阻值不小于600Ω。
4. 按照如下步骤进行箱盒内部检查,并做好记录。
(1)铭牌正确、齐全,字迹清楚,防尘、防潮设施完好。
(2)各部螺栓紧固,垫片、备帽、套管齐全,无破皮及混线,焊点焊接良好。
(3)器材选型正确,安装牢固,不超期使用;不过热,不破损,印封完整,防震装置作用良好;电缆引入口采用灌胶防护,电缆不下沉。
(4)熔断器容量符合标准,安装牢固。
(5)限流电阻辅助线、辅助片作用良好,阻值符合规定(道岔区段送电端不小于2Ω,股道不小于1Ω)。
(6)箱盒内清洁,无灰尘、霉痕,油漆无严重脱落。
(7)箱盒内图纸准确</td></tr>
<tr><td>任务评价</td><td>一、组长评价
<table><tr><td>评价内容</td><td>A</td><td>B</td><td>C</td><td>D</td><td>E</td><td>得分</td></tr><tr><td>实训态度认真</td><td>30</td><td>18</td><td>15</td><td>12</td><td>未达标</td><td></td></tr><tr><td>检查过程认真</td><td>30</td><td>18</td><td>15</td><td>12</td><td>未达标</td><td></td></tr><tr><td>结果记录全面</td><td>20</td><td>17</td><td>15</td><td>12</td><td>未达标</td><td></td></tr><tr><td>安全意识有提升</td><td>20</td><td>17</td><td>15</td><td>12</td><td>未达标</td><td></td></tr><tr><td colspan="6">总分</td><td></td></tr></table>二、教师评价
<table><tr><td>评价内容</td><td>A</td><td>B</td><td>C</td><td>D</td><td>E</td><td>得分</td></tr><tr><td>知识学习水平</td><td>30</td><td>18</td><td>15</td><td>12</td><td>未达标</td><td></td></tr><tr><td>实训场地整洁</td><td>30</td><td>18</td><td>15</td><td>12</td><td>未达标</td><td></td></tr><tr><td>实训结果完整</td><td>20</td><td>17</td><td>15</td><td>12</td><td>未达标</td><td></td></tr><tr><td>安全意识强</td><td>20</td><td>17</td><td>15</td><td>12</td><td>未达标</td><td></td></tr><tr><td colspan="6">总分</td><td></td></tr></table>三、自我评价
总结与反思:________________________________
____
自我评定成绩:________________________________
________________________________</td></tr>
<tr><td>任务成绩</td><td></td></tr>
</table>

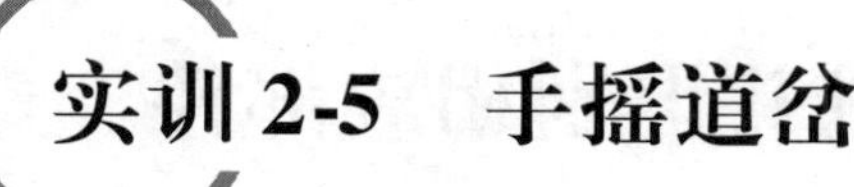

实训 2-5 手摇道岔

班级		姓名		学号	
学习小组		组长		日期	

任务描述

以小组为单位，领取手摇道岔实训设备，根据操作步骤打开转辙机盖进行手摇道岔操作

任务目标

1. 了解手摇道岔工具的管理规定。
2. 掌握手摇道岔的操作步骤。
3. 弘扬工匠精神，操作规范

任务准备

一、问题导引

1. 说一说：什么情况下需要进行手摇道岔操作？
2. 议一议：道岔锁闭的方式有哪些？如何进行手摇道岔操作？

二、实训设备

手摇杆、开转辙机的钥匙、手套

任务实施

利用工具将转辙机盖打开，将手摇杆插入转辙机手摇孔处，操作人员戴上手套开始手摇道岔的操作，并记录操作情况

任务评价

一、组长评价

评价内容	A	B	C	D	E	得分
实训态度认真	30	18	15	12	未达标	
任务准备充分	30	18	15	12	未达标	
实训过程完整	20	17	15	12	未达标	
操作规范熟练	20	17	15	12	未达标	
总分						

二、教师评价

评价内容	A	B	C	D	E	得分
知识学习水平	30	18	15	12	未达标	
实训场地整洁	30	18	15	12	未达标	
实训结果完整	20	17	15	12	未达标	
精益求精	20	17	15	12	未达标	
总分						

三、自我评价

总结与反思：______________________________

____

自我评定成绩：______________________________

____

任务成绩

实训 2-6　更换 ZD6 型转辙机并识别相应部件

班级		姓名		学号	
学习小组		组长		日期	
任务描述	以小组为单位,使用常用更换转辙机设备的工具进行 ZD6 型转辙机的更换。在更换过程中注意识别转辙机内部的零件,对转辙机内部主要结构进行记录				
任务目标	1. 掌握更换 ZD6 型转辙机的方法。 2. 学会识别 ZD6 型转辙机内部零部件。 3. 能够吃苦耐劳、勇于担责				
任务准备	一、问题导引 1. 想一想：ZD6 型转辙机的更换步骤是什么？ 2. 说一说：ZD6 型转辙机主要由哪些零部件组成？ 二、实训设备 常用更换转辙机设备的工具				
任务实施	1. 记录转辙机更换步骤,在教师的指导下自行更换转辙机。 2. 转辙机主要结构识别  5: ________　4: ________ 6: ________　1: ________ 7: ________　2: ________ 8: ________　3: ________				

续上表

<table>
<tr><td rowspan="1">任务评价</td><td>
一、组长评价

评价内容	A	B	C	D	E	得分
实训态度认真	30	18	15	12	未达标	
任务准备充分	30	18	15	12	未达标	
实训过程完整	20	17	15	12	未达标	
能够吃苦耐劳	20	17	15	12	未达标	
总分						

二、教师评价

评价内容	A	B	C	D	E	得分
知识学习水平	30	18	15	12	未达标	
实训场地整洁	30	18	15	12	未达标	
实训结果完整	20	17	15	12	未达标	
勇于承担、有责任感	20	17	15	12	未达标	
总分						

三、自我评价

总结与反思：

自我评定成绩：
</td></tr>
<tr><td>任务成绩</td><td></td></tr>
</table>

实训 2-7　ZD6 型电动转辙机的拆装

<table>
<tr><td>班级</td><td></td><td>姓名</td><td></td><td>学号</td><td></td></tr>
<tr><td>学习小组</td><td></td><td>组长</td><td></td><td>日期</td><td></td></tr>
<tr><td>任务描述</td><td colspan="5">以小组为单位，使用 ZD6 型电动转辙机专业拆装工具进行拆装。在拆装的过程中认真思考拆卸和安装的程序步骤，注意按照步骤的要求进行拆装</td></tr>
<tr><td>任务目标</td><td colspan="5">1. 掌握转辙机的拆装过程。
2. 弘扬踏实肯干的精神</td></tr>
<tr><td>任务准备</td><td colspan="5">一、问题导引
想一想：ZD6 型电动转辙机拆卸步骤和安装步骤是什么？
二、实训设备
ZD6 型电动转辙机、专业拆装工具</td></tr>
<tr><td>任务实施</td><td colspan="5">1. 梳理 ZD6 型电动转辙机的拆装步骤，在教师的指导下完成 ZD6 型电动转辙机的拆卸工作，并做记录。

2. 回顾 ZD6 型电动转辙机的拆卸过程，完成 ZD6 型电动转辙机的安装工作，并做记录</td></tr>
<tr><td>任务评价</td><td colspan="5">一、组长评价
<table>
<tr><td>评价内容</td><td>A</td><td>B</td><td>C</td><td>D</td><td>E</td><td>得分</td></tr>
<tr><td>实训态度认真</td><td>30</td><td>18</td><td>15</td><td>12</td><td>未达标</td><td></td></tr>
<tr><td>任务准备充分</td><td>30</td><td>18</td><td>15</td><td>12</td><td>未达标</td><td></td></tr>
<tr><td>实训过程完整</td><td>20</td><td>17</td><td>15</td><td>12</td><td>未达标</td><td></td></tr>
<tr><td>踏实肯干有耐心</td><td>20</td><td>17</td><td>15</td><td>12</td><td>未达标</td><td></td></tr>
<tr><td colspan="6">总分</td><td></td></tr>
</table>
二、教师评价
<table>
<tr><td>评价内容</td><td>A</td><td>B</td><td>C</td><td>D</td><td>E</td><td>得分</td></tr>
<tr><td>知识学习水平</td><td>30</td><td>18</td><td>15</td><td>12</td><td>未达标</td><td></td></tr>
<tr><td>实训场地整洁</td><td>30</td><td>18</td><td>15</td><td>12</td><td>未达标</td><td></td></tr>
<tr><td>实训结果完整</td><td>20</td><td>17</td><td>15</td><td>12</td><td>未达标</td><td></td></tr>
<tr><td>弘扬劳动精神</td><td>20</td><td>17</td><td>15</td><td>12</td><td>未达标</td><td></td></tr>
<tr><td colspan="6">总分</td><td></td></tr>
</table>
三、自我评价
总结与反思：________________________________
____
自我评定成绩：________________________________
________________________________</td></tr>
<tr><td>任务成绩</td><td colspan="5"></td></tr>
</table>

实训 2-8　转辙机实际检修操作

班级		姓名		学号	
学习小组		组长		日期	
任务描述	以小组为单位,使用常用检测信号设备的专业工具进行转辙机的实际检修作业。注意按照步骤要求进行检修操作,并对具体步骤和注意事项进行记录				
任务目标	1. 掌握转辙机基本工作原理。 2. 学会转辙机的日常维护方法。 3. 操作步骤安全正确,善于发现问题				
任务准备	一、问题导引 1. 想一想:转辙机的操作方式和锁闭方式是什么? 2. 说一说:转辙机的日常养护、集中检修及维护检修作业标准是什么? 二、实训设备 常用检测信号设备的专业工具				
任务实施	1. 对转辙机进行简单维护、调试,并写出具体步骤和注意事项。 2. 对转辙机机体进行检查,并写出相关步骤。 3. 对转辙机内部的状态进行检查,并写出具体实施步骤和注意事项				

续上表

<table>
<tr><td rowspan="1">任务评价</td><td>

一、组长评价

评价内容	A	B	C	D	E	得分
实训态度认真	30	18	15	12	未达标	
任务准备充分	30	18	15	12	未达标	
实训过程完整	20	17	15	12	未达标	
安全操作意识	20	17	15	12	未达标	
总分						

二、教师评价

评价内容	A	B	C	D	E	得分
知识学习水平	30	18	15	12	未达标	
实训场地整洁	30	18	15	12	未达标	
实训结果完整	20	17	15	12	未达标	
善于发现问题的能力	20	17	15	12	未达标	
总分						

三、自我评价

总结与反思：

自我评定成绩：

</td></tr>
<tr><td>任务成绩</td><td></td></tr>
</table>

实训 2-9　信号机设备接线变更操作

<table>
<tr><td>班级</td><td></td><td>姓名</td><td></td><td>学号</td><td></td></tr>
<tr><td>学习小组</td><td></td><td>组长</td><td></td><td>日期</td><td></td></tr>
<tr><td>任务描述</td><td colspan="5">某地铁运营公司刚刚开通一条新线,信号工已加班加点完成了信号设备的安装,某班组接到任务,完成信号机电路接线的复审以及部分信号机的接线变更工作</td></tr>
<tr><td>任务目标</td><td colspan="5">1. 掌握信号机的结构。
2. 能够识认信号机电路原理图。
3. 能够对照电路图完成信号机的接线。
4. 培养耐心细致的职业素养</td></tr>
<tr><td>任务准备</td><td colspan="5">一、识认信号机结构
1. 完成信号机的拆卸与安装并标出下面图片中信号机结构的名称。    
(1)____________　(2)____________　(3)____________　(4)____________ 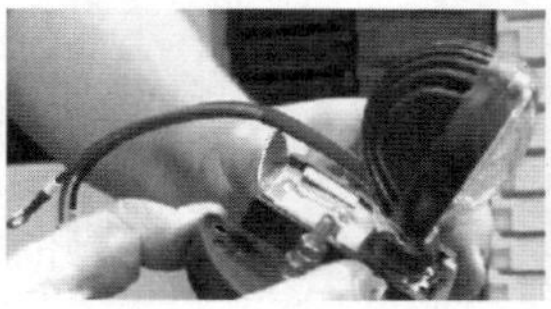 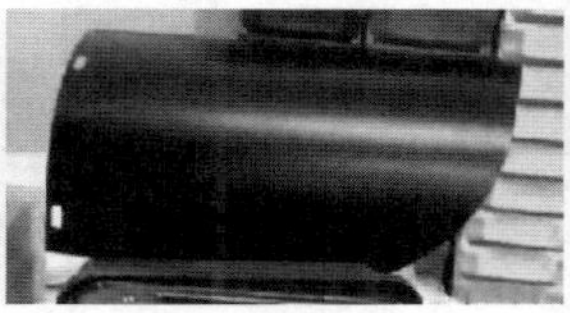 
(5)____________　(6)____________　(7)____________
2. 完成点灯单元接线点识认 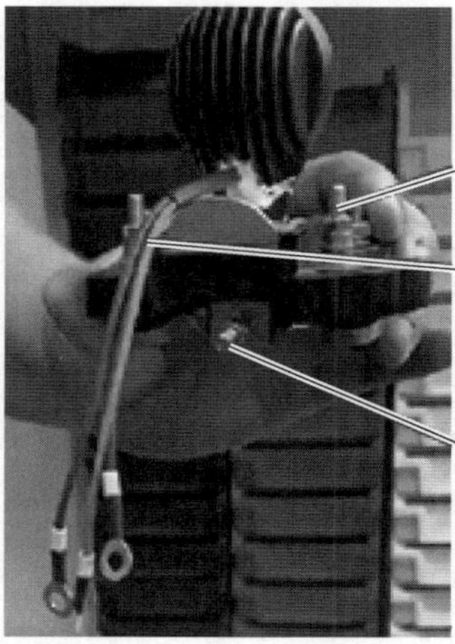
____
____
____________</td></tr>
</table>

续上表

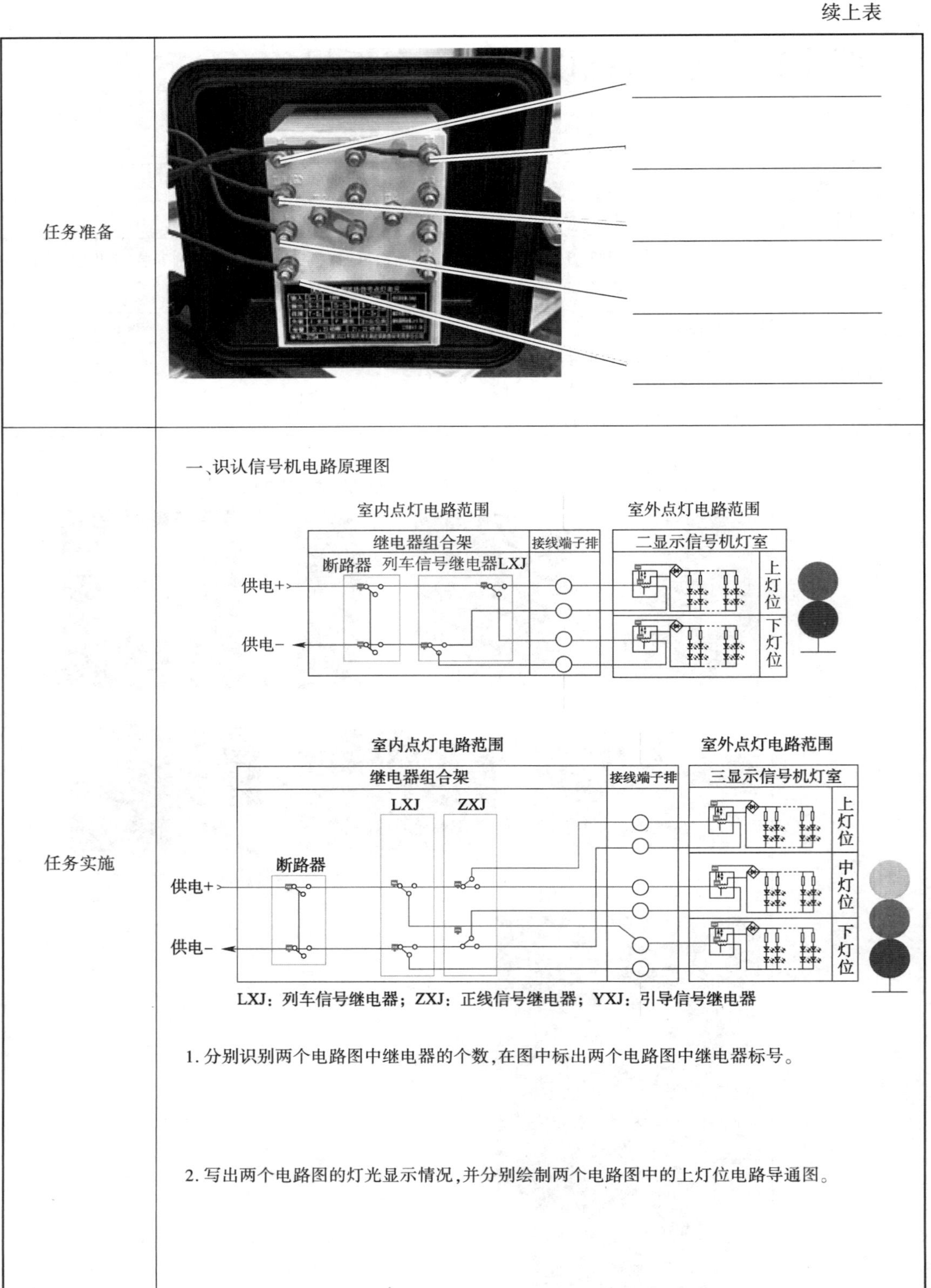

任务准备	
任务实施	一、识认信号机电路原理图 1. 分别识别两个电路图中继电器的个数，在图中标出两个电路图中继电器标号。 2. 写出两个电路图的灯光显示情况，并分别绘制两个电路图中的上灯位电路导通图。

续上表

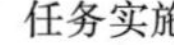

任务实施

二、完成信号机配线图的更换

正线二显示信号机点灯电路图 1 段场二显示信号机点灯电路图 1					
03		02		01	
正面		正面		正面	
1		1		1	In +
2		2		2	L +
3		3		3	H +
4		4		4	In −
5		5		5	L −
6		6		6	H −
7		7		7	
8		8		8	
9		9		9	
10		10		10	
11		11		11	
12		12		12	
13		13		13	
14		14		14	
15		15		15	
16		16		16	
17		17		17	
18		18		18	

正线三显示信号机点灯电路图 2					
03		02		01	
正面		正面		正面	
1		1	跳 1	1	In +
2		2	U +	2	跳 1
3		3	L +	3	H +
4		4	跳 2	4	In −
5		5	U −	5	跳 2
6		6	L −	6	H −
7		7		7	
8		8		8	
9		9		9	
10		10		10	
11		11		11	
12		12		12	
13		13		13	
14		14		14	
15		15		15	
16		16		16	
17		17		17	
18		18		18	

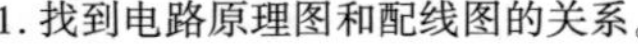

1. 找到电路原理图和配线图的关系。

2. 比对实物找到对应接线。

3. 完成接线图 1 到接线图 2 的接线转换

续上表

任务评价

一、组长评价

评价内容	A	B	C	D	E	得分
实训态度认真	30	18	15	12	未达标	
任务准备充分	30	18	15	12	未达标	
实训中耐心细致	20	17	15	12	未达标	
其他情况	20	17	15	12	未达标	
总分						

二、教师评价

评价内容	A	B	C	D	E	得分
知识学习水平	30	18	15	12	未达标	
实训场地整洁	30	18	15	12	未达标	
实训结果完整	20	17	15	12	未达标	
耐心细致的职业素养	20	17	15	12	未达标	
总分						

三、自我评价

总结与反思：______________________________

自我评定成绩：______________________________

任务成绩

实训 2-10 信号机维(检)修

班级		姓名		学号	
学习小组		组长		日期	
任务描述	以小组为单位进行实训,利用所提供检测信号设备的专业工具进行信号机维护与检修,包括信号机外观检查、信号机箱盒内部及电缆盒检查				
任务目标	1. 掌握信号机的日常维护方法。 2. 学会信号机维(检)修指标测试方法。 3. 培养节能环保的习惯				
任务准备	一、问题引导 1. 想一想:信号机的结构名称有哪些? 日常维护主要检查的设备有哪些? 2. 说一说:信号机维(检)修作业的标准对室外设备和箱盒内部设备有哪些要求? 二、实训设备 检测信号设备的常用专业工具				
任务实施	1. 参照如下步骤,对信号机室外设备进行维护,并做好记录。 (1)信号机机构中灯位方向一致,显示距离符合规定,设备标志清晰、正确,机构油漆无脱落。 (2)设备无损坏,基础、机构、梯子安装稳固。 (3)梯子不弯曲,支架水平,梯子中心线与机柱中心线一致。 (4)对水泥机柱应当采取加固措施,不得有贯通圆周的裂纹,纵向裂纹不得外漏。任何部分不得侵入界线,机柱顶端封闭,不会进入雨雪。 (5)箱盒、机构、蛇管无损伤,开口销齐全,螺栓紧固、加锁良好。 (6)整洁无杂物。 (7)电气化区段安全地线连接良好。 2. 参照如下步骤对信号机箱盒内部设备进行维护,并做好记录。 (1)箱盒、机构内部检查、清扫,防尘、防水设施良好,信号锁和盒盖开关部位用润滑油润滑。 (2)透镜安装牢固,无裂纹、破损,内外透镜整洁、无污物。 (3)灯室、灯口安装牢固、不活动,弹片压力适当、接触良好。 (4)器材选型正确、不超期使用,固定良好。 (5)各部位螺栓紧固,套管、备帽、垫片齐全。 (6)配线绑扎整齐、无破皮老化,线头焊接牢固、无毛刺,各部配线整齐,端子不松动,接插件接触良好。 (7)引入、引出口处配线无摩卡,孔口防护良好。 (8)铭牌、标记齐全、正确,字迹清晰,图纸塑封、与实物相符。 (9)箱盒、机构、梯子油饰				

续上表

任务评价

一、组长评价

评价内容	A	B	C	D	E	得分
实训态度认真	30	18	15	12	未达标	
任务准备充分	30	18	15	12	未达标	
实训过程完整	20	17	15	12	未达标	
有节能环保的意识	20	17	15	12	未达标	
总分						

二、教师评价

评价内容	A	B	C	D	E	得分
知识学习水平	30	18	15	12	未达标	
实训场地整洁	30	18	15	12	未达标	
实训结果完整	20	17	15	12	未达标	
节能环保意识强	20	17	15	12	未达标	
总分						

三、自我评价

总结与反思：

自我评定成绩：

任务成绩

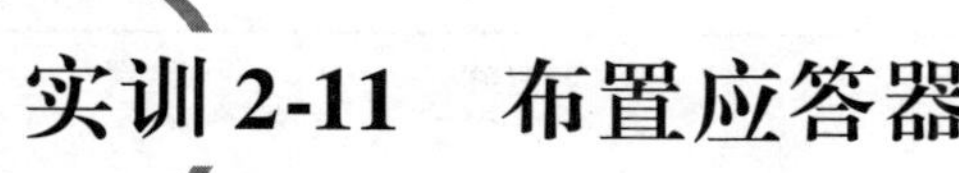

实训 2-11　布置应答器

班级		姓名		学号	
学习小组		组长		日期	
任务描述	以小组为单位进行实训，使用布置应答器所需的专业工具完成应答器的布置。注意按照步骤要求操作，并做好操作情况记录				
任务目标	1. 能够完成应答器的布置。 2. 培养吃苦耐劳的精神				
任务准备	一、问题引导 1. 想一想：应答器的作用是什么？应答器所处位置在哪里？ 2. 说一说：应答器丢失会对列车运行造成什么影响？ 二、实训设备 布置应答器所需的专业工具				
任务实施	按照以下操作流程布置应答器，并做好情况记录。 1. 根据车载天线位置，有源应答器应设置在信号机前 0.71m 处。 2. 填充应答器通常设置在信号机前一个制动距离处(300～500m，具体位置取决于坡度)。 3. 根据天线位置，重定位应答器放置在正常驾驶方向上的 4 个定位窗口。 4. 考虑前后天线，车站内共设置 8 个无源应答器。 5. 在进入 CTC 区域时，放置 2 个应答器来实现列车定位以及发送点式列车控制(ITC)移动授权。 6. 存车线或折返线上无源应答器和有源应答器之间的距离通常设置为 3.5m，但随着轨道上限速度的变化而调整。 7. 2 个应答器之间最大距离为 1000m。如果间距过大，应在它们之间设置 1 个无源应答器。 8. 安装精度取决于应答器的作用(停车定位需要精确安装，其他可以非精确安装)。 9. 精确安装要求：±2cm。非精确安装要求：±60cm。有源应答器通常是精确安装：±5cm。 10. 应答器应放置在轨道中心，按照短边与轨道平行、长边与轨道垂直的要求装配。应答器的底部距离钢轨顶面为(125±20)mm				

续上表

<table>
<tr><td rowspan="2">任务评价</td><td>

一、组长评价

评价内容	A	B	C	D	E	得分
实训态度认真	30	18	15	12	未达标	
任务准备充分	30	18	15	12	未达标	
实训过程完整	20	17	15	12	未达标	
实训中有担当	20	17	15	12	未达标	
总分						

二、教师评价

评价内容	A	B	C	D	E	得分
知识学习水平	30	18	15	12	未达标	
实训场地整洁	30	18	15	12	未达标	
实训结果完整	20	17	15	12	未达标	
肯吃苦、有担当	20	17	15	12	未达标	
总分						

三、自我评价

总结与反思：

自我评定成绩：

</td></tr>
<tr><td></td></tr>
<tr><td>任务成绩</td><td></td></tr>
</table>

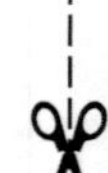
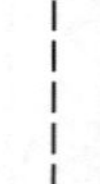

实训 3-1　识别信号联锁设备

班级		姓名		学号	
学习小组		组长		日期	

任务描述	以小组为单位,识记 ATS 系统操作界面,观察列车运行时的变化并记录,指认始末端信号机,观察信号和进路的动态关系
任务目标	1. 能够识别进路的种类,指出起始信号机。 2. 能够识别抵触进路和敌对进路。 3. 培养肯干并善于学习的品质
任务准备	一、问题引导 1. 想一想:ATS 系统操作界面显示哪些信息? 2. 说一说:信号、道岔、进路三者之间的关系是什么? 二、实训设备 信号专业实训室中的联锁设备、ATS 系统操作界面

任务实施

1. 请识别下列进路的种类和起始信号机。

D_1向Ⅰ股道调车进路
由X_1向D_1调车进路
由S_1向D_1调车进路
$X_Ⅰ$　Ⅰ　$S_Ⅰ$　D_4
X　D_1　$X_Ⅱ$　Ⅱ　D_2
$S_Ⅱ$　S
上行Ⅱ股道发车进路
上行Ⅱ股道接车进路
通过进路

1):＿＿＿＿＿＿;2):＿＿＿＿＿＿;3):＿＿＿＿＿＿;
4):＿＿＿＿＿＿;5):＿＿＿＿＿＿

2. 根据下图完成表格

13
D_{21}　11　D_{23}　(W)　D_{31}　19　D_{33}

信号机编号	信号机名称	敌对信号	
		条件	锁闭

续上表

任务评价

一、组长评价

评价内容	A	B	C	D	E	得分
实训态度认真	30	18	15	12	未达标	
任务准备充分	30	18	15	12	未达标	
实训过程完整	20	17	15	12	未达标	
肯干并善于学习	20	17	15	12	未达标	
总分						

二、教师评价

评价内容	A	B	C	D	E	得分
知识学习水平	30	18	15	12	未达标	
实训场地整洁	30	18	15	12	未达标	
实训结果完整	20	17	15	12	未达标	
学习意识强	20	17	15	12	未达标	
总分						

三、自我评价

总结与反思：______________________________

自我评定成绩：______________________________

任务成绩

实训 3-2　操作 CI 设备

<table>
<tr><td>班级</td><td></td><td>姓名</td><td></td><td>学号</td><td></td></tr>
<tr><td>学习小组</td><td></td><td>组长</td><td></td><td>日期</td><td></td></tr>
<tr><td>任务描述</td><td colspan="5">以小组为单位,完成中心级-车站级控制权限转换,完成人工手动办理进路</td></tr>
<tr><td>任务目标</td><td colspan="5">1. 能够掌握 CI 系统硬件组成。
2. 能够正确操作 TYJL-Ⅱ型 CI 系统,建立或封闭进路,操作电动转辙机扳动道岔。
3. 培养严谨务实的职业素养和作风</td></tr>
<tr><td>任务准备</td><td colspan="5">一、问题引导
1. 想一想:CI 系统的硬件设备有哪些?
2. 说一说:办理列车进路的过程。
二、实训设备
信号专业实训室中的 CI 系统</td></tr>
<tr><td>任务实施</td><td colspan="5">1. 请识别 TYJL-Ⅱ型 CI 系统命令界面。

1)　　2)　　3)
1):＿＿＿＿＿;2):＿＿＿＿＿;3):＿＿＿＿＿
2. 办理进路。根据指定的起始信号机办理进路,详细记录进路上信号机和转辙机的状态,并做好记录。

3. 操作电动转辙机。根据要求操作指定转辙机,分为手摇和操作台上操作两种,注意人身和设备安全,并做好记录

</td></tr>
</table>

续上表

<table>
<tr><td rowspan="3">任务评价</td><td>

一、组长评价

评价内容	A	B	C	D	E	得分
实训态度认真	30	18	15	12	未达标	
任务准备充分	30	18	15	12	未达标	
实训过程完整	20	17	15	12	未达标	
务实严谨	20	17	15	12	未达标	
总分						

二、教师评价

评价内容	A	B	C	D	E	得分
知识学习水平	30	18	15	12	未达标	
实训场地整洁	30	18	15	12	未达标	
实训结果完整	20	17	15	12	未达标	
务实严谨	20	17	15	12	未达标	
总分						

三、自我评价

总结与反思：

自我评定成绩：

</td></tr>
<tr></tr><tr></tr>
<tr><td>任务成绩</td><td></td></tr>
</table>

实训 3-3　CI 设备维护:巡视与检修

班级		姓名		学号	
学习小组		组长		日期	

任务描述	以小组为单位,利用所提供检测设备的专业工具进行 CI 系统的检修,包括联锁系统的室内外设备日常巡视、联锁设备的双机切换及相应操作
任务目标	1. 了解 CI 设备的组成。 2. 掌握 CI 设备的巡检与检修方法。 3. 养成精益求精的精神
任务准备	一、问题引导 1. 想一想:CI 系统的逻辑组成包括哪些内容? 2. 说一说:CI 系统日常巡视内容有哪些? 二、实训设备 信号专业实训室中的 CI 系统
任务实施	1. 对照教材及相关实训资料,写出真实设备的系统组成。 2. 观察设备指示灯的亮闪规律,记录办理进路后指示灯的变化。 3. 写出指示灯显示异常情况,并根据系统设备发生的故障,完成 CI 系统检修操作所需要的步骤

任务评价

一、组长评价

评价内容	A	B	C	D	E	得分
实训态度认真	30	18	15	12	未达标	
任务准备充分	30	18	15	12	未达标	
实训过程完整	20	17	15	12	未达标	
精益求精	20	17	15	12	未达标	
总分						

二、教师评价

评价内容	A	B	C	D	E	得分
知识学习水平	30	18	15	12	未达标	
实训场地整洁	30	18	15	12	未达标	
实训结果完整	20	17	15	12	未达标	
精益求精	20	17	15	12	未达标	
总分						

三、自我评价

总结与反思:______________________________

____

自我评定成绩:______________________________

____

任务成绩	

实训 4-1　无线集群终端设备操作技能:手台使用

<table>
<tr><td>班级</td><td></td><td>姓名</td><td></td><td>学号</td><td></td></tr>
<tr><td>学习小组</td><td></td><td>组长</td><td></td><td>日期</td><td></td></tr>
<tr><td>任务描述</td><td colspan="5">以小组为单位进行实训,通过观察 Motorola MTP850 手台,说出 Motorola MTP850 手台显示图标的意思,对 LED 指示灯的状态进行判断,并进行呼叫操作</td></tr>
<tr><td>任务目标</td><td colspan="5">1. 了解 Motorola MTP850 手台显示图标的含义。
2. 掌握 LED 指示灯的状态含义。
3. 掌握 Motorola MTP850 手台的呼叫操作。
4. 提升应变抗压能力与职业素养</td></tr>
<tr><td>任务准备</td><td colspan="5">一、问题导引
1. 想一想:手台在城市轨道交通中有哪些应用?
2. 写一写:无线集群通信系统由________、________、________、________4 部分组成。
二、实训设备
移动台——Motorola MTP850</td></tr>
<tr><td>任务实施</td><td colspan="5">1. 通过对手台的操作,把你观察到的 LED 的状态填在下表中,并记录其含义。
<table><tr><td>LED 状态</td><td>说明</td></tr><tr><td></td><td>正在使用</td></tr><tr><td>闪烁的绿灯</td><td></td></tr><tr><td></td><td>不在系统覆盖范围内</td></tr><tr><td>闪烁的红灯</td><td></td></tr><tr><td>闪烁橙色</td><td>由呼叫正在呼入</td></tr></table>2. 请完成手台的一次紧急呼叫,并记录操作步骤。

3. 请完成一次集群模式(TMO)组呼,并记录操作步骤</td></tr>
</table>

续上表

<table>
<tr><td>任务评价</td><td>
一、组长评价

评价内容	A	B	C	D	E	得分
实训态度认真	30	18	15	12	未达标	
任务准备充分	30	18	15	12	未达标	
实训过程完整	20	17	15	12	未达标	
反应迅速、方法得当	20	17	15	12	未达标	
总分						

二、教师评价

评价内容	A	B	C	D	E	得分
知识学习水平	30	18	15	12	未达标	
实训场地整洁	30	18	15	12	未达标	
实训结果完整	20	17	15	12	未达标	
沉着冷静、方法得当	20	17	15	12	未达标	
总分						

三、自我评价

总结与反思：

自我评定成绩：
</td></tr>
<tr><td>任务成绩</td><td></td></tr>
</table>

实训 4-2　无线 AP 设备维护:养护与检修

<table>
<tr><td>班级</td><td></td><td>姓名</td><td></td><td>学号</td><td></td></tr>
<tr><td>学习小组</td><td></td><td>组长</td><td></td><td>日期</td><td></td></tr>
<tr><td>任务描述</td><td colspan="5">认真学习无线 AP 设备的实训材料,以小组为单位,利用所提供的专业工具对无线 AP 设备进行养护与检修,完成以下实训任务</td></tr>
<tr><td>任务目标</td><td colspan="5">1. 认识无线 AP 设备。
2. 掌握无线 AP 设备的养护标准。
3. 培养细致认真、事故预判的能力</td></tr>
<tr><td>任务准备</td><td colspan="5">一、问题导引
1. 想一想:无线 AP 设备的作用是什么?
2. 议一议:无线 AP 设备的养护标准有哪些?
二、实训设备
完整的轨旁无线设备</td></tr>
<tr><td>任务实施</td><td colspan="5">1. 认识无线 AP 设备。
按如下操作规程进行操作,并记录有关信息。
(1)打开 AP 电源开关。
(2)系统启动过程中,密切留意系统启动信息。
(3)启动完成后,对系统设备进行全面检查。首先,检查无线 AP 设备的状态显示;其次,检查无线 AP 设备连接是否正常。在操作过程中,认识无线 AP 设备各部分的功能。
2. 练习对无线 AP 设备的二级维护。
按如下操作规程进行操作,并进行情况记录。
(1)清洁 AP 箱。
(2)检查天线、AP 箱是否紧固。
(3)检查尾纤插头及光纤盒紧固。
(4)AP 箱线缆及防雷端子整治,检查 AP 箱线缆及防雷端子是否松动、脱落。
(5)电气测试。
(6)天线功能测试</td></tr>
<tr><td>任务评价</td><td colspan="5">一、组长评价
<table>
<tr><td>评价内容</td><td>A</td><td>B</td><td>C</td><td>D</td><td>E</td><td>得分</td></tr>
<tr><td>实训态度认真</td><td>30</td><td>18</td><td>15</td><td>12</td><td>未达标</td><td></td></tr>
<tr><td>任务准备充分</td><td>30</td><td>18</td><td>15</td><td>12</td><td>未达标</td><td></td></tr>
<tr><td>实训过程完整</td><td>20</td><td>17</td><td>15</td><td>12</td><td>未达标</td><td></td></tr>
<tr><td>细致认真</td><td>20</td><td>17</td><td>15</td><td>12</td><td>未达标</td><td></td></tr>
<tr><td colspan="6">总分</td><td></td></tr>
</table></td></tr>
</table>

续上表

<table>
<tr><td rowspan="2">任务评价</td><td>二、教师评价

评价内容	A	B	C	D	E	得分
知识学习水平	30	18	15	12	未达标	
实训场地整洁	30	18	15	12	未达标	
实训结果完整	20	17	15	12	未达标	
有事故预判的能力	20	17	15	12	未达标	
总分						

三、自我评价
总结与反思：____________________

自我评定成绩：____________________</td></tr>
</table>

任务成绩	

实训 5-1　信号电源屏设备维护:检查与调试

<table>
<tr><td>班级</td><td></td><td>姓名</td><td></td><td>学号</td><td></td></tr>
<tr><td>学习小组</td><td></td><td>组长</td><td></td><td>日期</td><td></td></tr>
<tr><td>任务描述</td><td colspan="5">以小组为单位,观察信号电源的结构,分析其功能原理,熟悉安装要求及相关特性。根据信号电源屏的检修内容及质量标准,进行信号电源屏的检查及养护工作,并做好相关记录</td></tr>
<tr><td>任务目标</td><td colspan="5">1. 掌握信号电源屏的功能、结构及各部分作用。
2. 熟悉信号电源屏的接线、各接线的主要作用、辅助设备等。
3. 能够按照维护检修流程完成信号电源屏的检查及维护。
4. 养成安全规范的意识</td></tr>
<tr><td>任务准备</td><td colspan="5">一、问题导引
想一想:信号电源屏由哪些部分构成?各部分作用是什么?
二、实训设备
信号电源屏及其相关辅助设备</td></tr>
<tr><td>任务实施</td><td colspan="5">1. 信号电源屏背面和正面的清扫检查,并记录。

2. 信号电源屏的试验测试,并记录</td></tr>
<tr><td>任务评价</td><td colspan="5">一、组长评价
<table>
<tr><td>评价内容</td><td>A</td><td>B</td><td>C</td><td>D</td><td>E</td><td>得分</td></tr>
<tr><td>实训态度认真</td><td>30</td><td>18</td><td>15</td><td>12</td><td>未达标</td><td></td></tr>
<tr><td>任务准备充分</td><td>30</td><td>18</td><td>15</td><td>12</td><td>未达标</td><td></td></tr>
<tr><td>实训过程完整</td><td>20</td><td>17</td><td>15</td><td>12</td><td>未达标</td><td></td></tr>
<tr><td>操作安全规范</td><td>20</td><td>17</td><td>15</td><td>12</td><td>未达标</td><td></td></tr>
<tr><td colspan="6">总分</td><td></td></tr>
</table>
二、教师评价
<table>
<tr><td>评价内容</td><td>A</td><td>B</td><td>C</td><td>D</td><td>E</td><td>得分</td></tr>
<tr><td>知识学习水平</td><td>30</td><td>18</td><td>15</td><td>12</td><td>未达标</td><td></td></tr>
<tr><td>实训场地整洁</td><td>30</td><td>18</td><td>15</td><td>12</td><td>未达标</td><td></td></tr>
<tr><td>实训结果完整</td><td>20</td><td>17</td><td>15</td><td>12</td><td>未达标</td><td></td></tr>
<tr><td>操作安全规范</td><td>20</td><td>17</td><td>15</td><td>12</td><td>未达标</td><td></td></tr>
<tr><td colspan="6">总分</td><td></td></tr>
</table>
三、自我评价
总结与反思:________________
____
自我评定成绩:________________
________________</td></tr>
<tr><td>任务成绩</td><td colspan="5"></td></tr>
</table>

实训 5-2 信号电源、信号电缆设备技能操作:接线

<table>
<tr><td>班级</td><td></td><td>姓名</td><td></td><td>学号</td><td></td></tr>
<tr><td>学习小组</td><td></td><td>组长</td><td></td><td>日期</td><td></td></tr>
<tr><td>任务描述</td><td colspan="5">以小组为单位,根据要求,完成信号电源和信号电缆的接线</td></tr>
<tr><td>任务目标</td><td colspan="5">1. 了解当前主流的信号电源和信号电缆的接线方式。
2. 了解当前主流的信号电源和信号电缆的主要优缺点。
3. 掌握信号电缆的接续要求和注意事项。
4. 能够灵活运用、举一反三</td></tr>
<tr><td>任务准备</td><td colspan="5">一、问题导引
1. 说一说:信号电源和信号电缆的接线方式有哪些?
2. 想一想:当前主流的信号电源和信号电缆的主要优缺点是什么?
二、实训设备
信号电源屏、信号电缆、工具</td></tr>
<tr><td>任务实施</td><td colspan="5">1. 记录信号电源和信号电缆的接续方式。

2. 记录信号电源和信号电缆在接线前需要做的准备工作,并完成接线。

3. 记录信号电源和信号电缆接线的注意事项</td></tr>
<tr><td>任务评价</td><td colspan="5">一、组长评价
<table>
<tr><td>评价内容</td><td>A</td><td>B</td><td>C</td><td>D</td><td>E</td><td>得分</td></tr>
<tr><td>实训态度认真</td><td>30</td><td>18</td><td>15</td><td>12</td><td>未达标</td><td></td></tr>
<tr><td>任务准备充分</td><td>30</td><td>18</td><td>15</td><td>12</td><td>未达标</td><td></td></tr>
<tr><td>实训过程完整</td><td>20</td><td>17</td><td>15</td><td>12</td><td>未达标</td><td></td></tr>
<tr><td>能够灵活运用</td><td>20</td><td>17</td><td>15</td><td>12</td><td>未达标</td><td></td></tr>
<tr><td colspan="6">总分</td><td></td></tr>
</table>
二、教师评价
<table>
<tr><td>评价内容</td><td>A</td><td>B</td><td>C</td><td>D</td><td>E</td><td>得分</td></tr>
<tr><td>知识学习水平</td><td>30</td><td>18</td><td>15</td><td>12</td><td>未达标</td><td></td></tr>
<tr><td>实训场地整洁</td><td>30</td><td>18</td><td>15</td><td>12</td><td>未达标</td><td></td></tr>
<tr><td>实训结果完整</td><td>20</td><td>17</td><td>15</td><td>12</td><td>未达标</td><td></td></tr>
<tr><td>能够举一反三</td><td>20</td><td>17</td><td>15</td><td>12</td><td>未达标</td><td></td></tr>
<tr><td colspan="6">总分</td><td></td></tr>
</table>
三、自我评价
总结与反思:________________________________
____
自我评定成绩:______________________________
____</td></tr>
<tr><td>任务成绩</td><td colspan="5"></td></tr>
</table>

实训 5-3　UPS 设备维护:检查与测试

<table>
<tr><td>班级</td><td></td><td>姓名</td><td></td><td>学号</td><td></td></tr>
<tr><td>学习小组</td><td></td><td>组长</td><td></td><td>日期</td><td></td></tr>
<tr><td>任务描述</td><td colspan="5">以小组为单位,完成 UPS 的检查与测试</td></tr>
<tr><td>任务目标</td><td colspan="5">1. 了解 UPS 的功能、结构及各部分作用。
2. 掌握 UPS 的维护检修流程和注意事项。
3. 掌握 UPS 的测试方法。
4. 能够分析精准、对策适用</td></tr>
<tr><td>任务准备</td><td colspan="5">一、问题导引
想一想:UPS 的功能、结构及各部分作用。
二、实训设备
UPS 及其相关辅助设备、工具</td></tr>
<tr><td>任务实施</td><td colspan="5">1. 按照 UPS 日常巡检要求进行检验,并记录相关结果。

2. 按照周检内容完成检查并记录相关数据。

3. 了解年检程序,尝试完成 UPS 断电检查的操作</td></tr>
<tr><td>任务评价</td><td colspan="5">一、组长评价
<table>
<tr><td>评价内容</td><td>A</td><td>B</td><td>C</td><td>D</td><td>E</td><td>得分</td></tr>
<tr><td>实训态度认真</td><td>30</td><td>18</td><td>15</td><td>12</td><td>未达标</td><td></td></tr>
<tr><td>任务准备充分</td><td>30</td><td>18</td><td>15</td><td>12</td><td>未达标</td><td></td></tr>
<tr><td>实训过程完整</td><td>20</td><td>17</td><td>15</td><td>12</td><td>未达标</td><td></td></tr>
<tr><td>精准地分析问题</td><td>20</td><td>17</td><td>15</td><td>12</td><td>未达标</td><td></td></tr>
<tr><td colspan="6">总分</td><td></td></tr>
</table>
二、教师评价
<table>
<tr><td>评价内容</td><td>A</td><td>B</td><td>C</td><td>D</td><td>E</td><td>得分</td></tr>
<tr><td>知识学习水平</td><td>30</td><td>18</td><td>15</td><td>12</td><td>未达标</td><td></td></tr>
<tr><td>实训场地整洁</td><td>30</td><td>18</td><td>15</td><td>12</td><td>未达标</td><td></td></tr>
<tr><td>实训结果完整</td><td>20</td><td>17</td><td>15</td><td>12</td><td>未达标</td><td></td></tr>
<tr><td>能够对策适用</td><td>20</td><td>17</td><td>15</td><td>12</td><td>未达标</td><td></td></tr>
<tr><td colspan="6">总分</td><td></td></tr>
</table>
三、自我评价
总结与反思:____________________
____
自我评定成绩:____________________
____________________</td></tr>
<tr><td>任务成绩</td><td colspan="5"></td></tr>
</table>

实训 5-4　蓄电池维护:安装与存放

<table>
<tr><td>班级</td><td></td><td>姓名</td><td></td><td>学号</td><td></td></tr>
<tr><td>学习小组</td><td></td><td>组长</td><td></td><td>日期</td><td></td></tr>
<tr><td>任务描述</td><td colspan="5">以小组为单位,按要求完成蓄电池的安放</td></tr>
<tr><td>任务目标</td><td colspan="5">1. 了解蓄电池的主要特性。
2. 掌握蓄电池的安放方式和位置。
3. 掌握蓄电池的常见问题及维护措施。
4. 提升默契合作、善于沟通的能力</td></tr>
<tr><td>任务准备</td><td colspan="5">一、问题导引
想一想:蓄电池的安放方式和位置有什么具体要求?
二、实训设备
蓄电池及相关辅助设备、工具</td></tr>
<tr><td>任务实施</td><td colspan="5">1. 记录蓄电池安装现场的注意事项。

2. 记录安装蓄电池过程中的注意事项,并完成安装</td></tr>
<tr><td>任务评价</td><td colspan="5">一、组长评价
<table>
<tr><td>评价内容</td><td>A</td><td>B</td><td>C</td><td>D</td><td>E</td><td>得分</td></tr>
<tr><td>实训态度认真</td><td>30</td><td>18</td><td>15</td><td>12</td><td>未达标</td><td></td></tr>
<tr><td>任务准备充分</td><td>30</td><td>18</td><td>15</td><td>12</td><td>未达标</td><td></td></tr>
<tr><td>实训过程完整</td><td>20</td><td>17</td><td>15</td><td>12</td><td>未达标</td><td></td></tr>
<tr><td>能够默契合作</td><td>20</td><td>17</td><td>15</td><td>12</td><td>未达标</td><td></td></tr>
<tr><td colspan="6">总分</td><td></td></tr>
</table>
二、教师评价
<table>
<tr><td>评价内容</td><td>A</td><td>B</td><td>C</td><td>D</td><td>E</td><td>得分</td></tr>
<tr><td>知识学习水平</td><td>30</td><td>18</td><td>15</td><td>12</td><td>未达标</td><td></td></tr>
<tr><td>实训场地整洁</td><td>30</td><td>18</td><td>15</td><td>12</td><td>未达标</td><td></td></tr>
<tr><td>实训结果完整</td><td>20</td><td>17</td><td>15</td><td>12</td><td>未达标</td><td></td></tr>
<tr><td>善于沟通合作</td><td>20</td><td>17</td><td>15</td><td>12</td><td>未达标</td><td></td></tr>
<tr><td colspan="6">总分</td><td></td></tr>
</table>
三、自我评价
总结与反思:____________________
____
自我评定成绩:____________________
____________________</td></tr>
<tr><td>任务成绩</td><td colspan="5"></td></tr>
</table>

实训 6-1　CBTC 系统设备维护:巡视与检查

<table>
<tr><td>班级</td><td></td><td>姓名</td><td></td><td>学号</td><td></td></tr>
<tr><td>学习小组</td><td></td><td>组长</td><td></td><td>日期</td><td></td></tr>
<tr><td>任务描述</td><td colspan="5">以小组为单位进行实训,通过所提供的实训设备认识 CBTC 系统的组成部分,并学会检查设备工作状态</td></tr>
<tr><td>任务目标</td><td colspan="5">1. 掌握按照设备检修作业要求对设备进行状态检查的方法。
2. 了解 CBTC 系统主要设备的功能和安装位置。
3. 善于发现事故隐患,勇于担责</td></tr>
<tr><td>任务准备</td><td colspan="5">一、问题导引
想一想:CBTC 的全称是什么?
议一议:如何判断 CBTC 系统中各设备的工作状态?需要检查设备的哪些信息?
二、实训设备
CBTC 系统各组成部分的主要设备</td></tr>
<tr><td>任务实施</td><td colspan="5">1. 记录 CBTC 系统各组成部分及主要设备状态是否正常。
2. 记录 CBTC 系统主要组成设备的安装位置</td></tr>
<tr><td>任务评价</td><td colspan="5">一、组长评价
<table>
<tr><td>评价内容</td><td>A</td><td>B</td><td>C</td><td>D</td><td>E</td><td>得分</td></tr>
<tr><td>实训态度认真</td><td>30</td><td>18</td><td>15</td><td>12</td><td>未达标</td><td></td></tr>
<tr><td>任务准备充分</td><td>30</td><td>18</td><td>15</td><td>12</td><td>未达标</td><td></td></tr>
<tr><td>实训过程完整</td><td>20</td><td>17</td><td>15</td><td>12</td><td>未达标</td><td></td></tr>
<tr><td>善于发现事故隐患</td><td>20</td><td>17</td><td>15</td><td>12</td><td>未达标</td><td></td></tr>
<tr><td colspan="6">总分</td><td></td></tr>
</table>
二、教师评价
<table>
<tr><td>评价内容</td><td>A</td><td>B</td><td>C</td><td>D</td><td>E</td><td>得分</td></tr>
<tr><td>知识学习水平</td><td>30</td><td>18</td><td>15</td><td>12</td><td>未达标</td><td></td></tr>
<tr><td>实训场地整洁</td><td>30</td><td>18</td><td>15</td><td>12</td><td>未达标</td><td></td></tr>
<tr><td>实训结果完整</td><td>20</td><td>17</td><td>15</td><td>12</td><td>未达标</td><td></td></tr>
<tr><td>勇于承担责任</td><td>20</td><td>17</td><td>15</td><td>12</td><td>未达标</td><td></td></tr>
<tr><td colspan="6">总分</td><td></td></tr>
</table>
三、自我评价
总结与反思:____________________
____
自我评定成绩:____________________
____________________</td></tr>
<tr><td>任务成绩</td><td colspan="5"></td></tr>
</table>

实训 6-2　ATS 系统设备维护:巡视与检查

班级		姓名		学号	
学习小组		组长		日期	
任务描述	以小组为单位,通过所提供的信号设备,对 ATS 系统设备进行检修和维护				
任务目标	1. 掌握信号 ATS 系统设备各项巡检的内容。 2. 掌握信号 ATS 系统设备各项巡检的操作流程。 3. 规范操作步骤,熟练精准				
任务准备	一、问题导引 想一想:ATS 系统是一套集现代________、________、________和信号技术于一体的________实时监督控制系统。 议一议:ATS 系统设备各项巡检的操作流程是什么? 二、实训设备 信号 ATS 系统设备				
任务实施	1. 根据巡检信号 ATS 系统设备的情况,填写设备巡检检修记录表。 (见下表) 2. 梳理信号 ATS 系统设备的巡检内容,在教师的指导下完成 ATS 系统设备的巡检操作				

序号	设备巡检内容	状态
1	行车调度设备运行情况 (填写正常或者有故障并记录故障现象)	
2	背投表示盘及工作站的显示清晰度 (填写清晰或者有污渍)	
3	报告、报警记录摘要 (摘要主要的报警信息)	
4	机房内相关设备的工作状态 (填写正常或者有哪些设备报警)	
5	UPS 指示灯 (填写正常、无异味或者异常)	
6	机房温度(填写温度)	
	电源间温度(填写温度)	
	表示盘背面温度(填写温度)	
7	车站的 TDT 显示(填写正常或者模糊不清)	

续上表

<table>
<tr><td rowspan="3">任务评价</td><td>

一、组长评价

评价内容	A	B	C	D	E	得分
实训态度认真	30	18	15	12	未达标	
任务准备充分	30	18	15	12	未达标	
实训过程完整	20	17	15	12	未达标	
操作步骤规范	20	17	15	12	未达标	
总分						

二、教师评价

评价内容	A	B	C	D	E	得分
知识学习水平	30	18	15	12	未达标	
实训场地整洁	30	18	15	12	未达标	
实训结果完整	20	17	15	12	未达标	
熟练精准无疏漏	20	17	15	12	未达标	
总分						

三、自我评价

总结与反思：

自我评定成绩：

</td></tr>
<tr><td>任务成绩</td><td></td></tr>
</table>

实训 6-3　车载设备操作技能:驾驶列车

班级		姓名		学号	
学习小组		组长		日期	
任务描述	以小组为单位进行实训,利用所提供的实训设备进行列车自动驾驶系统车载设备的操作				
任务目标	1. 掌握列车自动驾驶系统车载设备的操作步骤。 2. 能够识别出列车模拟驾驶设备的组成部分。 3. 提高应变抗压能力,冷静沉着				
任务准备	一、问题导引 1. 说一说:说出列车模拟驾驶设备各部分的名称。 2. 议一议:列车自动驾驶系统车载的操作步骤是什么? 二、实训设备 列车驾驶实训设备				
任务实施	1. 根据列车运行理论及列车运行各阶段操作规程,模拟司机人工操作列车,要求掌握机车启动操作、调速运行及停车制动等方法,保证列车运行正点,平稳、节能、精确停车。 (1)操作内容 ①转动列车模式开关,置于“ATO”挡位。 ②输入正确的目的地号和司机号。 ③启动车载信号系统,观察 ATO 指示灯亮。 ④按下发车按钮,观察列车运行过程中速度的变化情况。 (2)操作步骤 ①安装连接地面设备。 ②在列车上将便携式计算机与车载自动驾驶系统连接。 ③启动列车车载信号系统和便携式计算机。 ④列车运行到某站台停车。 ⑤观察便携式计算机上显示的列车停车过程中的速度-距离曲线。 2. 根据 CIR 构成原理图,在列车模拟驾驶设备上找出其组成部分 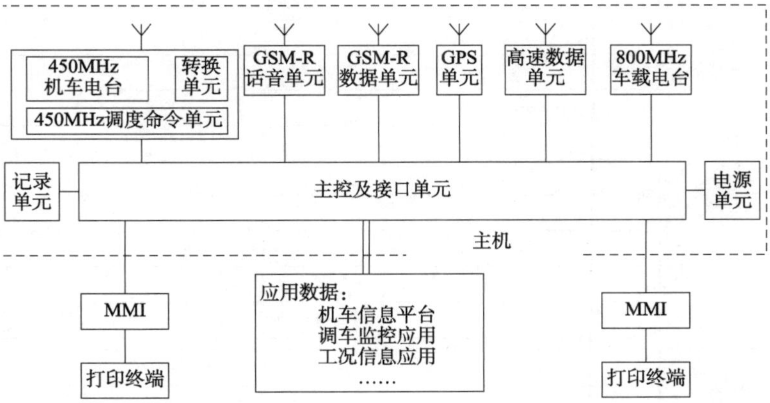 				

续上表

<table>
<tr><td rowspan="3">任务评价</td><td>一、组长评价

评价内容	A	B	C	D	E	得分
实训态度认真	30	18	15	12	未达标	
任务准备充分	30	18	15	12	未达标	
实训过程完整	20	17	15	12	未达标	
具备良好的抗压能力	20	17	15	12	未达标	
总分						
</td></tr>
<tr><td>二、教师评价

评价内容	A	B	C	D	E	得分
知识学习水平	30	18	15	12	未达标	
实训场地整洁	30	18	15	12	未达标	
实训结果完整	20	17	15	12	未达标	
能够沉着应对状况	20	17	15	12	未达标	
总分						
</td></tr>
<tr><td>三、自我评价
总结与反思：

自我评定成绩：</td></tr>
<tr><td>任务成绩</td><td></td></tr>
</table>

实训 7-1 调研城市轨道交通车辆的种类、车站类型

班级		姓名		学号	
学习小组		组长		日期	

任务描述	请学生通过网络自主学习、现场实际调研等方式,了解城市轨道交通车辆的种类、线路的类型、车站的类别等
任务目标	1. 了解城市轨道交通线路的主要类别。 2. 掌握城市轨道交通车站的主要类别及相应的功能。 3. 掌握城市轨道交通列车的种类。 4. 培养积极的学习、探索和讨论的能力
任务准备	1. 通过网络、文献收集等方式,收集城市轨道交通列车的种类、主要技术参数等。 2. 通过实地到地铁车站学习,总结当地车站的类型、主要功能等。 3. 通过小组讨论交流,分享各自收集、调研的车辆种类、车站类型等
任务实施	1. 制订调研计划。

计划 1:以小组为单位,调研所在城市主干线路的列车种类并做好记录。

所在城市				
车辆名称	调研内容			
	车辆类型	车体颜色	车辆定员	列车编组
A 线				
B 线				
C 线				
D 线				
计划审核	审核意见: 年 月 日 签字:			

计划 2:以小组为单位,调研所在城市地铁线路的车站类型并做好记录。

所在城市			
车站名称	调研内容		
	车站类型	车站与地面相对位置	备注信息
计划审核	审核意见: 年 月 日 签字:		

续上表

<table>
<tr><td>任务实施</td><td>
2. 根据作业计划,完成小组成员任务分工
<table>
<tr><td>操作人</td><td></td><td>记录员</td><td></td></tr>
<tr><td>监护人</td><td></td><td>展示员</td><td></td></tr>
<tr><td colspan="4">作业注意事项</td></tr>
<tr><td colspan="4">(1)学生外出调研时必须提前向老师报备,然后小组结伴出行。
(2)学生在查询记录城市轨道交通车辆、车站信息时注意注明出处。
(3)外出调研时,在车站要服从地铁工作人员的要求</td></tr>
<tr><td colspan="4">借用设备、工具、材料</td></tr>
<tr><td>序号</td><td>名称</td><td>数量</td><td>清点</td></tr>
<tr><td></td><td></td><td></td><td>□已清点</td></tr>
<tr><td></td><td></td><td></td><td>□已清点</td></tr>
<tr><td></td><td></td><td></td><td>□已清点</td></tr>
</table>
</td></tr>
<tr><td>任务评价</td><td>
一、组长评价
<table>
<tr><td>评价内容</td><td>A</td><td>B</td><td>C</td><td>D</td><td>E</td><td>得分</td></tr>
<tr><td>实训态度认真</td><td>30</td><td>18</td><td>15</td><td>12</td><td>未达标</td><td></td></tr>
<tr><td>任务准备充分</td><td>30</td><td>18</td><td>15</td><td>12</td><td>未达标</td><td></td></tr>
<tr><td>实训过程完整</td><td>20</td><td>17</td><td>15</td><td>12</td><td>未达标</td><td></td></tr>
<tr><td>学习探索能力强</td><td>20</td><td>17</td><td>15</td><td>12</td><td>未达标</td><td></td></tr>
<tr><td colspan="6">总分</td><td></td></tr>
</table>
二、教师评价
<table>
<tr><td>评价内容</td><td>A</td><td>B</td><td>C</td><td>D</td><td>E</td><td>得分</td></tr>
<tr><td>知识学习水平</td><td>30</td><td>18</td><td>15</td><td>12</td><td>未达标</td><td></td></tr>
<tr><td>调研计划合理</td><td>30</td><td>18</td><td>15</td><td>12</td><td>未达标</td><td></td></tr>
<tr><td>调研结果完整</td><td>20</td><td>17</td><td>15</td><td>12</td><td>未达标</td><td></td></tr>
<tr><td>积极探索和讨论</td><td>20</td><td>17</td><td>15</td><td>12</td><td>未达标</td><td></td></tr>
<tr><td colspan="6">总分</td><td></td></tr>
</table>
三、自我评价
总结与反思:______________________________
____
自我评定成绩:______________________________
____
</td></tr>
<tr><td>任务成绩</td><td></td></tr>
</table>

实训7-2 铺画列车运行图

班级		姓名		学号	
学习小组		组长		日期	

任务描述	城市轨道交通是由信号、车辆、通信、线路、机电等多个部门组成的技术密集型的交通系统，而列车运行图是列车运行的基础，它能直观显示列车在时间和空间上的关系、列车在各区间的运行及在各车站停车或通过的状态。因此，能够看懂并铺画列车运行图是熟悉列车运营的基本要求。 请学生以小组为单位，通过网络自主学习等方式，了解城市轨道交通系统中的主要设备，重点是熟悉列车运行图的铺画原则、方法、步骤等内容
任务目标	1. 能够看懂列车运行图。 2. 根据列车运行图的编制原则，能够铺画列车运行图。 3. 培养耐心细致的职业素养
任务准备	1. 通过网络、文献收集等方式，收集列车运行图铺画的原则、主要内容和步骤等，小组讨论确定绘制思路。 2. 绘制工具：尺(三角板)、碳素铅笔、红蓝铅笔、橡皮擦、空白运行图等

任务实施

1. 参照以下列车运行图，绘制上海地铁某线路时表的运行图。

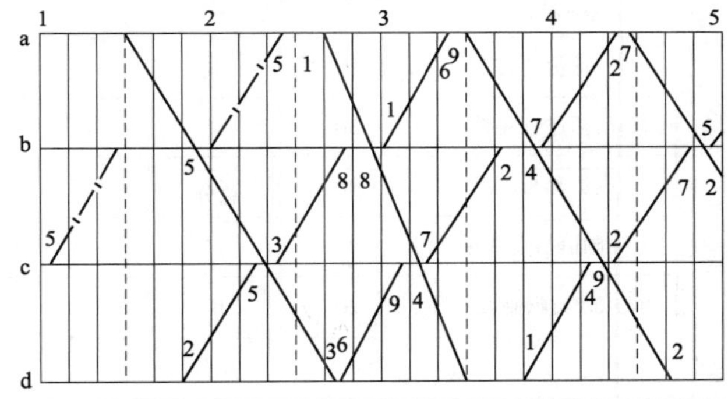

<table>
<tr><th rowspan="2">车站</th><th colspan="2">首班车</th><th colspan="2">末班车</th></tr>
<tr><th>往金运路</th><th>往长寿路</th><th>往金运路</th><th>往长寿路</th></tr>
<tr><td>金运路</td><td>06:36(到达)</td><td>06:00</td><td>22:54(到达)</td><td>22:11</td></tr>
<tr><td>金沙江西路</td><td>06:34</td><td>06:02</td><td>22:51</td><td>22:13</td></tr>
<tr><td>丰庄</td><td>06:31</td><td>06:06</td><td>22:48</td><td>22:17</td></tr>
<tr><td>祁连山南路</td><td>06:28</td><td>06:09</td><td>22:46</td><td>22:20</td></tr>
<tr><td>真北路</td><td>06:26</td><td>06:11</td><td>22:43</td><td>22:22</td></tr>
<tr><td>大渡河路</td><td>06:23</td><td>06:14</td><td>22:40</td><td>22:25</td></tr>
<tr><td>金沙江路</td><td>06:20</td><td>06:18</td><td>22:37</td><td>22:29</td></tr>
<tr><td>隆德路</td><td>06:17</td><td>06:20</td><td>22:34</td><td>22:31</td></tr>
<tr><td>武宁路</td><td>06:14</td><td>06:23</td><td>22:32</td><td>22:34</td></tr>
<tr><td>长寿路</td><td>06:12</td><td>06:24(到达)</td><td>22:30</td><td>22:35(到达)</td></tr>
</table>

续上表

<table>
<tr><td>任务实施</td><td>2. 完成小组成员任务分工
<table><tr><td>姓名</td><td>任务</td><td>姓名</td><td>任务</td></tr><tr><td></td><td></td><td></td><td></td></tr><tr><td></td><td></td><td></td><td></td></tr><tr><td></td><td></td><td></td><td></td></tr></table></td></tr>
<tr><td>任务评价</td><td>一、组长评价
<table><tr><td>评价内容</td><td>A</td><td>B</td><td>C</td><td>D</td><td>E</td><td>得分</td></tr><tr><td>实训态度认真</td><td>30</td><td>18</td><td>15</td><td>12</td><td>未达标</td><td></td></tr><tr><td>工作效率</td><td>30</td><td>18</td><td>15</td><td>12</td><td>未达标</td><td></td></tr><tr><td>资料整理</td><td>20</td><td>17</td><td>15</td><td>12</td><td>未达标</td><td></td></tr><tr><td>耐心细致</td><td>20</td><td>17</td><td>15</td><td>12</td><td>未达标</td><td></td></tr><tr><td colspan="6">总分</td><td></td></tr></table>二、教师评价
<table><tr><td>评价内容</td><td>A</td><td>B</td><td>C</td><td>D</td><td>E</td><td>得分</td></tr><tr><td>活动过程完整</td><td>30</td><td>18</td><td>15</td><td>12</td><td>未达标</td><td></td></tr><tr><td>成员参与度高</td><td>30</td><td>18</td><td>15</td><td>12</td><td>未达标</td><td></td></tr><tr><td>铺画运行图效果</td><td>20</td><td>17</td><td>15</td><td>12</td><td>未达标</td><td></td></tr><tr><td>耐心细致、职业素养好</td><td>20</td><td>17</td><td>15</td><td>12</td><td>未达标</td><td></td></tr><tr><td colspan="6">总分</td><td></td></tr></table>三、自我评价
总结与反思：____________________

自我评定成绩：____________________</td></tr>
<tr><td>任务成绩</td><td></td></tr>
</table>

实训 7-3 调研某条线路行车组织结构

<table>
<tr><td>班级</td><td></td><td>姓名</td><td></td><td>学号</td><td></td></tr>
<tr><td>学习小组</td><td></td><td>组长</td><td></td><td>日期</td><td></td></tr>
<tr><td>任务描述</td><td colspan="5">请学生通过网络自主学习、现场实际调研等方式，了解城市轨道交通相关的运营工作、相应的岗位群，以及各岗位群的主要工作岗位和工作职责</td></tr>
<tr><td>任务目标</td><td colspan="5">1. 了解城市轨道交通行车组织结构。
2. 掌握城市轨道交通行车组织中的主要岗位及工作职责。
3. 掌握城市轨道交通值班员和站务员的主要岗位职责。
4. 培养严谨认真的工作作风和态度</td></tr>
<tr><td>任务准备</td><td colspan="5">1. 通过网络、文献收集等方式，收集所在城市的城市轨道交通行车组织的主要结构及相应的岗位群等。
2. 通过实地到地铁车站学习，了解当地地铁车站行车组织的主要工作岗位及相应的职责和工作规范等。
3. 通过小组讨论交流，分享各自收集、调研的行车组织各岗位的职责、工作规范等</td></tr>
<tr><td>任务实施</td><td colspan="5">1. 制订调研计划。
以小组为单位，调研所在城市地铁线路的行车指挥机构，并完成如下车站岗位及职责情况调研表格。
<table>
<tr><td>所在城市</td><td colspan="2"></td><td colspan="2">调研车站</td><td colspan="2"></td></tr>
<tr><td>车站岗位</td><td>站长</td><td>值班站长</td><td>值班员</td><td>综合控制员</td><td>督导员</td><td>站务员</td></tr>
<tr><td>有无此岗</td><td></td><td></td><td></td><td></td><td></td><td></td></tr>
<tr><td>岗位职责</td><td></td><td></td><td></td><td></td><td></td><td></td></tr>
<tr><td>计划审核</td><td colspan="6">审核意见：
年　月　日　签字：</td></tr>
</table>
2. 根据作业计划，完成小组成员任务分工
<table>
<tr><td>操作人</td><td></td><td>记录员</td><td></td></tr>
<tr><td>监护人</td><td></td><td>展示员</td><td></td></tr>
<tr><td colspan="4">作业注意事项</td></tr>
<tr><td colspan="4">(1)学生外出调研时必须提前向老师报备，然后小组结伴出行。
(2)学生在查询记录城市轨道交通行车组织岗位信息时注意注明出处。
(3)外出调研时，在车站要服从地铁工作人员的要求。</td></tr>
<tr><td colspan="4">借用设备、工具、材料</td></tr>
<tr><td>序号</td><td>名称</td><td>数量</td><td>清点</td></tr>
<tr><td></td><td></td><td></td><td>□已清点</td></tr>
<tr><td></td><td></td><td></td><td>□已清点</td></tr>
<tr><td></td><td></td><td></td><td>□已清点</td></tr>
</table>
</td></tr>
</table>

续上表

<table>
<tr><td rowspan="3">任务评价</td><td>
一、组长评价

评价内容	A	B	C	D	E	得分
实训态度认真	30	18	15	12	未达标	
任务准备充分	30	18	15	12	未达标	
实训过程完整	20	17	15	12	未达标	
作风严谨务实	20	17	15	12	未达标	
总分						

二、教师评价

评价内容	A	B	C	D	E	得分
知识学习水平	30	18	15	12	未达标	
调研计划合理	30	18	15	12	未达标	
调研结果完整	20	17	15	12	未达标	
作风严谨务实	20	17	15	12	未达标	
总分						

三、自我评价

总结与反思：

自我评定成绩：
</td></tr>
<tr><td></td></tr>
<tr><td></td></tr>
<tr><td>任务成绩</td><td></td></tr>
</table>

实训 8-1　辨识自动闭塞的类型

<table>
<tr><td>班级</td><td></td><td>姓名</td><td></td><td>学号</td><td></td></tr>
<tr><td>学习小组</td><td></td><td>组长</td><td></td><td>日期</td><td></td></tr>
<tr><td>任务描述</td><td colspan="5">以小组为单位进行实训，学习列车牵引制动曲线的绘制方法，并根据曲线形态辨别闭塞类型</td></tr>
<tr><td>任务目标</td><td colspan="5">1. 能够依据列车区间运行曲线，辨别简单的闭塞类型。
2. 善于反思，判断正确</td></tr>
<tr><td>任务准备</td><td colspan="5">一、问题引导
1. 想一想：自动闭塞按照列车定位技术的不同分为固定式自动闭塞、________和________。
2. 议一议：列车牵引制动曲线是如何绘制的？
二、实训设备
列车区间运行图、列车牵引制动曲线</td></tr>
<tr><td>任务实施</td><td colspan="5">请识别下列自动闭塞的类型，小组讨论分析各类闭塞的特点 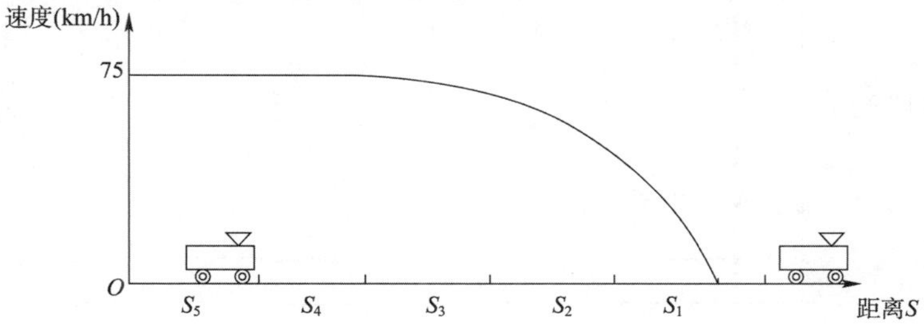 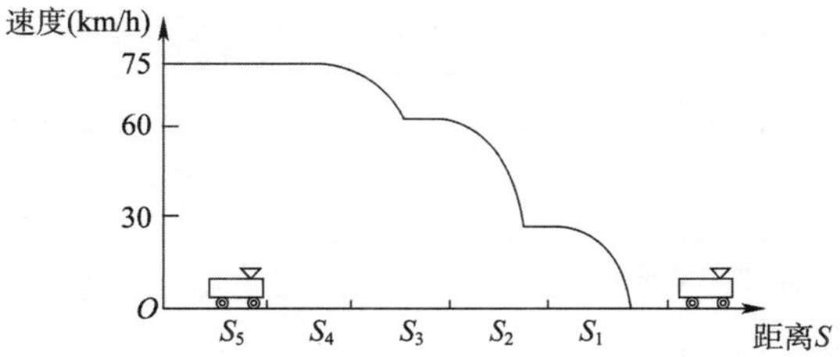 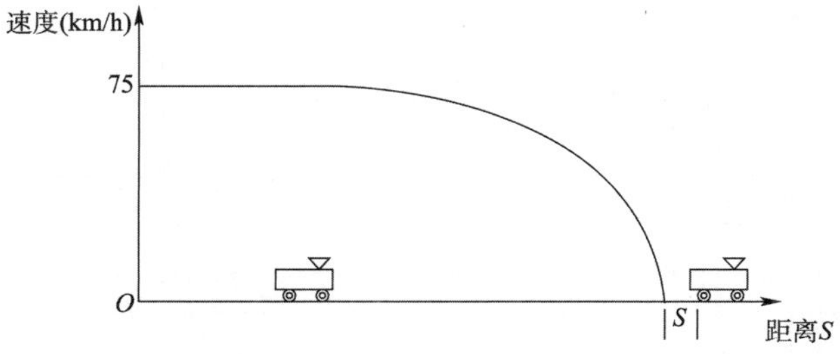
速度(km/h)
75
O
S_5 S_4 S_3 S_2 S_1
距离S
速度(km/h)
75
60
30
O
S_5 S_4 S_3 S_2 S_1
距离S
速度(km/h)
75
O
S
距离S</td></tr>
</table>

续上表

<table>
<tr><td rowspan="1">任务评价</td><td>
一、组长评价

评价内容	A	B	C	D	E	得分
实训态度认真	30	18	15	12	未达标	
任务准备充分	30	18	15	12	未达标	
实训过程完整	20	17	15	12	未达标	
善于反思、判断正确	20	17	15	12	未达标	
总分						

二、教师评价

评价内容	A	B	C	D	E	得分
知识学习水平	30	18	15	12	未达标	
实训场地整洁	30	18	15	12	未达标	
实训结果完整	20	17	15	12	未达标	
善于反思、判断正确	20	17	15	12	未达标	
总分						

三、自我评价

总结与反思：

自我评定成绩：
</td></tr>
<tr><td>任务成绩</td><td></td></tr>
</table>

实训 8-2　LOW 命令的操作

<table>
<tr><td>班级</td><td></td><td>姓名</td><td></td><td>学号</td><td></td></tr>
<tr><td>学习小组</td><td></td><td>组长</td><td></td><td>日期</td><td></td></tr>
<tr><td>任务描述</td><td colspan="5">以小组为单位,学习 LOW 命令的相关知识,能进行简单的 LOW 命令的操作</td></tr>
<tr><td>任务目标</td><td colspan="5">1. 了解 LOW 的基本设备。
2. 了解 LOW 屏幕显示的组成,能掌握简单的 LOW 命令。
3. 能够准确地发出指令,操作正确</td></tr>
<tr><td>任务准备</td><td colspan="5">一、问题导引
思考:打开 LOW 操作软件,观察联锁命令菜单中各命令按钮的颜色及其变化。
二、实训设备
硬件:LOW 操作台、城市轨道交通沙盘、模拟列车。
软件:LOW 模拟软件、列车控制数据库软件、ATC 软件</td></tr>
<tr><td>任务实施</td><td colspan="5">在 LOW 显示屏空白处点击左键或点击刚刚登录进入后出现在命令栏内的所有命令,均为对联锁的操作命令。联锁的命令菜单由重启令解(SICAS)、重启令解(ATP)、追踪全关、追踪全开、自排全关、自排全开、交出控制、接收控制、强行站控、减活标记、激活标记共 11 个命令组成。命令类型中"R"为普通命令,"S"为安全命令</td></tr>
<tr><td>任务评价</td><td colspan="5">一、组长评价
<table>
<tr><td>评价内容</td><td>A</td><td>B</td><td>C</td><td>D</td><td>E</td><td>得分</td></tr>
<tr><td>实训态度认真</td><td>30</td><td>18</td><td>15</td><td>12</td><td>未达标</td><td></td></tr>
<tr><td>任务准备充分</td><td>30</td><td>18</td><td>15</td><td>12</td><td>未达标</td><td></td></tr>
<tr><td>实训过程完整</td><td>20</td><td>17</td><td>15</td><td>12</td><td>未达标</td><td></td></tr>
<tr><td>良好的分析判断能力</td><td>20</td><td>17</td><td>15</td><td>12</td><td>未达标</td><td></td></tr>
<tr><td colspan="6">总分</td><td></td></tr>
</table>
二、教师评价
<table>
<tr><td>评价内容</td><td>A</td><td>B</td><td>C</td><td>D</td><td>E</td><td>得分</td></tr>
<tr><td>知识学习水平</td><td>30</td><td>18</td><td>15</td><td>12</td><td>未达标</td><td></td></tr>
<tr><td>实训场地整洁</td><td>30</td><td>18</td><td>15</td><td>12</td><td>未达标</td><td></td></tr>
<tr><td>实训结果完整</td><td>20</td><td>17</td><td>15</td><td>12</td><td>未达标</td><td></td></tr>
<tr><td>良好的分析判断能力</td><td>20</td><td>17</td><td>15</td><td>12</td><td>未达标</td><td></td></tr>
<tr><td colspan="6">总分</td><td></td></tr>
</table>
三、自我评价
总结与反思:____________________
____
自我评定成绩:____________________</td></tr>
</table>